Christa Mulack

Die Wurzeln weiblicher Macht

Bibliografische Information:
Die Deutsche Bibliothek verzeichnet diese Publikation in der Deutschen Nationalbibliografie; detaillierte bibliografische Daten sind im Internet über http://dnb.ddb.de abrufbar.

Neuauflage 2006

Originalausgabe 1996 Kösel-Verlag, München

*

Umschlag-Illustration:
Ausschnitt aus dem Gemälde
»Die Höhlenmalerin« von Ulrike Loos (1983)

*

Herstellung:
Druck und Verlag Pomaska-Brand GmbH
Schalksmühle

*

Printed in Germany
ISBN 3-935937-43-1

Christa Mulack

Die Wurzeln weiblicher Macht

Frauen erkennen ihre Stärke

Inhalt

Einleitung

Weibliche Macht für viele ein Reizwort.
Männliche Macht das Selbstverständlichste von der Welt.

Weibliche Machtlosigkeit für viele der »natürliche« Zustand der Frau.
Männliche Machtlosigkeit ein Widerspruch.

Weibliche Macht verloren und wiedergefunden.
Männliche Macht an sie gebunden.

Mit diesen Worten ist der Inhalt des Buches bereits umrissen. Es geht nicht um einen erneuten Aufguß jener Frauenpower, mit der frauenbewegte Frauen einst antraten, das Patriarchat zu erobern. Die Frage nach ihrem Verbleib ist immer häufiger zu hören. Sie verweist jedoch auf jenen Irrtum, der den weiblichen Kampf um mehr Macht von Anfang an begleitete. Viele Frauen gaben sich der Illusion hin, der Kampf gegen das Patriarchat sei geeignet, dieses abzuschaffen und Frauen zu ihrem Anteil an Macht zu verhelfen. Doch wäre es nicht das Patriarchat, wenn es sich von Frauen erobern oder gar abschaffen ließe. Daß die Macht des Systems dennoch an vielen Stellen zerbröckelt, ist nur bedingt ein Erfolg des Frauenkampfes. Ich sehe darin Auflösungserscheinungen, die zum einen die männliche Unfähigkeit, mit Mensch und Natur richtig umzugehen, unter Beweis stellt. Zum anderen aber sind sie auch Ausdruck patriarchaler Zerstörungstendenzen, denen die Selbstzerstörung von Anfang an innewohnt.

Wie zerbrechlich die von Frauen erkämpften Fortschritte auf dem Gebiet der Teilhabe an männlicher Macht sind, zeigt sich immer deutlicher. In allen Bereichen unseres Lebens werden wir von männlicher - auch krimineller - Macht überrollt und so mit dem Zerbröckeln des einst so mühsam erkämpften minimalen Zuwachses an weiblicher Macht und Gleichberechtigung konfrontiert. Der Wind bläst uns ins Gesicht. Der »Backlash« breitet sich aus, jener »Rückschlag«, den Susan Falloudi in ihrem gleichnamigen Buch ganz konkret anhand von zahllosen Fakten beschrieben hat, die dem Buch den deutschen Titel einbrachten: »Die Männer schlagen zurück«.

So wenig aber Susan Falloudi mit ihrem Buch zur Resignation beitragen wollte, so wenig erschöpft sich die Frauenbewegung in jenen äußeren Erfolgen, die sich nach und nach wieder zurückschrauben lassen. Schließlich ist die von Männern besetzte und zur Schau gestellte Herrschafts- und Gewaltmacht nicht die einzige Form der Macht, die für Frauen von Bedeutung sein könnte. Bei genauerem Hinsehen zeichnet sich noch eine ganz andere Macht ab, die weder etwas zu tun hat mit Weiblichkeitswahn noch mit »neuer Mütterlichkeit«. - Um diese andere Macht aber soll es auf den nachfolgenden Seiten gehen.

Wie wir heute wissen, ist patriarchale Herrschaftsmacht, die zur Unterdrückung der Frau geführt hat und auf der auch unser Gesellschaftssystem beruht, von Anfang an eine Erfindung und Schöpfung des Mannes - wenn auch eine recht späte. Sie hat weder etwas mit natürlichen Gegebenheiten noch gar mit Überlebensnotwendigkeiten zu tun. Sie stellt, ganz im Gegenteil, von Anfang an eine Bedrohung für die Menschheit dar, die sich inzwischen auf den Planeten selbst ausgeweitet hat.

Nach meinen Recherchen hat diese männliche Herrschaftsmacht sich auf Kosten einer ganz anderen Macht durchgesetzt, die Frauen im Umgang miteinander und mit der Natur als weibliche Seins- und Beziehungsmacht entwickelt hatten. Sie bildete einst die Grundlage für die Entstehung von Kultur. Ohne sie wird jede Kultur in Zerfall und Selbstzerstörung enden.

Von dieser anderen Macht möchte ich mit meinem Buch etwas (fast) Verlorenes sichtbar werden lassen. Es geschieht in der Hoffnung, daß bei manchen Leserinnen eigene Wege zu dieser Macht aufleuchten und manche Leser das männliche Machtgebaren in seiner zerstörerischen Schädlichkeit erkennenen. Auf keinen Fall aber geht es mir darum, diese Macht offenzulegen und damit auch für Männer transparent zu machen; denn das kann das Interesse von Frauen nicht sein.

Im ersten Teil des Buches beschreibe ich anhand von vier Beziehungsfeldern die Wurzeln weiblicher Machtlosigkeit, die in bestimmten Strukturen verankert sind. Zusätzlich geht es aber auch um fortlaufende Entmachtungsprozesse, die sich in diesen Bereichen tagtäglich vollziehen. Unsere Tragik als Frauen aber liegt darin, daß wir an diesen Prozessen weiblicher Entmachtung selbstverständlich beteiligt sind. Schließlich sind wir in jahrtausendelanger Erziehungs- und Sozialisationsarbeit zu Handlangerinnen männlich-patriarchaler Interessen umfunktioniert worden.

Dieser Prozeß weiblicher Entmachtung beginnt in der Familie. Sie wurde von vornherein auf der Grundlage männlicher Interessen und Bedürfnisbefriedigung konzipiert und definiert. Nur auf der Grundlage dieses Faktums läßt sich das Interesse des Staates an dieser Keimzelle patriarchaler Macht erklären. Da unser Erkennen sich aber erst an der Konfrontation mit einem Gegenüber schärft, vergleiche ich das patriarchale Familienverständnis mit dem wesentlich älteren matriarchalen Sippenverständnis. In einer solchen Konfrontation mit anderen Möglichkeiten läßt sich zeigen, wie es um die vielzitierte »Naturhaftigkeit« oder - religiös gesprochen - um die »Gottgegebenheit« bestellt ist. Auf diesem Wege lassen sich die neuralgischen Punkte klar herauskristallisieren.

Als zweiter Entmachtungsprozeß wird die Beziehung zwischen Müttern und Töchter besonders in jenen Teilen beleuchtet, die uns die Tiefenpsychologie als »schicksalhafte Anatomie« serviert. Dabei soll deutlich werden, daß nicht die mangelhafte Anatomie von Mutter und Tochter das Problem dieser Beziehung darstellt, sondern jenes Männer- und Frauenbild, das einseitig von Männern entworfen wurde.

Als dritter Entmachtungsprozeß kommt die Tochter-Vater-Beziehung in den Blick, durch die nach tiefenpsychologischen Vorstellungen die Tochter aus den »Fängen« der Mutter »befreit« wird. Diese Beziehung hat nach wie vor in hohem Maße teil an der starken Idealisierung alles Männlichen, die verheerende Auswirkungen auf spätere Partnerschaftsbeziehungen hat und endloses Leid über Frauen und Kinder bringt.

Der vierte Entmachtungsprozeß ereignet sich im Rahmen der Beziehungen von Frauen untereinander, die - wie das System, in dem wir leben - durch Frauenfeindlichkeit gekennzeichnet sind. Diese ist zu einem festen Bestandteil unseres Wesens geworden, da wir alle an der Frauenfeindlichkeit des Systems mehr oder weniger Anteil haben. Sie ist kein besonderes Kennzeichnen bestimmter »patriarchaler« Frauen. Wir alle sind ihr Opfer; denn schließlich ist sie einer der Faktoren, aus denen der weibliche Sozialcharakter gebildet wurde. Dennoch ist unsere Frauenfeindlichkeit kein unüberwindliches Schicksal, wenn wir bereit sind, die entsprechenden Programmierungen anzuschauen und zu überwinden.

Nach dieser Klärung weiblicher Machtlosigkeit geht es *im zweiten Teil des Buches* in vier weiteren Schritten darum, jene Probleme aufzuzeigen, die uns bei einer Annäherung an weibliche Macht im Wege stehen. Da ist zunächst unsere Raumlosigkeit, die sich auf alle Ebenen unseres Lebens erstreckt.

Frauen sind dadurch bestimmt, daß ihnen keine eigenen Räume zustehen. Sie sind körperlich, seelisch und geistig raumlos. Ihnen fehlen nicht nur eigene Wohn-, Arbeits-, Schlaf-, Freizeit- und Gemeinschaftsräume, sondern auch Denk- und Vorstellungsräume, die sie realisieren können.

Aus weiblicher Raumlosigkeit folgt die Heimatlosigkeit von Frauen. Sie ist vielen als durchgängiges, sie überall hin begleitendes Gefühl der Fremdheit vertraut. Es kommt nicht von ungefähr. Schließlich leben sie - egal wo - nie in ihrer eigenen Welt und Tradition. Doch ist die Heimatlosigkeit der Frau nicht nur eine Behinderung. Sie kann auch als Herausforderung verstanden werden. Immerhin signalisiert sie uns, wie wenig wir im Grunde genommen in dieser frauenfeindlichen, für uns falschen Welt wirklich verankert sind.

Wenn auch das Thema »Frauen und Macht« in vielfältigen Variationen das ganze Buch durchzieht, so wird ihm dennoch ein eigenes, siebtes, Kapitel gewidmet. Darin geht es um die Unterscheidung zwischen einem typisch männlichen und weiblichen Machtverständnis, die sich jeweils zwischen der Definition eines Mannes (Max Weber) und einer Frau (Hannah Arendt) treffen läßt. Dabei wird deutlich, daß es durchaus andere Möglichkeiten und Alternativen zu männlichen Machtsystemen gibt.

Weibliche Formen der Macht haben jahrtausendelang ihren Niederschlag in matriarchalen Gesellschaftssystemen gefunden.

Diese wären eine unerschöpfliche Quelle für das Studium weiblichen Umgangs mit Macht, wenn sie als solche anerkannt und nicht geleugnet würden. Da letzteres im Rahmen feministischen Denkens jedoch geschieht, stelle ich als vierten Problemkreis jene Denkfehler, Irrtümer und Ignoranzen dar, die die Diskussion um das Matriarchat behindern - und mit ihr eine der am tiefsten reichenden Wurzeln weiblicher Macht beschädigen.

Um solche Wurzeln geht es dann *im dritten Teil des* Buches.

Hier versuche ich zu zeigen, daß diese Wurzeln sich nach meiner Auffassung nicht in patriarchalen Zusammenhängen finden lassen; da sie in erster Linie in einem Weltbild begründet sind, das ich »matriarchal« nenne. Damit bezeichne ich eine ursprünglichere weibliche Art, die Welt anzuschauen und das Sozialgefüge auf der Grundlage weiblichen Zusammenhalts zu gestalten.

Dieser weiblichen Erkenntnis- und Sozialmacht haben sich in vorpatriarchaler Zeit auch Männer angeschlossen. Anders als patriarchale Männer später hatten sie keine Probleme, die vorrangige Bedeutung mütterlich-weiblicher Kräfte und mit ihnen die Macht der Frauen anzuerkennen.

Im neunten Kapitel beschreibe ich daher das matriarchale Weltbild, indem ich es der patriarchalen Weltsicht gegenüberstelle.

Erst in der Unterscheidung, in der Bewußtwerdung der Alternative, nehmen wir die Bedeutung der matriarchalen Weltanschauung auch für unsere Zeit wahr und spüren, wieviel vertrauter und sinnvoller sie an vielen Stellen ist.

Den meisten Frauen ist die ungeheure Bedeutung dieses anderen Weltbildes für jene Vorstellungen, die ihr Leben begründen, gar nicht bewußt. Daher beschreibe ich im zehnten Kapitel die Bedeutung matriarchaler Wirklichkeit für Frauen in unserer Zeit. Dabei geht es um die revolutionierende Kraft des Erinnerns, für die wir keinerlei Unterstützung erhalten, wenn es sich um unsere weibliche Vergangenheit handelt. Schulen, Universitäten und die Literatur haben sich darauf beschränkt, Geld und Energien ausschließlich in die männliche Geschichte zu investieren. Mädchen und Frauen gehen dabei leer aus. Sie werden zum Vergessen verdammt. Nach einer jüdischen Weisheit verlängert das Vergessen das Exil - die Exilierung der Frauen ins Patriarchat. Das Geheimnis der Erlösung jedoch heißt: Erinnerung. Wenn beim Zitieren dieser Weisheit meist nur die Erinnerung der biblischen Version jüdischer Männergeschichte gemeint ist, so hat sie doch auch für Frauen eine tiefere Bedeutung. Für sie ist die »Erinnerung« an matriarchale Anschauungen oftmals verbunden mit der Bestätigung eigener Lebenserfahrungen. Diese kollektive Erinnerungsarbeit gibt ihnen das Gefühl, Vertrautes wiederzufinden und auf diesem Wege in eine geistige Heimat zurückzukehren. Die Ablösung der patriarchalen Weltsicht, die Bestätigung der Richtigkeit vieler ihrer geheimen Gedanken, Gefühle und Ideen hat etwas ungemein Stärkendes für Frauen.

Neben der Matriarchatsforschung sind es auch Mythen und Märchen, die uns mit einer matriarchalen Weltsicht vertraut machen können. Um sie geht es im elften Kapitel. Auch wenn sie noch so beladen sind mit patriarchalen Entstellungen, so lassen sie dennoch in ihren Tiefenschichten matriarchale Werte und Vorstellungen erkennen. Daher sehe ich in vielen Märchen und Mythen ein Vermächtnis unserer Ahninnen. Sie beschreiben auf vielfältige Weise den Untergang des Matriarchats und die Allgegenwart der Göttin - und zwar immer in der prophetischen Hoffnung, daß beide wiederkehren, wenn Menschen bestimmte Bedingungen erfüllen. Märchen und Mythen verweisen uns so auf eine Art Heilsweg, auf dem die Heilung patriarchaler Wunden möglich wird. - Ein Weg, der auch uns noch heute wertvolle Anregungen zu geben vermag.

Im letzten und zwölften Kapitel wird ein Fazit des zuvor Gesagten gezogen, und zwar im Hinblick auf beruflich-politische und spirituelle Dimensionen unseres Lebens, von denen wir oft einander ausschließende Vorstellungen haben. Folglich geht es um ein Plädoyer, beide Pole zusammenzubringen. Gemeint ist damit nicht, daß jede Frau auf die Verwirklichung beider Pole verpflichtet werden soll. So optimal dies auch wäre, bedeutete es doch für viele Frauen eine Überforderung. Daher sollten wir gegenseitig jene Schwerpunktsetzungen respektieren, die wir für unser Leben vorgenommen haben. Nur müßten beide Pole als ein zusammengehöriges Ganzes betrachtet werden, das innerhalb der großartigen Bewegung der Frauen zur Verwirklichung gelangt.

Teil 1

Die Wurzeln weiblicher Machtlosigkeit

Vorbemerkungen

Ganz bewußt spreche ich nicht etwa von weiblicher Ohnmacht, sondern von weiblicher Machtlosigkeit. Frauen sind nämlich alles andere als ohnmächtig. Sie könnten eine enorme Macht haben, wenn sie sich ihrer bewußt wären und sich den Bedingungen dieser Macht gemäß verhalten würden. Da sie das nicht tun, sind sie ihre Macht los. - Und genau um diese Machtlosigkeit als geraubte und vorenthaltene Macht soll es in diesem Buch gehen.

Weibliche Machtlosigkeit hat viele Wurzeln, denn sie wurde und wird auf vielfältige Weise hergestellt. Sie ist das Produkt einer jahrtausendelangen Detailarbeit, die in erster Linie von Männern geleistet wurde. In zweiter Linie waren aber auch Frauen daran beteiligt; denn es scheint ein ehernes Gesetz zu sein, daß jedes Vorhaben von Männern mit weiblicher Unterstützung rechnen kann.

Zu jeder Zeit haben Frauen ihren Vätern und Söhnen, ihren Brüdern und Partnern in den vergangenen Jahrtausenden auf die eine oder andere Art geholfen, auch noch jene Vorstellungen zu verwirklichen, die sich nachteilig für sie selbst auswirkten. Diese Art der Hilfsbereitschaft lebt auch heute noch ungebrochen fort, ohne daß Frauen merken, wie sehr sie sich damit selbst schaden.

Wie weibliche Machtlosigkeit in der Gegenwart hergestellt beziehungsweise aufrechterhalten wird, soll in den nachfolgenden vier Kapiteln beschrieben werden. Die historische Seite dieses Prozesses wurde von Gerda Lerner dargestellt.[1] Sie beschreibt, wie ab dem dritten Jahrtausend immer mehr Gesetze entstanden, genauer: von Männern geschaffen wurden, die Frauen uralter Rechte und Kompetenzen beraubten. Das geschah neben der Schaffung neuer Gesetze auch mit Hilfe religiöser Mythen und Ideale. Auf ihrer Grundlage entstanden bestimmte Wertemuster und mit ihnen wiederum die Bereitschaft, ja, sogar der Wunsch, sie mit Leben zu erfüllen. Diese Bereitschaft ist bis heute nicht abgeklungen, selbst dort nicht, wo religiösen Mythen und Idealen keinerlei Bedeutung mehr zugesprochen wird.

So hält zum Beispiel die Attraktivität der monogamen Ehe selbst bei jenen bis heute ungebrochen an und wird selbst von jenen als der »natürlichste« Wunsch der Welt betrachtet, die die Geschichte von Eva und Adam, auf die diese Lebensform angeblich zurückgeht, gar nicht mehr kennen. Auch hat die ethnologische Forschung längst nachgewiesen, daß es sich bei der Ehe um alles andere als um eine »ursprüngliche« Lebensform handelt. Sie ist das Produkt einer bestimmten Kultur, mit dem längst nicht alle Kulturen vertraut sind.

Nach dem Verblassen des Mythos und der religiösen Ideen trat die Wissenschaft an ihre Stelle und leistete ihren Beitrag zur Aufrechterhaltung weiblicher Machtlosigkeit. Medizin, Psychologie und die Sozialwissenschaften werden dabei noch heute flankiert von den Rechtswissenschaften, die bis in die Gegenwart ihre frauenfeindlichen Blüten treiben.

Die genannten Bereiche haben eines gemeinsam: Sie stellen Denkgebäude dar, die überwiegend, wenn nicht gar ausschließlich Männer errichtet haben und von denen folglich auch ausschließlich Männer profitieren. Daran ändert auch die Tatsache nichts, daß sich inzwischen gleichermaßen Frauen in diesen Gebäuden niedergelassen haben - und einigen Nutzen daraus ziehen. Dieser Umstand unterstreicht nur die Tragik weiblicher Machtlosigkeit: Um ihre Existenzgrundlage zu sichern, müssen Frauen sich auf die eine oder andere Weise - bewußt oder unbewußt - zu Mitträgerinnen und Handlangerinnen eines ihnen insgesamt feindlich gesinnten kulturellen und politischen Systems machen. Das wiederum bedeutet für Frauen:

- Sie müssen Denk- und Wertemuster übernehmen, die nicht die ihren sind - sonst fallen sie durch das soziale Netz.
- Sie müssen Lebensentwürfe akzeptieren, die für sie oft schlimme Folgen haben, sich zumindest nachteilig auswirken - sonst werden sie als »unnormal« etikettiert.
- Sie müssen auf eigene Vorstellungen und Erkenntnisse verzichten – sonst gelten sie als »unwissenschaftlich« und indiskutabel, wenn sie nicht gar pathologisiert werden.

- Sie müssen über Witze lachen, die ihr eigenes Geschlecht verunglimpfen - sonst gelten sie als prüde oder humorlos.
- Sie müssen eigene Ideen und Wünsche ignorieren - sonst wird ihnen auch noch der letzte Funke Anerkennung vorenthalten.

Wie die erwähnten unterschiedlichen Formen der Entmachtung von Frauen bereits in ihre frühkindliche und spätere weibliche Entwicklung eingewebt werden, möchte ich anhand der folgenden vier Bereiche darlegen:

1. Bereich: Die Entmachtung der Frau in der Familie
2. Bereich: Das Mutter-Tochter-Problem als Grundlage der Entsolidarisierung von Frauen
3. Bereich: Die Bedeutung des Mannes für die Frau vor dem Hintergrund der Vater-Tochter-Beziehung
4. Bereich: Selbstentmachtung durch Frauenfeindlichkeit von Frauen

Selbstverständlich sind alle Bereiche aufs engste miteinander verwoben und bilden im Leben der meisten Frauen eine Einheit.

1. Kapitel

Die Entmachtung der Frau in der Familie

Nach wie vor ist das Ideal der Familie für die meisten Frauen lebendig und wegweisend und wird durch ein umfassendes Erziehungs- und Sozialisationsprogramm weitestgehend gefördert. Wohlgemerkt, das Ideal der Familie, nicht die Familie als solche. Niemand hat ein Interesse daran, junge Mädchen über ihre Wirklichkeit aufzuklären.

Und so erleben gerade Frauen auf dem Familien-Parkett ihr schlimmstes Fiasko, weil nur sie sich so weitgehend verantwortlich fühlen für das Gelingen familialer Beziehungen. Immer wieder werden sie dann jedoch von der Realität eingeholt. Hier sprechen die Scheidungsraten mit den dazugehörigen Scheidungswaisen eine beredte Sprache: Ideal und Wirklichkeit klaffen weit auseinander. Sollten weibliche Beziehungsträume etwa stärker an der Entstehung und Aufrechterhaltung der Ehe beteiligt sein als die Notwendigkeit?

Die wenigsten Frauen lassen einer so folgenschweren Entscheidung wie jener der Gründung einer Familie ein tieferes Nachdenken über diese Form des Zusammenlebens voraufgehen. Sie kennen weder die damit verbundene Rechtslage noch das Konzept, das dieser Lebensform zugrunde liegt. Es besteht offensichtlich auch kein Interesse daran, Mädchen in dieser Richtung aufzuklären. Weder Schule noch die Familie selbst fühlen hier eine Verantwortung. Es besteht Anlaß zu der Vermutung, daß dadurch einer der selbstverständlichsten Bereiche weiblichen Lebens bewußt in Unbewußtheit eingehüllt wird. Wie sonst wäre zu erklären, daß Mädchen in der Schule eher etwas erfahren über die Entstehung von

Religionen und Kulturen fremder Länder als über die Entstehungsgeschichte dieses wohl »weiblichsten« und grundlegendsten aller Lebensbereiche in der westlichen Kultur? Statt dessen wird ihnen und uns allen die patriarchale Familie als etwas ganz »Natürliches« und folglich Unhinterfragbares vorgestellt.

Wie abwegig diese Vorstellung ist, können wir nur erkennen, wenn wir auf Bezugspunkte außerhalb dieses Familienmodells zurückgreifen. Was uns nämlich meist verborgen bleibt, ist die Tatsache, daß durch einen langen Zeitraum menschlicher Entwicklung ein ganz anderes Sozialmodell menschliches Zusammenleben regulierte. Daher will ich von vier Vergleichspunkten aus die uns bekannten Familienstrukturen mit jenen matriarchaler Kulturen konfrontieren und das Selbstverständnis in Frage stellen, das mit dem patriarchalen Familienmodell einhergeht. Auf diesem Wege werden die Ursachen weiblicher Machtlosigkeit und damit jener Unstimmigkeiten und Probleme sichtbar, die insbesondere Frauen belasten und die in ihrer strukturellen Gebundenheit von den wenigsten durchschaut werden.

Matriarchales und patriarchales Familienverständnis

Vergleichen wir unser patriarchales Familienverständnis mit jenem matriarchaler Sippen und Familien, so zeigt sich ganz klar: In patriarchalen Strukturen wird weibliche Macht verhindert, zerstört, unterbunden, während sie in matriarchalen Zusammenhängen durch eine Wertorientierung an Mutter und Kind unterstützt wird. Das lassen vier grundlegende Merkmale eines matriarchalen Familienverständnisses erkennen, die ich nachfolgend näher erläutern werde:

1. Die selbstverständliche Zugehörigkeit der Kinder zur mütterlichen Linie
2. Die ökonomische Eigenständigkeit von Frauen
3. Die Höherbewertung weiblicher Familienarbeit
4. Die Sakralisierung und Transzendierung weiblicher Kräfte und Macht

1. Die selbstverständliche Zugehörigkeit der Kinder zur mütterlichen Linie

Während die matriarchale Familie ausschließlich aus den Nachkommen der Mutter besteht und biologische Väter entweder gar nicht bekannt oder aber unwichtig sind, basiert die patriarchale Familie einerseits auf der Ehe und andererseits auf der männlichen Erbfolge. Die mütterliche Linie ist so zum Untergang verpflichtet. Vorfahrinnen können nur schwer zurückverfolgt werden. Der Kontakt zu den Ahninnen bricht ab. Der primäre Zusammenhalt zwischen Müttern und Kindern wird bereits auf formaler Ebene zerstört. Mit dem Beginn patriarchaler Besitzverhältnisse gehören die Kinder zum Vater, gelten als sein Besitz - wie die Ehefrau übrigens auch. Die Folgen solchen Denkens halten bis heute an.

Für Frauen einer matriarchalen Kultur wäre es undenkbar, daß Mütter nach einer Trennung vom Erzeuger ihrer Kinder darum bangen müssen, sie behalten zu können; denn kein Mann hat ein Anrecht auf die Kinder. Aus dem Umstand, daß die Mutter der Ort des Entstehens, Werdens und der Geburt der Kinder ist, folgt selbstverständlich, daß diese zeitlebens an den Ort der Mutter gehören, dort ihre Heimat haben und sich selbstverständlich dem mütterlichen Erbe verpflichtet fühlen. Ein Partnerwechsel der Mutter hat keinen Einfluß auf das Leben der Kinder. Auch hat die Mutter das Recht, den biologischen Vater zu verschweigen. Sich nach ihm zu erkundigen, gilt als tabu. Der Schutz der mütterlichen Intimsphäre wird als wichtiger erachtet als das Informationsbedürfnis der Kinder, die im übrigen von den Mitgliedern der Sippe gemeinsam erzogen werden.

All das ist im Patriarchat anders. Es beruht auf der »Erpressung bekannter Vaterschaften«. So drückte es eine Frau mir gegenüber in einem Brief einmal aus. Hier stehen die Kinder in der Verfügungsgewalt des Mannes, sei es nun des biologischen Vaters oder aber des Vaters Staat. Haben Väter es darauf angelegt, so können sie die Kinder nach einer Trennung entweder auf legalem Wege zu sich nehmen oder sich ihrer auf illegalem Weg bemächtigen. Dieser

Trend ist seit einigen Jahren zu beobachten. Besonders erfolgreich sind dabei jene Väter, die die Kinder ins Ausland entführen. Dies gelingt, weil die grundsätzliche Zugehörigkeit des Kindes zur Mutter im Patriarchat geleugnet wird. Immer muß diese darum bangen, daß ihre Kinder dem Vater zugesprochen werden oder sie das Sorgerecht verliert, wenn sie sich nicht nach patriarchalen Normen verhält.

Neben diesen Verlust mütterlicher Machtbefugnisse über die Kinder tritt auch noch der Verlust des primären weiblichen Zusammenhalts, der in matriarchalen Kulturen einen beträchtlichen Faktor weiblicher Macht darstellt. Diese Macht basiert auf dem Funktionieren des weiblichen Kollektivs: gemeinsamer Besitz an Grund und Boden; gemeinsame Bewirtschaftung; gemeinsame Aufzucht der Kinder; gemeinsame Entscheidungen über das Schicksal des Clans.

In patriarchalen Kulturen kann eine Mutter ihren Kindern nicht einmal ihren Namen vermachen. Wenn es darauf ankommt, ist in den meisten Ländern der väterliche Name wichtiger als der mütterliche. Immer noch setzt sich Vaterrecht auf Kosten des Mutterrechts durch. Zudem weht bis heute über der Geburt einer Tochter der Hauch des Unerwünschtseins. Durch sie wird die Mutter eher ab- als aufgewertet. Prämien auf die Geburt eines Sohnes sind keine Seltenheit, auf die Geburt einer Tochter aber sehr wohl. So beginnt die weibliche Entmachtung bereits vor der Geburt; das Gefühl des Unerwünschtseins schlägt sich rasch nieder in Minderwertigkeitsgefühlen.

Hinzu kommt, daß Mütter und Töchter in Friedenszeiten nirgendwo einem solchen Ausmaß an Gewalterfahrungen ausgeliefert sind wie in der Familie, obwohl diese doch angeblich beider Schutz dienen soll. Mütter erleben sich als ohnmächtig und nicht in der Lage, ihre Kinder vor dem Vater und Mann zu schützen. Und genauso werden sie dann auch von Töchtern und Söhnen erlebt - und für ihre Machtlosigkeit oftmals von ihnen gehaßt.

2. *Die ökonomische Eigenständigkeit von Frauen*

Die Frauen matriarchaler Sippen sorgen gemeinsam für die Nahrung, indem sie den Grund und Boden bestellen oder Handel treiben. Auch wenn Männer durch Jagd und Fischfang zur Ernährung beitragen, sind es dennoch die Frauen, die über die Nahrung verfügen. Männer arbeiten nicht für sich, sondern für die Sippe. Wollen sie z.B. einen Krieg führen, den die Frauen nicht gutheißen, so verweigern diese ihnen den Proviant und zwingen die Männer so zum Frieden. Die Bedürfnisse von Frauen und Kindern stehen im Mittelpunkt des sozialen Lebens.

Anders in der patriarchalen Familie. Hier werden die Interessen und Bedürfnisse des Mannes - egal ob es sich um den Ehemann oder Vater, Sohn oder Bruder handelt - zum alles bestimmenden Faktor. Während Jungen von früh auf vermittelt wird, daß auch sie einmal so wichtig sein werden wie der Vater oder große Bruder, ergehen an kleine Mädchen ganz andere Signale. Sie erleben die Mutter als existentiell und emotional vom Mann abhängig, der so zum Zentrum weiblicher Existenz wird. Durch das Vorbild der Mutter begreifen sie, daß auch ihre primäre Bezogenheit dem Mann zu gelten, daß sich weibliches Leben in erster Linie um ihn zu drehen hat. Das ist eine zutiefst enttäuschende Erfahrung, die Töchtern im Patriarchat von ihren Müttern vermittelt wird. Von klein auf lernen sie, männliche Bedürfnisse bereits im voraus zu erahnen, unmittelbar wahrzunehmen, zufriedenzustellen und auf jeden Fall für wichtiger zu erachten als die eigenen. Auch damit wird weibliche Solidarität zwischen Mutter und Tochter erschwert und behindert.

Der Mutter wird ohne den Mann als Versorger die Rolle der Bittstellerin und Almosenempfängerin zugemutet; denn die Scheidung führt nach wie vor viele Frauen in die Armut. Sie werden von den Unterhaltszahlungen der Männer abhängig, und da diese häufig ausbleiben, verlagert sich ihre Abhängigkeit auf das patriarchale System.

Was immer Frauen tun, sie werden - gemeinsam mit ihren Kindern - auf den Mann und sein System hin funktionalisiert. Die patriarchale Familie ist von Anfang an so konzipiert, daß sie in erster Linie die Bedürfnisse des Mannes nach umfassender Versorgung und einem eigenen Herrschaftsbereich abdeckt. Als Gegenleistung für die materielle Versorgung von Mutter und Kind entsteht für die Mutter die Verpflichtung, die körperlichen und psychisch-sozialen Bedürfnisse des Mannes zu befriedigen. Kommt sie dieser Verpflichtung, z.B. auf sexuellem Gebiet, nicht nach, so kann er sie ohne rechtliche Folgen vergewaltigen. Nur außerhalb der Ehe ist Vergewaltigung ein strafwürdiges Delikt. Aber auch dort werden sexuelle Gewalttaten gegen Frauen eher als Kavaliersdelikt behandelt und längst nicht so ernsthaft geahndet wie beispielsweise Diebstahl und Einbruch. So will es das männliche Rechtsverständnis, das für die Frau kein Recht auf sexuelle Selbstbestimmung vorsieht. Dagegen hat der Mann offensichtlich ein Anrecht auf den weiblichen Körper und mit ihm auch auf den Körper seiner Kinder. Bis heute sitzt diese Vorstellung in den Köpfen von Männern auch dann noch, wenn sich die formale Rechtslage geändert hat.

Die Grundlage der patriarchalen Familie bildet nicht etwa die Liebe, wie viele Frauen meinen, sondern bilden die Versorgungsbedürftigkeit und Machtansprüche des Mannes. Daran ändert auch die möglicherweise vorhandene Liebe nichts. Suggeriert wird allerdings, daß es sich hier in erster Linie um eine Versorgungseinrichtung für Frauen und Kinder handelt, was aber keineswegs der Fall ist. Das läßt bis heute nicht nur der Umgang mit männlicher Gewalt erkennen, die viele Frauen mit ihren Kindern aus der Wohnung ins Frauenhaus treibt. Mißbraucht er eines der Kinder (häufig auch mehrere), so muß nicht etwa er die Familie verlassen, sondern die Kinder kommen ins Heim. In jedem Fall bleiben die Bedürfnisse des Mannes unangetastet. Kein Wunder, daß bei soviel staatlicher und weiblicher Fürsorge verheiratete Männer im Gegensatz zu verheirateten Frauen weniger von Krankheit und Tod betroffen sind als unverheiratete. Außerdem zeigen Untersuchungen immer wieder, daß sich Männer aller Altersgruppen durchweg glücklicher über ihre Ehe äußern als Frauen.

Fragen wir einen matriarchalen Mann, wer wichtiger sei: die Frau oder der Mann, so erhalten wir zur Antwort: »Die Frau natürlich.« Als Begründung würde er angeben: »Sie hält die Gemeinschaft zusammen, sie pflanzt sie fort und bestellt die Felder, die uns ernähren.«[2] Das bedeutet nun nicht, daß der Mann gegenüber der Frau abgewertet würde, wie eine patriarchale Schlußfolgerung uns nahelegt. Mit folgender Selbsteinschätzung fährt nämlich der matriarchale Mann fort: »Auch der Mann ist unersetzbar..., doch die Frau trägt größere Verantwortung und ist deshalb wichtiger als der Mann.« Das ist Realitätssinn. Ohne die Familienarbeit der Frau läuft gar nichts. Folglich wird sie als der wichtigere Teil gesehen.

Das ändert sich in patriarchalen Zusammenhängen. Hier werden die grundlegendsten Dinge für selbstverständlich genommen und folglich auch nicht wertgeschätzt – ob es sich hierbei um Luft und Wasser, Pflanzen und Tiere oder weibliche Versorgungsarbeit handelt. Wo der Mann auf der Bildfläche erscheint, haben alle anderen an den Rand zu treten. Er wird zum Nabel der Welt, um den sich alles zu drehen hat. Seinem Handeln wird eine immense Bedeutung zugesprochen. Dagegen werden weibliche Versorgungstätigkeiten, die in matriarchalen Zusammenhängen als heilige Handlungen empfunden wurden, überall im Patriarchat abgewertet.

Dabei zeigt sich, daß männliche Überlegenheit durch Rationalisierungen gestützt wird, die mit der Wirklichkeit nichts zu tun haben. Sie sind vielmehr der Beweis eines enormen männlichen Realitätsverlusts, der inzwischen auch viele Frauen ergriffen und lebensgefährliche Dimensionen angenommen hat.

Hier einige Beispiele der Aufwertung männlichen Handelns aus unserem Kulturkreis:

– Teilen Männer das Mahl aus zum Gedenken des Toten auf Golgatha, so begehen sie eine heilige - und gar nicht schlecht dotierte - Handlung, die ihnen Prestige und Pensionsberechtigung sichert.
– Bereiten Frauen das Essen - egal ob aus Liebe oder Pflichtgefühl

- und ermöglichen damit Menschen das Leben, so gilt diese Handlung weder als heilig noch ist sie prestigeträchtig, weder vergütungs- noch pensionsberechtigt.

- Vollziehen Männer den Akt der Taufe als geistige Geburt, so reinigen sie damit das Kind von allem Bösen. So jedenfalls wollte es das traditionelle Taufverständnis bis in jüngste Zeit. Ansonsten gilt, was ich im Hinblick auf Abendmahl- und Kommunionfeier gesagt habe; denn auch diese Handlung wird in Rechnung gestellt.
- Schenken Frauen im Gebärakt einem Kind das Leben, so ist dieser Akt weit davon entfernt, als heilig angesehen zu werden. Er galt, im Gegenteil, noch bis in jüngste Zeit hinein als unrein und bedurfte folglich einer besonderen reinigenden Folgehandlung durch den Priester, genannt »Aussegnung«. Die weiblichen Mühen und Strapazen, die Kosten und Aufwendungen können niemandem in Rechnung gestellt werden. Im Gegenteil, Frauen werden auch noch zur Kasse gebeten und müssen zeitlebens höhere Krankenversicherungsraten bezahlen als Männer. Statt dessen sollten Mütter den Versicherungsgesellschaften in Rechnung stellen können, daß sie auch ihnen die nächste Generation der Versicherten heranziehen.

Das Traurige ist jedoch, daß den Frauen im Patriarchat von klein auf beigebracht wird, sich und ihr Handeln selbst abzuwerten. Weltweit glauben sie den männlichen Ideologiebildungen und halten sich und ihre Arbeit für weniger wichtig als den Mann und seinen Beitrag zur Existenzsicherung. Sie haben gelernt, sich mit männlichen Zuordnungen und Wertungen zu identifizieren und ihre eigenen Tätigkeiten meist geringer einzuschätzen als die des Mannes. Es ist müßig, nach verschiedenen Ursachen solcher Wertungen suchen zu wollen. Wichtig ist, daß sie selbstverständlich nichts mit einer faktischen Minderwertigkeit weiblicher Familienarbeit zu tun haben. Sie liegen einzig und allein in der patriarchalen Geringschätzung alles Weiblichen. Wäre Familienarbeit Männersache, würde sie umgehend aufgewertet. Durchgängig verlieren ja Berufe sowie akademische Grade und Auszeichnungen in dem

Augenblick an Prestige, in dem sie auch Frauen zugänglich sind. Umgekehrt steigt das Ansehen jener einstmals weiblichen Berufe, wenn Männer sie ergreifen.

Vor dem Hintergrund der Abwertung weiblicher Versorgungsarbeit konnte sich das Bild vom Vater als vorrangigem Versorger seiner Kinder erhalten. Mit Hilfe dieses Bildes ist das väterliche Image bis heute wesentlich besser, als es die konkreten Väter sind. Diese profitieren auch in ihrer Attraktivität für die Kinder immer noch von der generellen Aufwertung alles Männlichen, einschließlich der als männlich deklarierten Tätigkeitsbereiche im Patriarchat. Und Frauen folgen diesem Irrtum. Als Familienfrauen haben sie gelernt, von ihrer materiellen Abhängigkeit - jenem patriarchalen Konstrukt, das die Versorgung des Mannes um jeden Preis garantiert, - auf die eminente Bedeutung des Mannes für ihr Leben zu schließen, die ohne die Abhängigkeit jedoch in den wenigsten Fällen gegeben ist. Hier offenbart sich jener Realitätsverlust, der für das patriarchale System kennzeichnend ist, da es lediglich auf einer konstruierten Wirklichkeit - der Priorität des Männlichen - beruht.

Zur Erhaltung dieser Priorität trägt die patriarchale Religion ganz wesentlich bei, womit wir zum vierten und letzten Punkt kommen.

4. Die Sakralisierung und Transzendierung weiblicher Kräfte und Macht

In matriarchalen Kulturen vergangener Jahrtausende wurden Kosmos und Erde als weiblicher Organismus erlebt, aus dem fortwährend neues Leben hervorquillt, das am Ende wieder dorthin zurückkehrt. Weibliche Gebärmacht und Nährmacht sowie weibliche Erkenntnismacht und Weisheit waren der Hintergrund, vor dem kosmische und irdische Göttinnen verehrt wurden. Das ganze Weltbild berücksichtigte eine weibliche Erlebniswelt. Priesterinnen und mit ihnen Bilder und Symbole weiblicher Stärke und Macht waren eine Selbstverständlichkeit. Die Wissensgrundlagen entstammten den Erfahrungen der Ahninnen.

Anders im Patriarchat. Obwohl eindeutig feststeht, daß Frauen und Männer sich bei Problemen, Krisen und Konflikten fast ausschließlich an Frauen wenden, um sich bei ihnen auszusprechen, sind Männer dennoch fest davon überzeugt, sie allein seien die berufenen Seelsorger, Beichtväter und Lehrer auch von Frauen. Dabei wird bereits »den Töchtern ein ganzes Bündel von Vorstellungen und Werten eingeimpft, die sie um so sicherer an das Patriarchat versklaven: die Sündigkeit des Weiblichen seit Eva, die Gnade des männlichen Gottes, der sie dennoch leben läßt..«[3] Im Rahmen einer religiösen Erziehung werden Frauen konditioniert, in einem Ehemann, Priester, Führer ...kurz: in einer männlichen Figur die Verkörperung des göttlich Männlichen anzubeten, das ihnen die ersehnte Zuwendung und damit endlich eine Identität geben wird. Dabei lernen sie gleichzeitig, daß Weiblichkeit und Frauen den Bereich des Göttlichen einerseits und den der seelischen Kompetenz andererseits nicht abdecken können. Diese grundlegende und jeder sachlichen Grundlage entbehrende Abwertung des Weiblichen ist den wenigsten Frauen voll bewußt. Daher wird sie mehr oder weniger unbewußt als berechtigt angenommen und auch auf andere Frauen übertragen. Diese werden nicht aus der Perspektive ihrer Fähigkeiten gesehen, sondern eher mit Unfähigkeiten assoziiert.

Im Hinblick auf Männer geschieht das genaue Gegenteil. Ihnen werden Fähigkeiten angedichtet, die sie gar nicht haben. Nur weil sie ihre Hilfen als Pfarrer und Therapeuten zu kapitalisieren vermögen, sich mit der Aura religiöser Weihe umgeben und zudem mit dem Anspruch auftreten, Gott, den Herrn auf Erden, zu repräsentieren, gewinnt ihre Form der Hilfestellung selbst dann an Prestige, wenn sie jener von Frauen in vielem nachsteht. Die Leistungen der zuhörenden, tröstenden und ratenden Freundin schlagen sich in keiner Einkommensstatistik nieder, da Frauen immer noch nicht alles darauf anlegen, ihre Energien zu kapitalisieren. Doch wo sich der Wert nach dem Preis richtet, wirkt diese lobenswerte Haltung eher wie ein Manko und führt nicht zu einem weiblichen Prestigegewinn.

Philosophie und Religion haben uns über das Gottesbild auf die Werthaftigkeit des Männlichen fixiert. Das Unwerte blieb am Weiblichen haften. Dort haftet es für viele Frauen auch dann noch, wenn sie ihrer Religion längst den Rücken gekehrt haben.

Damit habe ich einige wesentliche Aspekte der Zerstörung weiblicher Macht am Beispiel der Familie skizziert. Dabei ging es mir nicht darum, die Familie schlechtzumachen, sondern eine Grundlage für jene zu schaffen, die die ideologische Überfrachtung der Familie kritisieren. Es kann auch nicht darum gehen, dort für die Abschaffung der Familie zu plädieren, wo sie trotz patriarchaler Strukturen funktioniert, weil es immer wieder Menschen gibt, denen es gelingt, diese zu überwinden. Warum aber - so müssen wir uns fragen - verhindert das patriarchale Recht, daß andere Formen des Zusammenlebens gleichwertig neben der Familie stehen? Frauen haben keine Möglichkeit, ihren Lebensentwurf wirklich frei zu wählen. Die Aufzucht von Kindern, die sie entweder allein oder aber in der Gemeinschaft mit anderen Frauen ausüben, wird durch Abwertung und Diffamierung absichtlich erschwert und häufig sogar unmöglich gemacht.

Für wen nun soll die Familie als allein legitimierte Lebensform mit Kindern erhalten bleiben und um welchen Preis? Für die Versorgung des Mannes? Der Frau? Des Kindes? Die Bedürfnisse und Interessen, die in der Familie aufeinanderprallen, sind offensichtlich nicht miteinander zu vereinbaren, sonst gäbe es auf diesem Gebiet nicht so gravierende Probleme. Den Preis für den Erhalt der Familie als primäre Versorgungseinrichtung des Mannes zahlen jedoch Frauen und Töchter; denn nicht nur bleiben ihre Interessen auf der Strecke, auch entsteht mit jeder Familiengründung ein potentieller Gefahrenherd für männliche Gewalt Frauen und Kindern gegenüber, der nach den uns vorliegenden Daten in seinen negativen Auswirkungen nicht mehr unterschätzt werden darf.

Hier zeigt sich, daß die patriarchale Kultur nun einmal in erster Linie eine männliche Interessengemeinschaft ist. In ihr hat der Mann die stärkere Position, und so wird auf seine Interessen und Bedürfnisse - selbst da, wo sie mit brutaler Gewalt eingefordert werden - in Rechtsprechung und Politik, in Medien und öffentlicher Meinung weitaus mehr Rücksicht genommen als auf jene von Frauen und Kindern. Aber das merken viele Frauen nicht, da sie es ja bereits als kleine Mädchen nicht anders kennengelernt haben. Die weibliche Entmachtung und Enteignung begann bereits im zarten Kindesalter.

Der Teufelskreis schließt sich für Frauen, wenn sie sich folgende Fragen stellen: Weshalb verharren viele von ihnen solange in Ehen, in denen sie mit männlicher Ver- oder auch nur Nichtachtung konfrontiert werden, in denen sie nicht nur psychisch, sondern auch körperlich mißhandelt und mißbraucht, enteignet und entmachtet werden? Warum verschweigen Mädchen oft jahrelang, daß ihre Väter und Stiefväter, Brüder und Onkel, Großväter oder Partner der Mutter sie nicht selten regelmäßig vergewaltigen? Die Antwort auf diese Fragen lautet eindeutig: Weil es keine Instanzen weiblicher Macht und weiblichen Zusammenhalts gibt, keine verläßliche Tradition einer machtvollen Solidarität unter Frauen, die weiblichen Familienangehörigen die Gewißheit vermittelt, außerhalb der Beziehung zum Mann aufgefangen, getragen und wertgeschätzt zu werden und nicht lediglich anderen Formen der Gewalt ausgeliefert zu sein, wie sie bei Eingriffen von Vater Staat nur allzuoft geschehen.

Machen wir uns abschließend noch einmal bewußt, auf welchem Nährboden die Entmachtung von Frauen gedeiht, bevor wir uns weiteren Aspekten dieses Problems zuwenden. Im Rahmen patriarchaler Strukturen wird Frauen eine ganze Menge zugemutet:

- Sie sollen sich in Beziehungen und Familienstrukturen wohl fühlen, deren Wertigkeit und deren Grundlagen, deren Sinn und Funktion, deren Ausdrucksformen und Gehalt unser Geschlecht nicht bestimmen konnte und die daher weiblichen Bedürfnissen nicht gerecht werden; die aber gleichzeitig die Tendenz haben, Frauen zu isolieren und voneinander zu entfremden.
- Sie sollen eine Gesellschaft, eine soziale, wirtschaftliche, rechtliche, politische und kulturelle Umwelt die ihre nennen, die Männer ohne weibliche Mitsprache nach eigenem Gutdünken aufge-

baut haben und die nichts anderes von Frauen fordert als weibliche Mittäterschaft.

– Sie sollen sich in einer Welt beheimatet fühlen, die eindeutig den Männern gehört und die, so heißt es, von einem männlichen Gott geschaffen wurde, der sein eigenes Geschlecht ganz offenkundig bevorzugt und mit immenser Herrschergewalt ausgestattet hat.

In Lebenszusammenhängen verharren zu müssen, die den eigenen Bedürfnissen längst zuwiderlaufen und die folglich notwendige Reifunsprozesse behindern, steigert nicht nur das Gefühl der Fremdheit und Machtlosigkeit in der eigenen Seele, sondern auch in einer Gesellschaft, an deren Aufbau das weibliche Geschlecht nur einen sehr geringen Anteil hatte.

Des Körpers enteignet, der Seele entfremdet, leben wir nicht nur in einer Gesellschaft, die nach männlichen Maßstäben funktioniert, sondern auch in einer geistigen Welt, in einem Weltbild, das Männer mosaiksteinartig nach eigenem Ermessen und Gutdünken zusammengebastelt haben. Es setzt sich zusammen aus männlichen Wissenschaften, Philosophien und Theologien, denen wiederum ein männliches Werte-, Rechts- und Religionsverständnis zugrunde liegt. Männliche Normen schaffen Maßstäbe für Normalität, die folglich immer nur eine Andronormalität - eine am Mann und seinen Interessen ausgerichtete Normalität - sein kann. Aber wer weiß das schon?

Damit wir uns bei uns selbst geistig und seelisch zu Hause fühlen können, brauchen wir das Gefühl, ein sinnvolles, das heißt ein unseren geistig-seelischen Fähigkeiten entsprechendes und selbstbestimmtes Leben zu führen. Genau das aber ist den meisten Frauen im Patriarchat verwehrt. Sie werden in Lebensentwürfe und Berufe gedrängt, die sie weniger an die eigene als vielmehr an die Entfaltung anderer Menschen denken lassen - insbesondere jene des Mannes -, und die sich folglich hemmend auf die eigene Entwicklung auswirken. Nur selten haben Frauen die Möglichkeit, ihre Entscheidungen neu zu überdenken und sich im Einklang mit neuen Einsichten und persönlichen Wandlungen auch neu zu entscheiden. Sie werden nicht nur konkret durch Männer und männliche Gesellschaftsstrukturen beherrscht, sondern auch durch Gegebenheiten, zu deren Erschaffung sie selbst auf der Grundlage patriarchaler Familienmuster angehalten und so an ihrer eigenen Entmachtung beteiligt werden.

2. Kapitel

Das Problem der Mutter-Tochter-Beziehung

Die Störung der Mutter-Tochter-Beziehung als Grundlage weiblicher Entmachtung

Der Doppelaspekt weiblicher Entmachtung, dem wir in der Beschreibung patriarchaler Familienmuster begegnet sind, setzt sich in der Mutter-Tochter-Beziehung weiter fort. Da ich die Problematik dieser Beziehung bereits in einem meiner Bücher ausführlich beschrieben habe, beschränke ich mich hier auf den Aspekt weiblicher Machtlosigkeit, zu der diese Beziehung einen beträchtlichen Beitrag leistet.[4]

Im Rahmen patriarchaler Familienstrukturen stellt die Störung der Mutter-Tochter-Beziehung die grundlegendste Behinderung und Vernichtung weiblicher Macht dar. Das mangelnde Vertrauen der Töchter zu ihren Müttern, das bei Vergewaltigungen durch Väter und männliche Verwandte zutage tritt, offenbart nicht nur die Tiefe der Störung dieser Beziehung, sondern auch die damit verbundenen Denkmuster, die diese Beziehung ins Abseits sozialer Wirklichkeit drängen. Die Beziehung leidet an einem elementaren Mangel an weiblichem Zusammenhalt. Dieser wiederum stellt eine wesentliche Grundlage dar für den immer wieder beklagten fehlenden Widerstand gegen Männermacht und Männerbündelei auf allen Ebenen der Gesellschaft.

Wieder hilft uns ein Blick auf das matriarchale Beziehungsverhältnis, das patriarchale Entmachtungskonstrukt klarer zu erkennen.

In matriarchalen Kulturen war die Mutter-Tochter-Beziehung die wichtigste Beziehung überhaupt. Sie galt einerseits als Grundlage der menschlichen Gemeinschaft, waren es doch die Töchter, die das Leben weitergaben. Andererseits wurde sie als Abbild des Beziehungsverhältnisses des Menschen zum Göttlichen als Urgrund des Lebens gesehen. Es begegnete ihnen in der Mutter Erde sowie in der kosmischen Weisheitsgöttin, die in diesen beiden Gestalten das Leben hervorbringt, erhält und umfängt - gerade so, wie die leibliche Mutter ihr Kind. Auf diesem Hintergrund wurden Mutter und Tochter zu repräsentativen Bildern eines natürlichen und sozialen Modells.[5]

In patriarchalen Gesellschaften ist die Beziehung von Mutter und Tochter, »die fruchtbarste unter dem Gesichtspunkt der friedlichen Erhaltung des Lebens - ... zerstört worden, um einer (patriarchalen) Ordnung zu weichen«.[6] Sie ist bis heute auf dem niedrigsten sozialen Niveau angesiedelt und liegt hinter der Beziehung zum Sohn. Dieser allein gelten soziale Anerkennung und religiöse Weihe. Wirtschaftliche und politische Macht gehen fast ausschließlich von den Vätern auf die Söhne über. Dazu leistet auch die Religion ihren Beitrag: Die Beziehungen des Sohnes zur Mutter und zum göttlichen Vater werden in zahllosen Kirchenliedern besungen. Mutter und Sohn werden in unzähligen Skulpturen verehrt. Bis auf vereinzelte Darstellungen der Anna Selbdritt im katholischen Bereich, in denen es um die Beziehung von Großmutter, Tochter und Sohn geht, fehlt der Mutter-Tochter-Beziehung jegliche religiöse Repräsentanz und soziale Bedeutung.

Zweifelhafter Penisneid

In der Tiefenpsychologie wird das Fehlen eines Penis bei der Tochter sowie ihr daraus resultierender »Penisneid« als grundlegender Konflikt in der Mutter-Tochter-Problematik gewertet. Dieser Art psychologischer Ursachenforschung liegt eine grenzenlose Überschätzung des Penis zugrunde, die nichts mit der Wirklichkeit von Tochter und

Mutter zu tun hat. Selbst wenn der Neid auf den Penis des Knaben hin und wieder bei Mädchen vorkommt, da sie oftmals seine Manipulierbarkeit sowie das Pinkeln im Stehen durchaus als erstrebenswert empfinden, steht doch der Nachweis jenes Stellenwertes, den die Psychoanalyse ihm beimißt, auf recht wackligen Füßen.

In der Psychologie wird der Penis zum höchsten Gut erklärt und gewinnt so an Macht, während die weiblichen Genitalien ignoriert oder gar abgewertet und in den Bereich der Ohnmacht abgedrängt werden. Auf diese Weise muß die eigene Weiblichkeit zwangsläufig als Quelle der Ohnmacht bis hin zu persönlicher Schuld empfunden werden. Umgekehrt wird der Penis zum Beweis für Macht und Schuldlosigkeit, wie Karen Horney feststellt.[7] Die daraus resultierenden weiblichen Ohnmachtsgefühle korrespondieren dann mit der Angst, nicht normal zu sein,[8] da in der patriarchalen Psychologie das Männliche zur Norm und damit auch zum Normalen erklärt wird, gegen das sich das Weibliche als Abweichung von der Norm und damit leicht als Anomalie abhebt.

Der Penisneid - so er denn wirklich existiert - ist wohl eher als symbolischer Ausdruck töchterlicher Unzufriedenheit mit der ihr und ihrer Mutter zugedachten Bewertung und Rolle zu verstehen. Er käme einem unbewußten und folglich wortlosen Protest gleich, der sich dagegen wendet, daß weibliches Sein nur mit männlichen Kategorien und Wertmaßstäben erfaßt und auf männliche Bedürfnisse hin ausgerichtet und geformt wird. Nur wo diese Gepflogenheit nicht mehr thematisiert wurde, konnten Männer auf die Idee kommen, weibliche Penislosigkeit als Ursache für die Enttäuschung der Tochter an der Mutter und damit als grundlegendes Problem der Mutter-Tochter-Beziehung zu sehen.

Der Teufelskreis

Die generelle Abwertung des Weiblichen in unserer Kultur beeinträchtigt die Mutter-Tochter-Beziehung in einer Weise, wie sie die Tiefenpsychologie nie offizell anerkannt hat. So gilt die Geburt einer

Tochter weltweit weniger als die eines Sohnes. Häufig ist sie sogar unerwünscht. Diese Einstellung schlägt sich in den Gefühlen der Mutter entsprechend nieder. Sie sichert Söhnen ein Mehr an mütterlicher Zuwendung gegenüber Töchtern, die das selbstverständlich spüren und sich durch fehlendes Begehren von der Mutter abgelehnt fühlen.

Was mit der Tochter geschieht, geschah zuvor mit der Mutter. Auch sie war als kleines Mädchen den gleichen Enttäuschungen und dem gleichen Mangel an Zuwendung ausgesetzt - Erfahrungen, die dann später in der Beziehung zur eigenen Tochter wiederbelebt werden. Die eigene unaufgearbeitete Beziehung zur eigenen Mutter legt sich wie ein Schatten auf die mütterliche Beziehung zur Tochter. Entsprechend negativ sind die Projektionen und unbewußten Erwartungen, die sich wie ein Schatten auf die Tochter legen. Nie wird sie in der Lage sein, der Mutter jene Zuwendung zu geben, die diese schon bei ihrer Mutter entbehren mußte. Genau das aber scheinen viele Mütter von ihren Töchtern - meist unbewußt - zu erwarten. Sie reagieren enttäuscht, wenn diese ihre Erwartungen nicht zu erfüllen vermögen.

So wirkt sich die unaufgearbeitete Beziehung der Mutter zu ihrer eigenen Mutter negativ auf die Mutter-Tochter-Beziehung aus und nimmt ihr jene soziale Macht, die ihr einst zukam. Statt dessen wird sie zur Quelle töchterlichen Ressentiments. Nicht zuletzt auch aufgrund des Machtgefälles, das zwischen den Geschlechtern besteht. Die daraus resultierende Abhängigkeit von Müttern und Ehefrauen führt in den Augen der Töchter vielfach zu unwürdigen Verhaltensweisen der Mütter, die sie wütend machen. Sie sind noch zu jung, um den Hintergrund mütterlicher Abhängigkeit zu durchschauen. Aus ihrer Perspektive handelt es sich um einen »freiwilligen« Machtverzicht der Mutter, denn in den meisten Fällen entgeht ihnen das Maß an sozialer und finanzieller Abhängigkeit, in der nach wie vor viele Mütter leben. So können sie sich auch nicht erklären, wieso die Mutter, die sie selbst als machtvoll erlebt haben, dem Vater gegenüber so nachgiebig und machtlos ist. Da sie die mütterliche Situation nicht verstehen, entwickeln Töchter häufig Aggressionen gegenüber ihren Müttern. Schließlich fühlen sie sich in ihrer eigenen Ehre verletzt durch das Verhalten der Mutter dem Vater gegenüber. Ihnen fehlt das mütterliche Vorbild, das sie zur Nachahmung reizt, und so wenden sie sich von der Mutter ab. Weiblicher Zusammenhalt in seiner grundlegendsten Form kann nicht stattfinden. Sein Fehlen entmachtet das weibliche Geschlecht.

Dazu gesellt sich als Folge der generellen Abwertung des Weiblichen und als weiterer Grund für die Enttäuschung der Tochter, daß die Mutter offensichtlich primär auf das männliche Geschlecht ausgerichtet ist, Partner oder Bruder ihr gegenüber vorzieht und sie damit automatisch abwertet und ihr wiederum ihre Bedeutungslosigkeit signalisiert. Parallel dazu macht sie auch sonst die schmerzliche Erfahrung, daß allem Männlichen auch ohne Gegenleistungen ein höherer Stellenwert zukommt. Das veranlaßt die Tochter, sich nicht nur von ihrer Mutter, sondern auch noch von ihrem Geschlecht abzuwenden.

Elizabeth Debold u.a. haben recht mit ihrem Fazit: »Die Unterdrückung der Frau ist der eigentliche und gewöhnlich verborgene Grund dafür, daß die Tochter von ihrer Mutter enttäuscht ist, und er verstärkt den Wunsch der Tochter, sich abzulösen und anders als ihre Mutter zu werden. Wenn die Verachtung der Tochter nicht in diesem großen Zusammenhang betrachtet wird, kann es so aussehen, als ob der Konflikt zwischen Mutter und Tochter geschlechtsbedingt und eine Lösung nicht möglich sei. Das ist der Fehler, den Freud gemacht hat.«[9]

Die Rivalität zwischen Tochter und Mutter ist Teil jenes Phänomens, das sich auf allen sozialen Ebenen beobachten läßt: Ohnmächtige buhlen um die Gunst der Mächtigen und verhalten sich gegeneinander konkurrent. Hier stoßen wir auf die tiefsten Ursachen weiblicher Rivalität und fehlender Frauensolidarität. Die töchterliche Abwendung von der Mutter - als deren Abwertung - bedeutet daher zugleich, sich vom weiblichen Geschlecht abzuwenden und es abzuwerten. Damit übernimmt die Tochter das patriarchale Wertemuster, und es wird lange dauern, bis sie lernt, es in Frage zu stellen und abzulehnen.

Weitere Aspekte gegenseitiger Entmachtung

Es gibt noch weitere Aspekte gegenseitiger Entmachtung von Mutter und Tochter. Wie die Entwicklung von Töchtern in patriarchalen Zusammenhänge erkennen läßt, verwandeln sich die töchterlichen Aggressionen gegen die Mutter und führen zu ihrer Abwertung und Ablehnung. Doch vollzieht sich die Hinwendung zum Vater auch nicht ohne entsprechende Frustrationen. Auch der Vater enttäuscht seine Tochter, wie ich im nächsten Abschnitt aufzeigen werde. Dennoch ergeben sich daraus nicht die gleichen Konsequenzen wie bei der Mutter.

Karen Horney ist aufgefallen, daß die Enttäuschung der Töchter am Vater nicht etwa in Haß und Ablehnung gegen diesen, sondern gegen die eigene Person gewendet wird.[10] Der Vater als Mann und folglich höchster Wert in der patriarchalen Familie ist als Adressat von Frustrationen tabu. Diese Tendenz ist dann im Laufe des weiblichen Lebens nicht nur gegenüber dem eigenem Vater zu beobachten. Was sie als kleine Mädchen an ihm gelernt haben, entwickelt sich später zu einer allgemeinen Tendenz: Fast alle Frauen neigen dazu, von Männern verursachte Enttäuschungen und Aggressionen entweder an anderen Frauen auszulassen oder aber gegen die eigene Person zu richten, was dann meist zu Depressionen führt.

Wir haben es hier mit einer Variante jenes Musters zu tun, das ich als Adam-und-Eva-Syndrom beschrieben habe.[11] Schuld oder andere negative Eigenschaften und Auswirkungen von Verhalten und Gegebenheiten werden vom männlichen Geschlecht fort- und auf das weibliche Geschlecht hingeleitet. Männer sind nie schuld, sie werden nicht als Verursacher von Mißständen und Fehlentwicklungen entlarvt. Die Rolle des Mannes korrespondiert nur mit jener des Anklägers, nicht jedoch mit jener des Angeklagten. Genau das Umgekehrte gilt für die Rolle der Frau. Das begreift auch die Tochter sehr schnell. Also wird sie sich hüten, dem Vater die Verantwortung für die durch ihn erlebten Enttäuschungen zu geben und sie statt dessen selbst übernehmen. Der Mutter aber widerfährt keine entsprechende Entlastung. Sie wird gnadenlos weiter entmachtet und mit ihr selbstverständlich auch die Tochter, während Macht und Priorität des Vaters weiter untermauert werden.

So kann ich Michel Foucault nur zustimmen, wenn er schreibt, daß die Macht nicht so sehr auf Verboten, sondern auf Durchdringungen beruht.[12] Die patriarchale Durchdringung ist jenes Gift, das Frauen schuldig und ohnmächtig erscheinen läßt und der Tochter suggeriert, nichts wert zu sein, nichts verdient zu haben, keine Ansprüche geltend machen zu können. So gibt es kaum Frauen, die nicht aus irgendwelchen Gründen Schuldgefühle ihrer Mutter gegenüber entwickeln. Hat die Mutter viel für die Tochter getan - oder behauptet dies zumindest -, so fühlt sich die Tochter schuldig, weil sie meint, der Mutter etwas schuldig geblieben zu sein. Sie meint, etwas wiedergutmachen zu müssen, was eigentlich nicht gutzumachen ist. Sie will der Mutter etwas zurückgeben, weiß aber nicht genau, was und wie. Jede Unmutsäußerung der Mutter weckt tiefe Schuldgefühle, als habe die Tochter als Kind etwas von ihr genommen, das ihr eigentlich nicht zugestanden hätte.

Dies weit verbreitete Empfinden korrespondiert mit dem Gefühl vieler Mütter, daß sie nicht in der Lage waren, ihren Töchtern die gleiche Gefühlsintensität entgegenzubringen wie den Söhnen. Folglich haben sie Schuldgefühle gegenüber ersteren entwickelt und sich förmlich zu positiven Gefühlsäußerungen ihnen gegenüber gezwungen. Diese unbewußten mütterlichen Widerstände teilen sich den Töchtern selbstverständlich mit. Und so kommt deren Gefühl, von der Mutter etwas genommen zu haben, was ihnen eigentlich nicht zustand, nicht von ungefähr. Dennoch entwickeln sie als Töchter ihren Müttern gegenüber Schuldgefühle, da diese in den seltensten Fällen bereit sind, ihre Töchter über ihr eigenes Unvermögen aufzuklären.

Mütter wiederum, die die Geburt einer Tochter oftmals als Abwertung erlebt haben, entwickeln Neidgefühle gegenüber den heranwachensenden Töchtern, da nur Jugendlichkeit und gutes Aussehen vor weiteren Abwertungen zu schützen vermögen, Alterserscheinungen dagegen den Wert einer Frau nur noch weiter sinken lassen. Während die Töchter immer schöner werden, erleben sich erwachsene Frauen als älter und damit wertloser werdend.

Dagegen erleben Mutter und Tochter den Vater und Mann als absoluten Wert, der in seiner Autorität und Priorität nicht hinterfragt werden darf. Von ihm verursachte Konflikte und Probleme werden folglich von Mutter und Tochter aufgefangen und belasten ihre sowieso schon problematische Beziehung noch zusätzlich. Sein Fehlverhalten wird sich in Schuld von Mutter oder Tochter verwandeln (u.a. sexueller Mißbrauch). Diese Tendenz setzt sich auch auf gesellschaftlicher Ebene fort: Mütter sind an allem schuld...[13]

Als Alleinerziehende kann es ihnen sogar passieren, daß sie von offizieller Stelle daran gehindert werden, die Verantwortung für ihre Kinder voll zu übernehmen. So kommt es vor, daß Psychologen und Jugendamt sie dahingehend beeinflussen, daß sie auch gegen ihren Willen die Kinder zum Vater lassen und damit die Wunden in Müttern und Kindern immer wieder neu aufreißen. Auch sind es häufig die Mütter, die für die Trennung vom Vater verantwortlich gemacht werden. Vor Gericht heißt es, die Mutter sei schuld, daß das Kind den Vater ablehnt. 93 Prozent der Kinder aus geschiedenen Ehen leben bei den Müttern, zwei Prozent bei den Vätern, zwischen fünf und sieben Prozent haben gemeinsames Sorgerecht. Eine Mutter berichtet von einer Prüfung durch einen Mann vom Jugendamt: Er selbst war Vater, der gerade seine Frau mit fünf Kindern verlassen hatte und nun ihre Kinder prüfte, ob sie wirklich zur Mutter wollten und ob die Mutter den Vater schlechtmachte. Sie selbst mußte bei dieser Prüfung eine Stunde draußen bleiben, was den Kindern wieder einmal die Macht männlicher Instanzen vermittelte.

Auch die traditionell-männliche Psychologie leistet ihren Beitrag zur Abwertung und Entmachtung der Mutter-Tochter-Beziehung. Wie sie lehrt, entstehen weibliche Identität und reife Sexualität nur durch die Hinwendung zum Mann. Sie beginnt beim Vater und endet mit dem Ehemann und gilt dann als geglückt, wenn die Loslösung von der Mutter und mit ihr vom eigenen Geschlecht gelungen ist.

Weibliche Identität durch Abwendung vom Weiblichen?

Hier stellt sich allerdings die Frage, ob es wirklich »normal« sein kann, daß Mädchen, um in die »weibliche Phase« eintreten zu können, sich zuvor von ihrem eigenen Geschlecht ab- und sich dem männlichen zuwenden müssen? Diese Frage stellt sich selbstverständlich nicht für patriarchale PsychologInnen. Aus ihrer mannzentrierten Sichtweise verkünden sie uns doch tatsächlich, Töchter hätten die unmögliche Aufgabe, Frau zu werden, indem sie sich vom eigenen Geschlecht abwenden, es sogar in Gestalt der Mutter ablehnen, wenn nicht gar hassen. Bei Knaben dagegen werden sie nicht müde zu betonen, wie wichtig für ihre männliche Identitätsfindung Vaterfiguren seien. Für Mädchen dagegen soll sich die Entwicklung »echter«, das heißt vom Patriarchat anerkannter Weiblichkeit nur in der Beziehung zum Phallus vollziehen. Gemeint ist hier jene Weiblichkeit, die dem männlichen System nützt und es an die Kinder weitergibt. - Eine Weiblichkeit, die den Mann nicht in Frage stellt und all jene Frauen bekämpft, die sich erdreisten, genau dies zu tun.

Die elementarste Beziehung der menschlichen Gesellschaft kann auf einer solchen Grundlage nicht positiv gelebt werden, auch wenn die Sehnsucht nach ihr weiterlebt. Ihre Störung ist in der patriarchalen Minderbewertung des Weiblichen bereits vorprogrammiert; denn später wird die eigene Tochter den Mutterkonflikt wieder aufleben lassen. Bereits als Säugling wird sie von der Mutter als schwierig erlebt werden und ihr das Gefühl vermitteln, »total unzulänglich zu sein«.[14]

Daß das Kennenlernen starker und machtvoller Weiblichkeit eine unbedingte Voraussetzung ist für das Entstehen einer weiblichen Identität, lesen wir in keinem Psychologiebuch. Auf diese Weise verwandeln sich die einst machtvollsten Beziehungen der matriarchalen Kultur zur ohnmächtigsten und vernachlässigsten Beziehung im Patriarchat.

Der Beitrag der Religion

Dazu leistet auch die Religion den bereits erwähnten Beitrag mit ihrer einseitigen Vermännlichung der Dimension des Göttlichen und dem damit verbundenen Raub der weiblichen Quelle des Lebens. Maria ist nur ein schwacher Ersatz für die den Frauen geraubte Göttin.[15] Wenn sie auch deren Titel und Symbolik, Mythen und heilige Plätze geerbt hat, so wurde sie doch von männlichen Theologen zu einer keuschen »Magd des Herrn« erniedrigt, die ohne eigenen Willen ihm lediglich ihr »Mir geschehe« entgegenhaucht.

Das Fehlen einer Göttin und damit eines starken Frauenbildes sowie einer machtvollen Frauenwelt wirkt sich nach meiner Ansicht folgendermaßen auf Töchter und Mütter aus:

Bei den Töchtern fördern diese Defizite ganz zwangsläufig eine negative Bindung an die Mutter, wenn sie nicht aufgefangen werden. Das wird aber nur selten möglich sein, da sich zu diesem Mangel an weiblichen Transzendierungsmöglichkeiten im Zeitalter der Kleinfamilie auch noch die Abwesenheit zusätzlicher weiblicher Bezugspersonen gesellt, so daß es für Töchter weder eine Möglichkeit gibt, die positiven Erfahrungen mit der Mutter zu transzendieren und damit weibliche Kräfte zu stärken noch die negativen Erfahrungen zu relativieren oder gar zu korrigieren. Viele dieser Negativ-Erfahrungen werden jedoch nicht von der Mutter, sondern von der Gesellschaft hervorgerufen, wie ich bereits dargelegt habe. Dennoch werden sie dem negativen Erfahrungsbereich mit der Mutter zugeschoben, ohne daß dies erkannt wird.

Gleichzeitig verursacht die patriarchale Gesellschaft auf seiten der Tochter wie auch der Mutter eine gefährliche Abwertung des Weiblichen, mit der eine Schwächung mütterlicher Kräfte einhergeht. Aus der sozial bedingten Verletzung der Tochter wird so die verletzende Mutter. Dieser eher fiktiven Gestalt können Töchter nicht wirklich ausweichen, da sie auch auf andere Frauen übertragen wird. Es fehlt an positiven Übertragungsmöglichkeiten und damit auch an positiv besetzten weiblichen Gestalten, denen Töchter sich ersatzweise zuwenden können. Sogar die Welt des Weiblichen, die einst außerhalb der Mutter überall in der Natur und Kultur wahrgenommen wurde, erfuhr in patriarchalen Strukturen eine Vermännlichung, die weder dem weiblichen noch dem männlichen Geschlecht und noch weniger dem Globus wirklich bekommt.

Ihrer umfassenden Macht und Stärke beraubt, erweist sich die weibliche Rolle als zu eng und unattraktiv für die Bedürfnisse der meisten Töchter. Deren natürliche und lebensnotwendige Tendenz, sich über die Mutter und andere weibliche Gestalten (Sippenfrauen, Göttinnen...) mit dem eigenen Geschlecht zu identifizieren, wird dadurch entweder zu einer Qual oder aber ganz abgeblockt.

Durch den Wegfall der weiblichen Sippe, in der sich die Frauen gemeinsam - und sekundär auch die Männer - für die Versorgung der Kinder verantwortlich fühlten, und durch den Wegfall des Göttin-Glaubens im Patriarchat wurde die individuelle Mutter zwar einerseits mächtiger, da sie nunmehr eine Art Weiblichkeits- und Versorgungsmonopol innehatte. Dieser Zuwachs an weiblicher Macht resultierte aus einem Mangel an weiblicher Vielfalt und Machtverteilung, der sich häufig in neurotisierenden Bindungen niederschlägt. Andererseits aber steht diesem Zuwachs an weiblicher Macht in einem Bereich eine Fülle psycho-sozialer Entmachtungen gegenüber. Aus diesen gegenläufigen Tendenzen wird die besonders von Müttern erlebte Ambivalenz von Macht- und Ohnmachtsgefühlen Mann und Kindern gegenüber gespeist.

Schmerzhafte Einsicht

Bei einem Seminar zum Thema »Mütter und Töchter« beginnt eine Frau plötzlich zu weinen, nachdem alle Frauen ihre Gefühle ihren Müttern gegenüber als mit Schmerz, Angst und Wut behaftet beschrieben hatten. Ihr ist plötzlich klargeworden, daß auch sie eine psychisch machtvolle Mutter ist, daß auch sie viel falsch gemacht hat und daß ihr Verhalten auch für ihre Kinder lebenslange Auswirkungen haben wird. Die Frauen erkennen im Gespräch, daß jede

Mutter ihren Kindern das weitergibt, was ihr durch ihre eigenen Lebensumstände und aufgrund ihrer eigenen Sozialisation aufgenötigt oder aber ermöglicht worden ist. Die Mütter trösten sich damit, daß sie in ihrer Erziehung alle Fehler machen und es hier nicht um Schuld gehen kann, sondern lediglich um ihre Grenzen. Besondere Betroffenheit entsteht, als die Frauen erkennen, wie stark der Einfluß ihrer Mütter auf ihr ganzes Leben bis zum gegenwärtigen Moment geblieben ist und sich möglicherweise in den Töchtern fortsetzt.

Sie erkannten damit die ungeheure Macht weiblicher Machtlosigkeit, die sich an den Töchtern schadlos hält. Wollen sie ihre Töchter nicht länger als Quelle weiblicher (Ersatz-)Macht mißbrauchen, so müssen Frauen sich nach eigenen Quellen umschauen...

3. Kapitel

Die Macht des Mannes über die Frau vor dem Hintergrund der Vater-Tochter-Beziehung

Steht in patriarchalen Zusammenhängen der Mann im Mittelpunkt weiblichen Interesses, so ist es in matriarchalen Kulturen das weibliche Geschlecht. Gleichwohl handelt es sich dabei nicht um eine Diskriminierung des Mannes im Matriarchat, da er in keiner Weise entwertet wird wie die Frau im Patriarchat. Er wird im Gegenteil sehr geschätzt und hat die Bedeutung, die ihm effektiv zukommt - nicht mehr und nicht weniger. (Näheres dazu im letzten Kapitel.)

Die Überbewertung biologischer Vaterschaft als Grundlage väterlicher Macht

Dem patriarchalen Vater wird ein hohes Maß an Macht zur Verfügung gestellt, für das er sich in keiner Weise zu qualifizieren braucht. Es ist ein Qualitätsmerkmal, das dem Mann per Geschlecht zugesprochen wird. Es resultiert aus dem patriarchalen Überbau von Gottvater, Landesvater, Vater Staat und Vaterland. »Der persönliche Vater ist eine Mikro-Spiegelung des kollektiven Vater-Mann-Bildes in einer patriarchal-autoritären Gesellschaft. Der »Makro-Kosmos« schreibt dem Vater/ Mann bestimmte Zuordnungen, Kompetenzen und damit Macht zu.«[16]

Historisch verlief die Machtanmaßung des männlichen Geschlechts über die Instutionalisierung biologischer Vaterschaft, die das Matriarchat nicht kennt. Hier sind alle Männer die sozialen Väter der Kinder einer Sippe, wobei den Brüdern der Mütter eine besondere Verantwortung gegenüber ihren Kindern zukommt. Während die Beziehung der Tochter zur Mutter immer gesichert ist, kann dies von der Beziehung zum Vater nicht in gleicher Weise behauptet werden. Der Ausgleich dieses natürlichen Ungleichgewichts durch die Einführung der Institution der Vater-Kind-Beziehung ist eine Erfindung des Mannes, die mit einer drastischen Einschränkung der weiblichen Freiheit einherging. Der Mutter wurde nun die Verpflichtung auferlegt, dem Mann die eigene Vaterschaft zu garantieren. Er wollte nun nicht mehr »fremde« Kinder oder »Bastarde« mit großziehen, die es für die Mutter gar nicht gibt.

Aus der erzwungenen Herstellung bekannter Vaterschaften erwuchs eine besondere Sexualmoral, der sich der Mann zu keiner Zeit verpflichtet fühlte. Sie wurde eigens für Frauen geschaffen. Jungfräulichkeit, weibliche Keuschheit und Gattentreue galten nunmehr als Kennzeichen einer ehrenwerten Frau. Verstieß sie gegen den nunmehr gültigen Moralkodex, war sie des Todes. In islamischen Ländern müssen Frauen auch heute noch mit ihrem Leben dafür büßen, wenn sie sich auf einen anderen als den ihnen angetrauten Mann einlassen; denn die Erpressung bekannter Vaterschaften bringt es mit sich, daß die Frau als Besitz des Mannes gesehen wird.

Wenn sich heute die Sexualmoral in westlichen Ländern gelokkert hat, dann nur deswegen, weil sich männliche Interessen verändert haben. Das freie Ausleben seiner Triebe ist dem Mann zunehmend wichtiger geworden als eigene Kinder. Dazu aber bedarf er der sexuell »befreiten« Frau, die ihm jederzeit und überall zur Verfügung steht. Das ist der Hintergrund der sogenannten »sexuellen Revolution«, die Hand in Hand geht mit der »vaterlosen Gesellschaft«. Sie wurde von Soziologen und Psychologen für unsere Zeit diagnostiziert.

Dabei übersahen sie allerdings, daß es eine echte Vatergesellschaft im wahrsten Sinne des Wortes, das heißt als Umkehrung von Matriarchaten, nie gegeben hat. Ich gehe sogar so weit zu behaupten, daß die Erfindung der biologischen Vaterschaft als soziale Institution gleichzeitig den Beginn der Abschaffung sozialer Vaterschaft markiert. Eine patriarchale Kultur, die auf positiven väterlichen Prinzipien beruht, hat zu keiner Zeit existiert. Das spiegelt sich auch in dem eigenartigen Verhalten von Vätern in Märchen und Mythen wider. In diesen Erzählungen verstümmeln, opfern, vergewaltigen und töten Väter ihre Töchter - fast so wie im wirklichen Leben, ist frau versucht hinzuzufügen. Positive Vater-Tochter-Beziehungen suchen wir hier vergebens. Das bedeutet nun nicht, daß es sie nicht hin und wieder auch gegeben hat und möglicherweise auch noch gibt, doch sind sie nie selbstverständlich gewesen und damit zur Grundlage der Kultur geworden.

Patriarchat bedeutet bis heute auch die Ambivalenz des allgegenwärtigen und gleichzeitig abwesenden Vaters. Diese Abwesenheit hat jedoch ein schillerndes Antlitz. Sie setzt sich zusammen aus Tabuisierungen und Idealisierungen, die nicht leicht zu durchschauen sind. Bei den Töchtern hinterläßt sie Gefühle der Unzulänglichkeit und der Sehnsucht, des Hasses und der Liebe.

In der Schule haben wir alle den Vater unmittelbar neben der Mutter zu buchstabieren gelernt. Diese Nähe suggeriert eine Wirklichkeit, die es nicht gibt. Es gibt kaum Menschen ohne Muttererfahrungen. Eine Vielzahl von uns jedoch ist ohne oder aber mit recht geringen Vatererfahrungen großgeworden. Was mütterliches Verhalten ist, wissen wir alle. Was aber ist väterlich?

Diese Frage stellten sich die beiden Autorinnen der Sendung »Vatertöchter«, die vor einigen Jahren im Süddeutschen Rundfunk ausgestrahlt wurde: »So wie Mütter als mütterlich angesehen werden, so Väter als väterlich. Was ist das Spezifische an der Väterlichkeit? Ist es nicht die Mütterlichkeit des Vaters? Mütter bemuttern ihre Kinder. Werden sie von Vätern bevatert? Doch spätestens da hapert's... «[17] Für andere ist Väterlichkeit verbunden mit etwas Starkem, Schützendem, etwas unbedingt Zuverlässigem, das allerdings weniger dem realen Erleben als vielmehr kindlichen Wunschträumen und Bedürfnissen sowie gesellschaftlichen Idealen entspringt.

Die Spärlichkeit väterlicher Liebe

Die Schwierigkeit, Väterlichkeit konkret zu benennen, hängt - wie bereits erwähnt - unter anderem mit ihrer überwiegenden Abwesenheit zusammen. Diese ist einer der Gründe, weshalb an Väter im Vergleich zu Müttern weitaus geringere Anforderungen gestellt werden. Selbst die Väterlichkeit anwesender Väter scheint mit Mütterlichkeit nichts gemein zu haben. Sie ist meist an eine Distanz gekoppelt, die es kaum sinnvoll erscheinen läßt, »Mütter« und »Väter« in einem Atemzug zu nennen. Gleichwohl aber ist diese väterliche Distanz dazu angetan, den Wert väterlicher Gegenwart zu steigern.

Das zeigt eine der schönsten Liebeserklärungen an den Vater, die mir über den Weg gelaufen ist. Es handelt sich um die Vaterbeschreibung einer sogenannten »Vater-Tochter«, die die meisten von uns neidisch machen könnte; denn die wenigsten von uns haben solche Väter kennengelernt oder auch nur von ihrer Existenz gewußt. Ich zitiere aus Nathalie Sarrautes Buch »Kindheit«, das 1984 erschien: »Wenn ich mit meinem Schulheft in der Hand in das Arbeitszimmer meines Vaters komme, läßt er sofort alles stehen und liegen und hört mir zu... und ich habe dann beim Vorlesen wieder das glückliche Gefühl wie beim Gedichtaufsagen, nur noch stärker... Mein Vater ist immer zurückhaltend, er ist sparsam mit Komplimenten, aber die brauche ich auch gar nicht, ich sehe an seinem Gesicht, an der Art, wie er mir zuhört, daß er sagen wird, es sei sehr gut. Mehr nicht. Aber das genügt mir.«

Es bedarf keiner Liebkosungen, keiner liebenden Worte, keiner Komplimente und keiner Aufhebung der Distanz, damit die Tochter sich dem Vater nahe fühlen kann. Er braucht nur hin und wieder präsent zu sein, braucht nur ab und zu den Worten der Tochter zu lauschen und seine Zufriedenheit über das von ihr Geschriebene zu äußern. Solche sporadischen Momente reichen aus, um die Tochter glücklich zu machen. Mütter müssen unendlich viel mehr leisten in der Beziehung zu ihren Kindern, um ein solches Maß an Zufriedenheit und anhaltendem Glück bei ihnen hervorrufen zu können.

Die meisten Väter aber sind für ihre Töchter nicht verfügbar, wenn diese ihre Aufmerksamkeit und Anerkennung brauchen. Sie wissen noch nicht einmal, wie sehr ihre Töchter danach lechzen. Auch dafür ein Beispiel: Eine Journalistin hat ihre diesbezügliche Erfahrung beschrieben: »Bei Lichte besehen war mein Vater für mich nichts anderes als ein Rücken am Schreibtisch, gebeugt über ein hochwichtiges Abstraktum, das »Arbeit« hieß, nie ein Ende nahm und ihn ganz und gar mit Beschlag belegte. Verglichen mit der »Arbeit« war ich weniger als ein Nichts. Ich bin sicher, daß er mich gern hatte. Aber er kam mir nie nah, und ich ihm auch nicht... Da ich als Kind nicht wußte, was das ist, hatte ich als Kind keinen Bedarf an VATER. Ich hätte beim besten Willen nicht sagen können, wozu ich ihn hätte brauchen können.«[18]

Als der Vater aus dem Krieg heimkehrte, war er für sie ein Fremder. Zu keinem Zeitpunkt ihres Lebens hatte sie ihn vermißt und erst Jahre später bemerkt, daß sie ohne Vater in dieser Gesellschaft nicht viel galt. Sie schreibt weiter: »Ich konnte noch so gute Zeugnisse nach Hause tragen, bei meiner Mutter zumindest immer auf eine gewisse Interessen-Solidarität bauen, meinen Freundinnen noch so lieb sein, in der Welt außerhalb des Hauses, in der Welt, die zählte, zählte ich nicht. Meine Mutter übrigens auch nicht. Wie unvergeßlich und wie fatal diese Lektion war, merkte ich ein Jahrzehnt später, als ich eine Dissertation schrieb unter der Oberhoheit eines Professors, der üblicherweise als »Doktorvater« bezeichnet wird. Dank meiner Einübung in ehrfurchtsvolle Distanz und Kleinheitsgefühle respektierte ich sein Arbeitszimmer in derselben kindlichen Weise wie früher das meines Vaters: nahm seine »Betreuung« sicherheitshalber erst gar nicht in Anspruch, um ihn nicht in seinen viel wichtigeren Arbeiten zu stören. Wohlgemerkt: Wer weiß, wie er reagiert hätte - aber ich ließ es erst gar nicht darauf ankommen. Vater ist Vater, diktierte mein Unbewußtes. Nicht stören. An dieser Stelle mag dann aber auch noch eine positive Lektion aus der frühen Erfahrung mit dem Vater zutage treten, nämlich die: Es geht auch ohne ihn. Ich schaffe es schon allein.«

Die immer deutlicher zutage tretenden Probleme von Vater-Töchtern lassen vermuten, daß Frauen diese Stärke und Unabhängigkeit anscheinend nur entfalten können, wenn sie von keinem Vater gelobt oder getadelt, geliebt oder abgelehnt, bedrängt oder ignoriert, nach seinem Bilde geformt oder in die Weibchenrolle gedrängt werden. Denn: Wie immer sich der Vater verhält, die Tochter wird seinem positiven Verhalten etwas hinzufügen und es verklären. Sie wird sein negatives Verhalten umdeuten oder kaum bemerken. Das idealisierte Vaterbild wird sich zwischen sie und den Vater schieben und sie an der Wahrnehmung männlicher Wirklichkeit und weiblicher Stärke hindern.

Die Herstellung des Vater-Tochter-Gefälles

Die meisten Töchter müssen sich daran gewöhnen, mit Almosen abgespeist zu werden. Wenn Väter sich einmal in der Woche eine halbe Stunde Zeit nehmen für ihre Töchter oder sich ihnen auf dem Wochenendspaziergang zur Verfügung stellen, dann zehren die Töchter von diesen Momenten eine ganze Woche lang, ja, sogar ein ganzes Leben. In der Beziehung zum Vater haben sie gelernt, sich zu bescheiden, als spürten sie unbewußt, daß sie als Mädchen eigentlich nicht vorgesehen waren. Die meisten Väter wünschen sich Söhne, mit denen sie ihre Knabenspiele wiederholen können. Auf Mädchen sind sie nicht vorbereitet. Mit ihnen können sie selten etwas anfangen. Das gibt den Mädchen ein Gefühl der Unzulänglichkeit; wie sollten sie da Forderungen an den Vater stellen oder mit seiner Hilfe echte Stärke erlangen? Was in der Beziehung fehlt, fordern sie nicht ein, sondern fügen es selbst hinzu. Sie schenken den Vätern ihre ganze Aufmerksamkeit und Bewunderung, ihre Zärtlichkeit und Zuwendung, meist ohne daß diese es überhaupt merken. Und so leisten sie ein wesentlich höheres Maß an Einfühlung in den Vater, an Zuwendung und Hingabe, als dieser ihnen zukommen läßt. Daß auf diese Weise ein fatales Ungleichgewicht entsteht, können sie selbstverständlich nicht merken.

Folgende Ursachen liegen diesem Ungleichgewicht zugrunde, die in ihrem komplexen Ineinanderwirken von den wenigsten Frauen durchschaut werden:

1. Die kollektiven Idealisierungen alles Männlichen.
2. Der Schutz alles Männlichen durch wirksame Tabus.
3. Die fehlende männliche Bereitschaft zur Liebe, die bewirkt, daß auch ihre Nicht-Liebe von Frauen als Liebe gedeutet wird.
4. Die überwiegende Abwesenheit der Väter, die ihnen einen Raritätswert verleiht.
5. Die daraus resultierende individuelle Idealisierung der Väter, die mit einer Abwertung der individuellen Mütter einhergeht.

Diese fünf Gründe für das Ungleichgewicht in der Wertigkeit der Geschlechter sollen nachfolgend näher ausgeführt werden.

1. Grund: Kollektive Idealisierungen alles Männlichen bei gleichzeitiger Abwertung alles Weiblichen zählen zu den wichtigsten Grundlagen der patriarchalen Kultur. Vor jeder individuellen konkreten und einmaligen Vaterperson stehen die idealtypischen Vater-Rollen, die sich in Vater-Bildern verkörpern. An den Schalthebeln der Macht sitzen – bis auf wenige Ausnahmen - Vaterfiguren, die sich mit einer Aura von Kompetenz und Autorität, von Allwissenheit und Durchsetzungsvermögen, von Verantwortungsbewußtsein und der Bereitschaft, die ihnen Unterstellten zu schützen, kurz: mit Dominanzgebaren umgeben und so ihre außerordentliche Wichtigkeit signalisieren. Solche Signale gehen von Frauen nicht aus, auch wenn sie noch so machtvolle Posten bekleiden. In der Machthierarchie kommen Männer - anders als Frauen – gleich nach Gottvater persönlich, wenn sie diesen nicht gar im Griff haben; schließlich konnten bislang nur sie vermitteln, was dessen Wille ist. Die meisten Frauen haben gelernt, neben dem irdischen auch noch den göttlichen Vater anzuhimmeln. Bereits als kleine Mädchen lernten sie beten: »Unser Vater, der Du bist im Himmel. Geheiligt werde Dein Name... Wie im Himmel, also auch auf Erden.« Der Name einer Mutter - so lernten sie gleichzeitig –, ist nicht zu heiligen. Und die konkrete Mutter wird mit einem Blumenstrauß zum Muttertag abgespeist.

Die Nähe von Gott und Vater gibt den irdischen Vätern einen Nimbus von Göttlichkeit, der ihre Töchter nicht gerade zu kritischer Distanz und Selbstbehauptung ihnen gegenüber einlädt. Daneben werden kleine Mädchen im Rahmen einer christlichen Erziehung nicht etwa dazu angehalten, die auch von Jesus verehrte göttliche Weisheit, die Sophia, in ihren Herzen wohnen zu lassen, sondern den Herrn Jesus, wenn sie im Kleinkindalter beten lernen: »Ich bin klein, mein Herz sei rein. Soll niemand drin wohnen als Jesus allein.« Auf diese Weise werden sie dazu veranlaßt, das Zentrum ihrer Seele männlich zu besetzen und sich so mit dem männlichen, statt dem eigenen Geschlecht in tiefster Vertrautheit zu wähnen. Der Vater als Symbol für Nähe und Zuwendung, für Geborgenheit und allzeitige Verfügbarkeit ist wesentlicher Bestandteil unserer christlichen Kultur. Praktiziert werden diese Eigenschaften jedoch nicht von konkreten Vätern, sondern von Müttern. Für sie aber fehlt nicht nur die entsprechend positive religiöse Symbolik, ihre Zuwendungen werden auch noch häufig ins Gegenteil verkehrt.

Dazu ein Beispiel aus der allseits beliebten, zunehmend aber auch gefürchteten Weihnachtszeit: Vor einigen Jahren besuchte ich eine Freundin. Damit wir in Ruhe reden konnten, legte sie für ihre kleine Tochter eine Schallplatte mit den schönsten Weihnachtsliedern auf. Eine harmlose Freude, sollte Frau meinen, die es aber selbst an dieser Stelle für das weibliche Geschlecht offensichtlich nicht gibt. Nach einigen der traditionellen Weihnachtslieder folgte das bekannte Kinderlied: *Heidschi bumbeidschi*. Die Kleine muß recht aufmerksam den Worten dieses Liedes gelauscht haben: »Aber Heidschi bumbeidschi schlaf lange, es ist ja dein Mutter ausgange, sie ist ja ausgange und kehrt nimmer heim und läßt das kleine Bübeli ganz allein. Aber Heidschi bumbeidschi bum bum...« usw. Mit ernstem Gesicht kam die Kleine zu ihrer berufstätigen Mutter gelaufen, sah sie vorwurfsvoll an und sagte in gekränktem Ton: »Du läßt mich auch immer allein.« Die Mutter reagierte im ersten Augenblick mit Sprachlosigkeit. Der Vorwurf der Tochter hatte sie zutiefst getroffen; denn schon lange plagten sie Schuldgefühle wegen ihrer Berufstätigkeit, durch die die Zeit, die sie mit ihrer Tochter verbringen konnte, so sehr eingeschränkt wurde. Doch dann suchte sie nach Erklärungen und begann, sich zu rechtfertigen: »Aber ich muß doch arbeiten und Geld verdienen. Wovon sollen wir denn sonst leben?« Kein Wort darüber, daß der Vater die beiden verlassen hatte und sich um fällige Unterhaltszahlungen drückte. Kein Gedanke daran, daß er über weit mehr Geld verfügte als Mutter und Tochter zusammen. Diese Seite väterlichen Verhaltens kommt in keinem Lied zur Sprache, obwohl sie wesentlich häufiger konkreten Erfahrungen entspricht.

Statt dessen folgte unmittelbar auf das Lied von der ihr Kind verlassenden Mutter ein zweites, das in diesem Zusammenhang plötzlich eine besondere Bedeutung erhielt. Es war das bekannte Weihnachtslied: »Ihr Kinderlein, kommet, o kommet doch all. Zur Krippe her kommet in Bethlehems Stall. Und seht, was in dieser hochheiligen Nacht der Vater im Himmel für Freude uns macht.« Erst im unmittelbaren Zusammenhang mit dem ersten Lied fiel mir der Kontrast auf: Hier die ihr Kind verlassende Mutter; dort der uns Menschen durch die Geburt seines Sohnes Freude machende Vater. Dieser Kontrast läßt eine eigenartige Verkehrung der Wirklichkeit erkennen: Wie wir wissen, verdankt der Knabe Jesus - wie alle anderen Kinder auch - sein Leben weit mehr seiner Mutter Maria als irgendeinem Vater. Sie ging neun Monate mit ihm schwanger und hat ihn aus ihrem Schoß entbunden, wenn auch ein anderes Kirchenlied behauptet, er käme »aus seines Vaters Schoß«. Die Mutter als Ursprung weihnachtlicher Freude aber wird hier verschwiegen. Und das, obwohl bis heute noch nicht geklärt ist, worin die Tat des himmlischen Vaters bei der Entstehung des Kindes Jesus eigentlich bestand. Dennoch wird sie bis in die Gegenwart hinein gepriesen und sorgt für einen überdimensional positiven Anstrich des Vaterbildes.

Dieser Aufgabe haben sich eine ganze Reihe von Kirchenliedern verpflichtet. So heißt es zum Beispiel in der zweiten Strophe des Liedes: *Lobet den Herren*: »Der unser Leben, das er uns gegeben, in dieser Nacht so väterlich bedecket, und aus dem Schlaf uns fröhlich auferwecket. Lobet den Herren.« Beim Hören solcher Lieder werden Frauen sich erst allmählich der Tatsache bewußt, daß ihnen ihr Leben nicht von einem Herrn, sondern von einer Mutter geschenkt wurde, die jedoch weder besungen noch religiös verehrt wird. Von ihr wurden sie Abend für Abend zugedeckt, vielleicht auch mal von einer Großmutter oder Tante. Ihr Vater aber ist weder abends an ihr Bett getreten noch hat er sie morgens geweckt. Und so spüren Frauen immer deutlicher die Diskrepanz zwischen einem machtvollen göttlichen Vater-Ideal und ihren realen Vatererfahrungen, die nicht minder machtvoll sind und zwischen denen zu unterscheiden unendlich schwer ist.

Viele Frauen erkennen erst sehr spät, wie wenig das kollektive Vaterbild mit der Wirklichkeit des konkreten Vaters zu tun hat. Hier kommt es zu den wohl massivsten Wahrnehmungsstörungen seitens der Töchter. Die französische Psychotherapeutin, Christiane Olivier, weiß aus ihrer therapeutischen Erfahrung mit Frauen zu berichten: »Auffallend ist der Grad der Idealisierung des »Vaters« durch die Mehrzahl der Frauen im Vergleich zum sehr schlechten Bild von der Mutter, wie auch immer dieser Vater gewesen sein mag.«[19]

Dieser kulturell geförderten Idealisierung des Vaters steht auf der einen Seite die Mutter gegebenüber, die für alle Mißstände in der Erziehung verantwortlich gemacht wird und die nach Auffassung vieler Psychologen an allen Defiziten ihrer Kinder schuld sein soll. Zusätzlich muß sie auch noch gegen ein Frauenbild antreten, das sich aus männlichen Erwartungshaltungen ebenso speist wie aus männlicher Frauenverachtung und das ihr weder religiöse Weihe noch den Bonus einer Verehrung alles Weiblichen zukommen läßt. Auf der anderen Seite des idealisierten Vaters finden wir die unzulängliche Tochter - das am stärksten geschwächte Glied in der patriarchalen Familienstruktur. Sie fühlt sich neben dem idealisierten Vater, dem auch noch die uneingeschränkte Macht in der Familie zukommt, klein und unbedeutend.

»Mit großen bewundernden Augen schaut die kleine Tochter auf ihren Vater. Sie fühlt genau, in der Familie gilt, was er sagt. Er ist mächtig. Jeder denkt, was er denkt, jeder muß fühlen, was er fühlt... Sie darf nicht wissen, was sie fühlt... Schließlich und endlich möchte sie auch so sein wie er.«[20] Der bewunderte Vater wird zum Vorbild vieler Vater-Töchter, ohne daß sie wissen, was sie sich damit antun. Sie setzen alles daran, so zu werden, wie der Vater sie haben möchte. Der Vater aber braucht nichts dergleichen zu tun. Niemand kann von ihm fordern, daß er sich ändern oder gar bessern sollte, obgleich es möglicherweise niemand in der Familie nötiger hätte als er.

Damit aber komme ich zum zweiten Grund für jenes immense Ungleichgewicht, das zwischen Töchtern und Vätern herrscht.

2. Grund: Diverse Tabus, durch die Männer, insbesondere aber Väter, geschützt werden. Sie zu übertreten ist dermaßen schmerzhaft und gefährlich, daß nur wenige Frauen dazu bereit oder in der Lage sind. Es handelt sich hier um ein ganzes Tabusyndrom, um eine Reihe ineinandergreifender und einander ergänzender Tabus, von denen ich die wichtigsten benennen möchte:

Da ist zunächst das Tabu, daß Väter nicht kritisiert oder ihnen gar Fehler nachgesagt werden dürfen. Ihr Verhalten entzieht sich jeder Diskussion. Und Mütter wachen darüber, daß Väter von ihren Kindern nicht belangt werden für ihr häufig gravierendes Fehlverhalten. Es sind die Töchter, denen Verständnis für den Vater abverlangt wird, egal wie er sich verhält. Sie selbst allerdings können keine derartigen Forderungen stellen.

Diese Praxis resultiert aus einer generellen Tabuisierung männlicher Schuld, die in der patriarchalen Kultur nicht nur mit einem Rede-, sondern auch mit einem Denk- und Wahrnehmungsverbot belegt ist. Männliche Schuld darf gar nicht erst wahrgenommen - geschweige denn benannt - werden. Und das wiederum gilt für Frauen in verstärktem Maße. Männer sind es, die in unserer Kultur Schuld und Fehlverhalten an den Pranger stellen. Sie haben nicht nur alle Rechte für sich gepachtet, sondern auch die Definitionsmacht. Ihre Beurteilungen allein sind richtig; denn schließlich sind sie es, die festlegen, was richtig und falsch, gut und böse, angemessen und verkehrt ist. An dieser Stelle muß ich auf mein Buch ».. und wieder fühle ich mich schuldig« verweisen, in dem ich diese Problematik ausführlich behandelt habe.

Ein weiteres Tabu betrifft die Bedürfnisse der Väter wie auch die der Männer generell. Ihre Wünsche und Interessen haben absoluten Vorrang, dürfen nicht angetastet, hinterfragt oder gar ignoriert werden. Ihre Sportschau ist wichtiger als alle anderen Fernsehbedürfnisse der restlichen Familienmitglieder. Eher wird ein zweiter Fernseher angeschafft, als daß Vätern hier Verzicht zugunsten anderer zugemutet wird. Wenn Väter Ruhe brauchen, wird der Geräuschpegel drastisch gesenkt. Machen sie dagegen Lärm, so darf sich niemand daran stören. Ihre Berufs- und Urlaubswünsche sind allein ausschlaggebend für die Wahl von Wohnorten und Urlaubszielen. Ihre Bedürfnisse nach Ordnung oder auch Unordnung sind bestimmend für die ganze Familie.

Ein viertes Tabu betrifft die Liebe des Vaters. Sie darf nie in Zweifel gezogen werden. Auch wenn er sich noch so lieblos und ungerecht verhält: schuld daran sind immer die andern. Nie liegt es an seiner mangelnden Liebesbereitschaft, an seiner Ungeduld oder Gleichgültigkeit, wenn Kinder und Ehefrau mit ihm unzufrieden sind.

Töchter sind total überfordert, wenn sie gegen diese Tabus handeln und die väterliche Wirklichkeit erkennen sollen. Sie haben viel zu viel Angst davor, jemand zu Unrecht zu verdächtigen und beruhigen sich - wie die meisten Frauen auch – mit der Selbstversicherung: Das kann er doch nicht getan, gesagt oder gemeint haben. Dem Vater nur kein Unrecht zufügen... Was immer er auch Schreckliches tun mag, die meisten Töchter trauen sich nicht, sich selbst zu glauben. Statt dessen glauben sie unerschütterlich an das Gute und damit an den lieben Vater, »selbst wenn der Teufel vor ihnen stünde« – so die Psychotherapeutin Sigrid Steinbrecher.[21] Diese Art der »Vaterschonung« bringt uns zum nächsten Grund für das beschriebene Ungleichgewicht, das insbesondere die Tochter-Vater-Beziehung vorrangig auszeichnet.

3. Grund: Männer sind unfähig zur Liebe. Das ist nicht nur das Fazit aus über zwanzig Jahren Frauenliteratur. Auch Männer geben inzwischen mehr oder weniger offen zu,

- daß sie nicht lieben können, sondern lieben lassen. Hierzu der Bestseller von Winfried Wieck, »Männer lassen lieben«, der überwiegend von Frauen gelesen wurde;
- daß ihr Geschlecht zum seelischen Vampirismus neigt, wie Volker Elis Pilgrim feststellt, und
- daß sie im Reich der Gefühle hoffnungslose Analphabeten sind, wie der Soziologe Walter Hollstein immerhin erkennt.

Männliche Selbstbekenntnisse dieser Art basieren nicht etwa auf Ausnahmesituationen, sondern gehen von der Regel männlichen Verhaltens aus. Vor diesem Hintergrund stellt sich die Frage, wie so viele Frauen meinen können, von ihrem Vater geliebt worden zu sein, wenn dieser doch einem Geschlecht angehört, das mittlerweile glaubhaft gemacht hat, daß es gar nicht lieben kann bzw. sich nicht für die Liebe zuständig fühlt. Das kollektive Vaterbild suggeriert, daß Väter ihre Kinder lieben. Und die meisten Töchter glauben dem Phantom eines liebenden Vaters.

Genau darin liegt die Tragik töchterlicher Liebe zum Vater. Das traditionelle Vaterbild verleitet Töchter zu dem Glauben bzw. der felsenfesten Überzeugung, daß auch ihre Väter sie lieben, und zwar mindestens genauso stark, wie sie es tun, wenn nicht gar stärker; scheinen Väter doch in allen Dinger besser zu sein als sie selbst. Es besteht aber der berechtigte Verdacht, daß es wesentlich mehr kleine Mädchen gibt, die glauben, von ihren Vätern geliebt zu werden, als es Väter gibt, die überhaupt liebesfähig sind und obendrein auch noch ihre Töchter wirklich lieben.

Diese Vermutung deckt sich mit den Erfahrungen von Sigrid Steinbrecher. Sie hat bei der Konfrontation mit der Vergangenheit sogenannter Vater-Töchter festgestellt, daß dort von väterlicher Liebe nicht viel zu spüren war - wohl aber von der Fähigkeit der Töchter, zugefügte Schmerzen zu übersehen und nicht wahrzunehmen, was Väter ihnen in Wirklichkeit antun und abverlangen. Die Therapeutin beschreibt, was sich regelmäßig in ihrer Praxis wiederholt: »Am Anfang einer Therapie schildern Lieblingstöchter ihren Vater eher als warmherzig und zugewandt, ... wenn die Erinnerung aktiv wird, zerbröckelt dieses Bild, und zurück bleibt ein Vater, der von all dem nur wenig angeboten hat. Dann kommt das emotionale Niemandsland zutage, in dem sich Lieblingstöchter bewegen.«[22]

Bis zu diesem Augenblick war die Idee der geliebten Tochter fest in ihrem Gemüt verankert. Sie konnten nicht wissen, wie sehr die väterlichen Werte die Liebe stören. Für sie ist es schwierig, sich der Wahrheit des lieblosen Vaters zu nähern; denn ihr Leben lang nehmen Töchter die Worte des Vaters ernst und vertrauen ihrer vermeintlichen Liebe. Angst und Wut, die das Verhalten des Vaters in ihnen auslösen, verdrängen sie... Statt dessen lernen sie Verfügbarkeit und Willigkeit, denn das hat der Vater gern. Vater-Töchter sind in besonderem Maße auf Zustimmung und Anerkennung des Vaters ausgerichtet. Und so begleitet der ungelöste Widerspruch von Angst und Liebe sie durch ihr ganzes Leben. Später werden sie auch das Verhalten anderer Männer in Liebe umdeuten. Und so wird die verdrängte Vaterbeziehung in ihrem Liebesleben eine entscheidende Rolle spielen.[23]

Hier tut sich ein Problem auf, das in der Psychologie noch kaum, in der Frauenliteratur erst allmählich Beachtung findet. Ein Problem, das Theologen das Fürchten lehren könnte; denn es geht um ein katastrophales Ungleichgewicht zwischen Anspruch und Wirklichkeit des Vaters, zwischen väterlichem Schein und Sein, zwischen Geglaubtem und Erfahrenem, einer Kluft, der sich Frauen erst ganz allmählich bewußtwerden. Es geht um die Entlarvung eines Vaterbildes, das aus vielen Quellen gespeist wird - nicht zuletzt aus der Liebe der Töchter zu ihren Vätern. Diese Liebe dient als Kitt für den Zusammenhalt eines Systems, dessen häßliche Fratze ohne diese Liebe wohl auch die letzten Optimistinnen und Optimisten erschrecken müßte. Das patriarchale System nährt sich von den Energien der kleinen Mädchen und erwachsenen Frauen. Doch diese gehen dabei vor die Hunde, taumeln von einer Depression in die andere und scheitern am Mann ebenso wie an seinen Strukturen.

Bevor ich noch näher auf die besondere Problematik von Vater-Töchtern eingehe, möchte ich noch die letzten beiden Gründe des festgestellten Ungleichgewichts benennen, die eng zusammengehören.

4. und 5. Grund: Die bereits erwähnte Abwesenheit des Vaters, die seinen Wert nährt und seine Faszination verstärkt, ohne daß er auch nur irgend etwas Positives dafür zu leisten braucht. Die daraus entstehenden individuellen Idealisierungen sind umgeben von jenem Glorienschein väterlicher Macht, der ihm innerhalb und außerhalb der Familie zugestanden wird.

Dazu noch einmal die beiden Autorinnen der Radiosendung über Vater-Töchter: »Die Selbstherrlichkeit des Vaters, die in Machtmißbrauch umschlägt, weil er niemandem Rechenschaft schuldet, während jedes Familienmitglied - und die Tochter vor allem - ihm Rechenschaft schuldet, ist eng verknüpft mit der Herrlichkeit des Vaters. Er weiß alles, kennt alles, kann alles - und oftmals ist er dann plötzlich verschwunden, wußte offensichtlich nicht alles, kannte nicht alles, konnte nicht alles. Dieser Sturz des Vaters ist geradezu ein Leitmotiv in den Tochterbüchern. .. Dieser Umschlag von der, von ihm selbst kräftig genährten, Idealisierung zu seiner Herabsetzung ist eine der Erscheinungsformen des Verschwindens des Vaters aus der sichtbaren bewußten Welt der Tochter hinein in den Untergrund ihres Lebens und Bewußtseins..«[24]

Väter - und mit ihnen Männer insgesamt - leben von einem Nimbus, der viel verheißt, sich aber dann im Lichte der Wirklichkeit auflöst und ein unendliches Maß an Enttäuschung zurückläßt. Den wenigsten Frauen ist es vergönnt, diese Wirklichkeit früh genug zu erfassen, bevor das Flair des Vaters sich in ihre Gefühlswelt einnistet, sich dort ausbreitet und ihren Realitätssinn im Hinblick auf die Wirklichkeit des Mannes zerstört. Die meisten Frauen tragen schwere seelische Verletzungen aus dem Zusammenleben mit ihrem Vater davon, und das auch dann, wenn sie Glück hatten und nicht seiner sexuellen Gewalt ausgesetzt waren. Nicht umsonst ist die Beziehung zum Vater die letzte, der Frauen sich auf ihrem Entwicklungsweg gestellt haben.

Eine dieser Frauen ist Anna Gätjen-Rund, die in ihrer »Reise zum Vater«[25] schreibt: »Der schillernde, idealisierte Vater verwandelte sich in einen grautönigen, strafenden... Er knüpfte seine Liebe an Bedingungen, an seine Moral und Weltanschauung - schlicht an sich selbst. Nach dem Motto: »Ich will ja nur dein Bestes, und ich weiß auch, was das Beste für dich ist!«... In der Pubertät entstand dann eine tiefe Kluft. Auf seine Leistungsanforderungen reagierte ich nur noch mit Widerstand ... Ich fiel aus dem Nest, er entzog mir seinen Schutz und seine Liebe. Was blieb, waren Aggressionen und Distanz... Er hat sich auf seinen Thron zurückgezogen und keine gemeinsame Aussprache zugelassen... Die unüberbrückbaren Fronten bedeuteten Trennung. Trennung ist für mich Krieg, in dem ich die Verliererin bin, es sei denn, ich halte Frieden, indem ich mich seinen Geboten beuge, seine väterliche Position nicht antaste. Was mir blieb, ist die innere Auseinandersetzung mit meinem Vater-Bild, mit den Sehnsüchten nach dem schillernden Papa und der Wut auf den grauen, strafenden Vater.«

Die Erfahrung zahlloser Enttäuschungen ihres kindlichen Vertrauens versucht eine andere junge Frau, die sich selbst als Vater-Tochter bezeichnet, in einer Examensarbeit mit folgenden Worten zusammenzufassen:

»Vater, Du warst so stark und allwissend für mich. Hand in Hand mit Dir, mit all meiner kindlichen Liebe blickte ich stolz und durch Dich groß geworden zu Dir auf. Wie habe ich Dich bewundert und mich angestrengt, so zu werden, wie Du es wolltest. Wenn sich Deine Stirn mal ärgerlich in Falten legte über meine Gedanken, Worte und Werke und Du meine Hand losließt, da hörte ich etwas leise in mir weinen. In diesen Momenten wurdest Du noch größer, und Deine Stärke bedrohte mich.

Vater, wie habe ich Dich geliebt!«[26]

Das kleine Mädchen ist wirklich, der große Mann eine Täuschung, die oft ein Leben lang anhält... In der Hoffnung, nicht nur sich selbst, sondern auch ihrem Vater mit der Beschreibung ihrer zahllosen Enttäuschungen helfen und zu einem Dialog mit ihm beitragen zu können, übergab die junge Studentin ihrem Vater die Examensarbeit - ohne allerdings jemals eine Reaktion darauf von ihm zu erhalten. Väter hüllen sich in Schweigen, wenn sie mit den Folgen ihres Verhaltens konfrontiert werden. Sie übernehmen keine Verantwortung für das, was sie ihren Töchtern durch unangemessene Forderungen und Verhaltensweisen angetan haben. Die Töchter bleiben mit ihrem Schmerz allein - und hoffen, daß der Partner ihn stillen kann.

Wie tragisch sich vor diesem Hintergrund das Seelenschicksal von Vater-Töchtern häufig gestaltet, haben zwei Frauen inzwischen erarbeitet. Eine von ihnen ist Inge Stephan. Sie hat in ihrem Buch »Das Schicksal der begabten Frau im Schatten berühmter Männer« Lebensbilder von elf Vater-Töchtern entworfen, wie zum Beispiel Jenny Westphalen-Marx, Sofja Andrejewna Tolstoya, Camille Claudel, Mileva Maric-Einstein sowie Charlotte von Kirschbaum, um nur einige zu nennen. Aus diesen Vater-Töchtern wurden durchweg gebrochene Frauen, die auffallend häufig Selbstmord begingen oder einen derartigen Versuch unternahmen.

Typische Vater-Töchter sind jene Frauen, die sich in besonderer Weise auf die Liebe zu ihrem Vater konzentriert, sich auf seine Seite gestellt und bereits als Mädchen die Solidarität mit der Mutter aufgegeben haben. Folglich steht der vermeintlich guten Beziehung zum Vater häufig ein schlechtes Verhältnis zur Mutter gegenüber. Vater-Töchter fühlen sich in den Vater ein, achten auf seine Bedürfnisse und Vorlieben und setzen alles daran, ihm zu gefallen, seinen Wünschen und Anforderungen zu entsprechen. Oftmals wurden sie von ihren Vätern auffällig bevorzugt und entscheidend gefördert. Das aber hat zur Folge, daß sie zwar, oberflächlich betrachtet, ein starkes Selbstwertgefühl zu haben scheinen, in ihrem späteren Leben jedoch ein auffallend hohes Anspruchsniveau sich selbst gegenüber aufrechterhalten und sich unter enormen Leistungsdruck setzen. »Die Identifizierung mit dem Vater und die Ablehnung der weiblichen Rolle befähigt (sie) zwar zu erstaunlichen Leistungen, macht sie aber verführbar gegenüber den Verlockungen eines männlich besetzten Genie- (oder Leistungs)begriffs. Bewußt oder unbewußt suchen sie sich solche Partner, die dem geliebten Vater ähnlich, wenn nicht sogar überlegen sind. Es entsteht ein unlösbarer Konflikt zwischen dem eigenen hohen Selbstanspruch und der Anfälligkeit »starken« Männern gegenüber.«[27]

In den Augen des Vaters waren sie »intelligent oder dumm, tüchtig oder faul, niedlich oder häßlich - auf jeden Fall nicht in

Ordnung, so wie sie waren. Sie wurden dem Vater als Tochter nicht gerecht, und mit dieser Beurteilung können Töchter nicht leben. Sie machten sich mit ihrer Liebe zum Vater selbst zum guten Menschen. Denn wer liebt, kann doch so schlecht nicht sein. Und je mehr sie den Vater lieben, desto besser glauben sie in seinen Augen zu werden. ... Das ist das Geheimnis des Satzes: »Ich liebe meinen Vater.« Es ist die verzweifelte Anstrengung und das unsägliche Bemühen, den erfahrenen Mangel auszugleichen, aus der Not des Nicht-geliebt-Werdens die Tugend des Liebens zu machen.[28]

Und so lieben Vaters »Lieblingstöchter« vorzugsweise den, der sie verletzt. Aber genau das dürfen sie nicht merken.

»Das haben sie in ihrer Kindheit trainiert, darin sind sie geübt. Sie stehen unter dem Zwang, die ›Liebeskonstellation‹ ihrer Kindheit zu wiederholen. Diese vermeintliche Liebe bestand in Wirklichkeit aus einem Milieu von Kränkungen, in dem die Tochter auf den Vater fixiert wurde: Ihm zu gefallen, die Kränkung nicht wahrzunehmen und durch Selbstaufgaben seine Liebe zu gewinnen, ist zur Triebfeder ihres Handelns geworden. ›Er meint es nicht so‹, das ist der Satz, den sie sich in ihrer Kindheit eingeprägt hat: Ihm vertraut sie blind... Denn mit der Idee der ›Lieblingstochter‹ legt der Vater seiner Tochter Scheuklappen an. ›Du bist meine Lieblingstochter‹, heißt vor allen Dingen: ›Du sollst nicht merken.‹«[29] Und so macht er sie blind für die Wahrheit. »Widerstände und Trotz, oft auch eine sehr intelligente Argumentation, schützen den Vater« und später den Partner vor der Wahrheit ihrer Lieblosigkeit.[30] »Aufgrund ihrer geleugneten Vaterbeziehung (kann sie) wirkliches Interesse nicht von unechter Zuneigung unterscheiden.«[31]

Daher suchen sich Vater-Töchter selten einen Mann, der sie wirklich liebt. Wie sie es beim Vater gelernt haben, füttern sie sich auch weiterhin mit der Illusion männlicher Liebe und bemerken ihr Verhungern erst zu spät.[32] So sind die Enttäuschungen vorprogrammiert, genau wie ihre Selbstentfremdung - ihre Abspaltung von der eigenen Weiblichkeit. Doch selbst, wenn sie einen Vater hatten, der sich ihnen zuwandte, findet er kaum Nachahmer in der Männerwelt. Aber das merkt die Vater-Tochter - wenn überhaupt - erst dann, wenn es zu spät ist. Immer wieder überträgt sie unbewußt ihre Idealisierungen und positiven Erfahrungen mit dem Vater auf den Partner und erleidet damit Schiffbruch. »Lieblingstöchter... bleiben in reizender Anpassung befangen und lieben damit direkt am Mann vorbei. Sie kämpfen um die Liebe, ohne zu wissen, daß dies ein aussichtsloser Kampf ist, der ihre Kräfte, ihren Selbstwert zerstört und den Mann in seinem Prestige hebt.«[33]

Das Gebot der Erziehung: »Der Vater ist gut« übertragen sie auf die Väter ihrer Kinder und fordern als Mütter die unbesehene und unüberprüfte Vaterliebe von ihren Kindern. Auf diese Weise werden sie zu Handlangerinnen des Vaters und versagen als Mutter.[34] Hinzu kommt, daß Vater-Töchter ihr eigenes Zentrum nicht finden können und folglich in ihrer Seele heimatlos bleiben. Ihr Lebenszentrum ist der Vater geblieben. Sie haben ihren Zielort falsch bestimmt und schaffen es auch als Feministinnen nicht, patriarchale Vorstellungen und Urteile wirklich hinter sich zu lassen.

So erweisen sich Vater-Töchter - auch wenn sie sich für Frauenfragen einsetzen und Männerpolitik in Frage stellen – letztendlich doch als beste Stütze des Patriarchats. Ausgehend von der Identifizierung mit ihrem Vater, sind es später Chefs und Firmen, Mitarbeiter und Partner, aber auch männliche Ideen und Vorstellungen, mit denen sich Vater-Töchter oftmals ein Leben lang identifizieren. Ihnen gegenüber bleiben viele von ihnen zeitlebens die begabte und tüchtige Tochter, die ihre Fähigkeiten unter Beweis stellt und dabei schamlos ausgenutzt wird. Da sie keine eigenständige Identität als Frau entwickelt haben, bleiben sie auffallend häufig im Stadium des Tochterseins stecken. Sei es, daß sie sich ganz im Sinne ihrer Väter entwickeln und jene Fähigkeiten entfalten, die diese besonders geschätzt haben, oder aber daß sie sich in ihrem Gefolge, häufig aber auch in Abgrenzung von ihnen, geistigen Vätern anschließen. Kein Wunder also, daß die treuesten Anhängerinnen eines Karl Marx, Sigmund Freud oder C.G. Jung ausgesprochene Vater-Töchter sind, die wir auch auffallend häufig in Politik und Wirtschaft in verantwortlichen Positionen wiederfinden. Ihnen gelingt es mühelos, sich der Männerwelt fraglos anzupassen.

Es kann aber auch sein, daß sie sich im Kampf an falscher Stelle gegen Männer aufreiben. Denn sie bleiben im positiven oder negativen Sinn Vater-Töchter, die sich und ihrem Leben über den Vater Bedeutung verleihen und in einem töchterlich-abhängigen Verhältnis zur Männerwelt steckenbleiben. Die alte Sitte, daß der Vater seine Tochter dem künftigen Ehemann bei der Trauung sichtbar übergibt, wurde inzwischen kollektiv verinnerlicht. Psychologisch gesehen, reicht der Vater seine Tochter an die Männergesellschaft weiter. So wie er innerhalb der Familie verhindert, daß sich die Tochter mit der Mutter oder Schwester identifiziert oder auch nur solidarisiert, so verhindert er auch auf gesellschaftlicher Ebene die Solidarisierung der Tochter mit dem eigenen Geschlecht.

Kein Wunder, daß es diesen Vater-Töchtern so häufig an Solidarität mit anderen Frauen fehlt. Insgeheim werten sie ihr eigenes Geschlecht ab, da sie selbst ihren Wert ursprünglich über einen Mann bezogen haben und für den Rest ihres Lebens von männlicher Anerkennung abhängig sind. Sie sind Nachfolgerinnen der Göttin Athene, jener Kopfgeburt des Göttervaters Zeus, die ihre Herkunft aus der Mutter leugnete.

Hier sehe ich die Erklärung für die Vehemenz, mit der marxistisch orientierte Feministinnen positive Vorstellungen von Weiblichkeit bekämpfen.[35] Daher hat Inge Stephan recht, wenn sie Vater-Töchtern empfiehlt, »sich dem abgelehnten, verdrängten »mütterlichen Erbe«« in irgendeiner Form anzunähern. Das taten zum Beispiel die Vatertöchter Ninon Ausländer-Hesse in der Beschäftigung mit der Rolle des Weiblichen im Mythos sowie Charlotte von Kirschbaum, die Geliebte des protestantischen Theologen Karl Barth, »in der Auseinandersetzung mit der Position der Frau in der christlichen Lehre«. Häufig genügt es aber auch, wenn sie sich neutrale, das heißt, nicht männlich besetzte Felder suchen. Nur hier »können sie diese Konfliktstrukturen auflösen und zu eigener Produktivität finden.«[36] Solange sie nämlich in der Welt des Mannes verharren, müssen sie sich seinen Definitionen und Urteilen beugen - und das bedeutet immer: das Eigene zu verleugnen.

4. Kapitel

Selbstentmachtung durch Frauenfeindlichkeit von Frauen

Verlust der Schwesterlichkeit

Wo ist sie geblieben, die einst so vielgerühmte Schwesterlichkeit, die soziale Schranken niederreißen und Hierarchien unter Frauen auflösen wollte? Diese Frage wird seit Jahren gestellt, ohne den Hintergrund weiblicher Frauenfeindlichkeit genauer zu analysieren. Statt dessen greifen Enttäuschung und Resignation um sich.

– Dem gemeinsamen Kampf um die Durchsetzung berechtigter Forderungen entsprangen Neid, Mißgunst und Eifersucht.
– Aus dem Einsatz für die Verbesserung ihrer Situation gingen Karriere-Frauen hervor, die sich von der Basis abwandten, nachdem sie auf dem Rücken ihrer Schwestern Karriere gemacht hatten.
– Nach der Gründung von Frauenhäusern für ihre mißhandelten und vergewaltigten Schwestern, in denen diese ihre Eigenständigkeit erlangen sollten, mußten Frauen erleben, wie die Geschlagenen selbst nach der dritten Flucht vor dem gewalttätigen Ehemann noch bereit waren, zu ihm zurückzukehren.
– Nach Teilerfolgen beim Kampf um die Frauenquote fielen den Frauen jene in den Rücken, die meinten, die Quote sei ein Geschenk für's Frausein. Sie weigerten sich zu sehen, daß es sich hier lediglich um das bescheidene Gegenstück zur jahrtausendealten Männerquote handelt.
– Zwei Jahrzehnte hatten Mütter für ihre Töchter Freiheiten erkämpft, die sie sich selbst erträumt hatten. Doch dann warfen ihre Töchter ihnen vor, sie seien verbissen und männerfeindlich,

da sie selbst sich nicht mehr unterdrückt fühlen. Sie wollen einfach nur Spaß haben, statt sich dem politischen Kampf zu verschreiben. Wer sich benachteiligt fühlt, soll für sich selber kämpfen. Solidarität ist für diese Töchter genauso »out« wie der Feminismus. Als Mädchen oder »girlies« - wie sie sich nennen – leben sie einen Egoismus, der ihren Müttern bislang nur von Söhnen vertraut war. (Daß Töchter damit allerdings den Empfehlungen so mancher Feministin folgen, wollen diese meist nicht wahrhaben.)

Warum machen es Frauen einander so schwer? Warum gibt es unter ihnen weder Solidarität noch Frauenbündelei, wie wir sie von Männern gewohnt sind? Warum geben sie dem anderen Geschlecht so offensichtlich den Vorzug vor dem eigenen? Sollten Neid und Mißgunst, Eifersucht und Häme wirklich »typisch weibliche« Attribute sein, wie uns Männer in ihren Überlieferungen schon immer weismachen wollten?

Frauenfeindlichkeit als zwangsläufige Folge patriarchaler Strukturen

Wenn hier von weiblicher Frauenfeindlichkeit die Rede sein soll, dann nicht, um sie Frauen vorzuwerfen oder sie dafür zur Verantwortung zu ziehen, sondern um sie auf eine bestimmte Dimension ihrer Beschädigung hinzuweisen, die wiederum zu Selbstbeschädigungen führt. Zu umfassend sind die frauenfeindlichen Strukturen, denen Frauen seit Jahrtausenden ausgeliefert sind, als daß es für sie eine Chance gegeben hätte, sich ihnen zu entziehen oder sie innerhalb von wenigen Jahrzehnten abzuschütteln. Wir wissen längst, wie tief Erziehung, Sozialisation und Religion unsere Haltungen beeinflussen und unseren Gefühlshaushalt prägen. Frauen als Opfer von struktureller und individueller Frauenfeindlichkeit für ihren weiblichen Anteil verantwortlich zu machen, würde die Macht dieser Institutionen ignorieren. In meinen vorausgegangenen Büchern habe ich mich bereits ausführlich mit den Ursachen weiblicher

Frauenfeindlichkeit befaßt. Dort habe ich auch der Frage nach weiblicher Verantwortlichkeit und Mitschuld an patriarchalen Strukturen mehrere Kapitel gewidmet und will mich daher an dieser Stelle nicht wiederholen.[37]

Mir geht es um die Untersuchung eines Symptoms, dessen Ursachen und Hintergründe den wenigsten bekannt sind. Ehe sie nicht geklärt und - wenn möglich - behoben sind, hat es wenig Sinn, mit weiblicher Frauenfeindlichkeit ins Gericht zu gehen. Es ist in der Tat »nicht möglich, eine soziale und kulturelle Ordnung zu ändern, indem man ihre Symptome denunziert.«[38] Statt dessen geht es mir darum, einige der zahlreichen Punkte aufzuzeigen, an denen Frauen an ihrer eigenen Entmachtung durch ihre Zustimmung und Kooperation beteiligt werden.

Vor dem Hintergrund der letzten drei Abschnitte erscheint es mir weniger angebracht, mich über die Frauenfeindlichkeit von Frauen zu wundern als vielmehr darüber, daß wir uns darüber überhaupt wundern, ist sie doch in einer ungeheuren Variationsbreite auch in jene Lebensbereiche eingedrungen, die gemeinhin als typisch weibliche gelten.

Waren es aber Frauen, die jene Strukturen schufen, die diesen Lebensbereichen zugrunde liegen?

- Ist der Privatbesitz, auf dem sie basieren und der Frauen zu Bittstellerinnen und Almosenempfängerinnen macht, etwa ihre Erfindung und geeignet, ihr Geschlecht zu begünstigen?
- Reproduzieren sie nicht vielmehr blind und meist gezwungenermaßen einen Zustand, »der mit ihnen und ohne sie hergestellt wurde?
- Käme jemand auf die Idee, den Proletariern vorzuwerfen, sie hätten den Kapitalismus hervorgebracht?«[39]
- Waren Frauen nicht immer Objekte dieses Systems?
  Als »Einsätze dieser Kultur gebraucht, sind wir schon immer und immer noch »draußen«, gerade insofern wir Nicht-Schöpferinnen dieser Ordnung sind, in der wir leben müssen.«[40]

Wie ich gezeigt habe, werden Mädchen von Geburt an mit dem Gift der Frauenfeindlichkeit geimpft. Daher erscheint es mir um so erstaunlicher, daß diese noch nicht wesentlich schlimmere Formen angenommen hat. Immerhin schlagen sich Männer, trotz aller Unterstützung männlichen Zusammenhalts und der inflationären Höherbewertung des eigenen Geschlechts, nach wie vor die Schädel ein - und das nicht nur im Krieg.

Elemente weiblicher Frauenfeindlichkeit

Auf der Grundlage beschriebener Familien- und Sozialstrukturen entgeht keine Frau den frauenfeindlichen Prägungen, die sich jedoch immer auch gegen sie selbst richten. Die Elemente dieser Prägung aufzuspüren, ist ein lebenslanger Prozeß, der ein hohes Maß an Bewußtseinsarbeit fordert. Um sie zu erleichtern, möchte ich hier noch einmal einige der Elemente aufzählen, aus denen sich frauenfeindliches Denken und Handeln zusammensetzt, es fördert und verfestigt:

1. Frauen werden in eine Gesellschaft kollektiver Frauenfeindlichkeit hineingeboren, die alles, was Mädchen und Frauen sagen und tun - oder lassen -, ja ihr ganzes Sein, nur deshalb abwertet, weil sie Frauen sind, und nicht etwa, weil es ihnen an etwas mangelt oder aber ihre Tätigkeiten einen geringeren Wert haben, wie dies das soziale Wertesystem suggeriert. In dem Maße, in dem sich Frauen dieser Tatsache nicht bewußt sind und sich folglich mit diesen Sozialstrukturen identifizieren, übernehmen sie mit dem Weltbild dieser Kultur auch die darin enthaltene Frauenfeindlichkeit.

2. Aus der Abwertung durch andere folgt die weibliche Selbstabwertung. Frauen und Mädchen haben gelernt, sich mit männlichen Zuordnungen und Wertungen zu identifizieren und ihre eigenen Tätigkeiten meist geringer einzuschätzen als die des Mannes. Dabei verlieren sie die Tatsache aus dem Blick, daß es bei dieser männlichen und sozialen Geringschätzung nicht um eine faktische Minderwertigkeit ihrer Arbeit geht, sondern eben um eine männliche Wertung. Wäre Familienarbeit Männersache, würde sie umgehend aufgewertet. Durchgängig verlieren ja Berufe sowie akademische Grade und Auszeichnungen in dem Augenblick an Prestige, in dem sie auch Frauen zugänglich sind. Umgekehrt steigen Ansehen und Entlohnung jener einstmals weiblichen Berufe, wenn Männer sie ergreifen. Die ständige Unterbewertung macht Frauen und Mädchen selbstkritischer und weniger selbstzufrieden. Damit aber haben sie auch zu anderen Frauen eine wesentlich kritischere Distanz als dem Mann gegenüber. Dieser Unterschied führt einerseits zu extremen Wahrnehmungsstörungen im Hinblick auf den Mann, andererseits aber auch zu einem gewissen Maß an Frauenfeindlichkeit.

3. Als »Minderwertige« wenden sie sich stärker dem männlichen Geschlecht zu, das sie bei allen vergleichbaren Gelegenheiten mit einem höheren Maß an Aufmerksamkeit bedenken, dem sie eher Kompetenz zuschreiben und dem sie folglich weniger kritisch begegnen als dem eigenen Geschlecht. Ohne es zu merken, unterstützen Frauen so das patriarchale Ungleichgewicht, das Frauen in eine Randposition drängt und Jungen und Männer dazu veranlaßt, sich als Nabel der Welt und Krönung der Schöpfung zu sehen.

4. Das wiederum hat zur Folge, daß Frauen, die diese Zusammenhänge aufzeigen, von anderen Frauen der Männerfeindlichkeit bezichtigt werden. Letztere meinen dann, sich im Namen der Wahrheit und Gerechtigkeit von ihnen distanzieren und mit »ihren« Männern solidarisieren zu müssen, statt umgekehrt zur fordern, daß auch »ihre« Männer sich mit den erkennenden Frauen solidarisieren und so den Teufelskreis des falschen Gegeneinanders durchbrechen.

5. Da Frauen im allgemeinen ihre Beziehungen zu Männern ernster nehmen als dies umgekehrt der Fall ist, sind sie auch bereit, ihnen vorschnell Priorität vor allen anderen Bedürfnissen einzuräumen, um diese Beziehung ja nicht aufs Spiel zu setzen. Wie Christina Thürmer-Rohr wohl zu Recht feststellt, ist der Mann »Orientierung der meisten Frauen, ihr Lebensinhalt, ihr Sorgenobjekt, Maßstab, Richtschnur, nicht nur im Bett, nein, im Kopf, in der Lebensplanung, im Gefühlshaushalt«.[41] Die wenigsten von ihnen scheinen darunter zu leiden, daß der Mann keineswegs daran denkt, der Frau im Gegenzug einen gleichwertigen Platz in seinem Leben einzuräumen.

6. Da Männer andererseits schneller bereit sind als Frauen, ihre polygamen Bedürfnisse auszuleben, halten sie Frauen in ständiger Unsicherheit und Angst vor dem Verlassenwerden. Um den Mann nicht zu verlieren, entwickeln Frauen eine verstärkte Anpassungsbereitschaft an männliche Bedürfnisse, auf deren Erfüllung sie sich fast vollständig ausrichten. Sie wird für viele Frauen sogar wichtiger als die Selbstversorgung, ganz zu schweigen von der Versorgung anderer Frauen, und führt so ganz zwangsläufig zu weiterer Entmachtung und Selbstentfremdung. Ihr folgt die Unsicherheit hinsichtlich des eigenen Wertes sowie jenes Wertes, den andere Frauen für ihr Leben haben.

Dieser von Männern (künstlich) herbeigeführte Bedeutungsverlust des Weiblichen ist die Grundlage einer zerstörten Solidarität unter Frauen.

7. Frauen lernen, in anderen Frauen in erster Linie die Rivalin zu sehen, und das heißt für sie: die Feindin, der sie mit Neid und Abneigung begegnen. Auf diese Weise ignorieren und verlieren sie häufig die sie stärkende Beziehung zum eigenen Geschlecht und bleiben so in ihrem Bedürfnis nach Zuwendung und Beziehung allein auf den Mann angewiesen.

8. Hinzu kommt, daß der Umgang von Frauen mit ihresgleichen dadurch erschwert wird, daß sie - anders als Männer - nie gelernt haben zu rivalisieren. Bereits in jungen Jahren üben sich Knaben ein in Ritualisierungen von Machtkämpfen, aus denen ein Großteil ihrer Spiele besteht. Das bedeutet: Knaben haben nicht nur gelernt, wie solche Kämpfe begonnen, sondern auch, wie sie wieder beendet werden, unter welchen Bedingungen sie ihnen nützen oder auch schaden können. Diese Fähigkeit, Rivalität eingrenzen zu können, kommt ihnen im späteren Leben - insbesondere in der Berufswelt - zugute. Da Frauen jedoch genau dies nicht gelernt haben, zielt ihre Rivalität immer auf die Frau als Ganze. Wo Männer nach ausgetragenem Kampf einander die Hände reichen und gemeinsam ein Bier trinken gehen, schauen Frauen einander am Ende ihres Konkurrenzkampfes nie wieder an und sind Feindinnen fürs Leben.

9. Seit Jahrhunderten sind die spirituellen Bedürfnisse - und mit ihnen die Seelen von Frauen – der manipulativen Religionsmacht patriarchaler Kirchenmänner unterworfen. Diese haben Frauen gelehrt, den Urgrund allen Seins, die grundlegende Kraft schöpferischer Prozesse als männlich und damit auch als nicht-weiblich zu verehren. Frauen wurden so veranlaßt, ihr eigenes schöpferisches Potential abzuwerten, statt es als eine Kraft zu nutzen, die Frauen verbindet. Gleichzeitig haben viele von ihnen nicht nur der Religion, sondern mit ihr der spirituellen Dimension des Lebens den Rücken gekehrt. So fehlt ihnen eine wichtige Organisationsmacht, die ihren Zusammenhalt fördern könnte; denn seit jeher war es die Religion, die den Zusammenhalt der Gruppe ermöglichte und gewährleistete. Von den meisten Traditionen wissen wir, daß jede soziale Organisation auch religiös war.

10. »Das Patriarchat hat das Menschliche vom Göttlichen getrennt, aber es hat den Frauen auch ihre Göttinnen oder ihre Göttlichkeit genommen«.[42] Dient die Transzendierung des Männlichen auf einen männlichen Gott hin als Legitimationsfigur für männliche Machtanmaßung und weibliche Entmachtung, so fehlt Frauen, die in dem vorgesteckten Rahmen patriarchaler Religiosität verharren oder aber das Religiöse ganz ablehnen, eine weibliche transzendente Gestalt als gemeinsames Vorbild weiblicher Stärke und Macht. (Auf die Füllung des Machtbegriffs werde ich später eingehen.) Ohne diese Gestalt als gemeinsamen Bezugspunkt fehlt es Frauen an einem eigenen Welt- und Frauenbild, an einer eigenen Philosophie und

Ethik, in der sich Frauen über Fragen des Lebenssinns und der Werte für ihr Geschlecht Gedanken machen, um so patriarchale Werte und Ideale in Frage stellen und an eigenen Vorstellungen orientierte Lebensentwürfe gestalten zu können.

Damit sind bereits einige der Voraussetzungen für die Auflösung weiblicher Frauenfeindlichkeit und der Bedingungen weiblichen Zusammenhalts angesprochen. Beides geht nicht ohne eine andauernde Bewußtseinsarbeit, die alte Programme zu löschen vermag und damit neue Möglichkeiten der Erfahrung einleitet.

Auflösung falscher Programme

Ich nenne nachfolgend einige der gängigsten Programme, die es aufzulösen gilt, da sie Frauen behindern:

1. Programm: »Wenn es drauf ankommt, sind Frauen schlimmer als Männer.«
Selbst von Feministinnen ist dieser Satz gelegentlich zu hören, obwohl er sich durch keine Fakten bestätigt. Sooft ich ihn von Frauen hörte, habe ich nachgefragt und um entsprechende Beispiele gebeten, die jedoch regelmäßig im Sande verliefen. Tatsache ist allerdings, daß Frauen nach strengeren Maßstäben beurteilt werden als Männer und daher manches bei ihnen schlimmer erscheint. Auch die an dieser Stelle gern zitierte Maggy Thatcher war Opfer dieser Tendenz.

Nach wie vor aber gilt der Satz von Aspasia Volja: »Solange ihr eure Schwestern verachtet, werdet ihr verachtet.«

2. Programm: »Frauen sind langweiliger als Männer.«
Das trifft nur solange zu, wie sich Frauen ihrer patriarchalen Zähmung noch nicht entledigt haben und immer noch so funktionieren, wie es Männern genehm ist. Mit anderen Worten: Solange sie sich in erster Linie für Männer interessieren, sind sie in der Tat für Frauen langweilig.

3. Programm: »Männer sind das größte Abenteuer der Frau.«
Dieses angelsächsische Vorurteil findet immer noch weitestgehende Unterstützung, insbesondere durch die Filmbranche und andere Medien. Auch die Werbung tut alles, um es wachzuhalten. Je länger Frauen jedoch an der Seite von Männern zugebracht haben, desto skeptischer werden viele von ihnen hinsichtlich des Wahrheitsgehalts dieser Behauptung.

4. Programm: »Frauenfreundschaften sind unreifer als Freundschaften mit Männern.«
Die Psychologie hat das Ihre dazu beigetragen, daß sich dieses Vorurteil halten konnte, so daß Frauen in ihrem Fahrwasser den Beziehungen zum eigenen Geschlecht im allgemeinen einen wesentlich geringeren Wert beimessen als jenen zu Männern. Dennoch erfahren beide Geschlechter in Konfliktsituationen erheblich mehr Rat und Beistand durch Frauen als durch Männer. Wie so oft, widerspricht hier die Erfahrung dem, was geglaubt und weitergegeben wird.

Nur wenn Frauen ihren affektiven Beziehungen zu Frauen mehr gemeinsame Aufmerksamkeit schenken und sie stärker thematisieren, werden sie entdecken, daß es sehr viel mehr Beziehungsebenen zwischen ihnen gibt, als sie zu verstehen und auszudrücken gelernt haben. Erst dann werden sie merken, daß ihre Abwertung anderer Frauen aus den negativen Projektionen eigener gelernter Minderwertigkeitsgefühle einerseits und der Übertragung der patriarchalen Ideologie kollektiver weiblicher Minderwertigkeit andererseits resultiert.

5. Programm: »Frauen sind einander die ärgsten Feinde.«
Dieser Satz mag dem Empfinden jener Frauen entsprechen, für die der Mann den höchsten Wert in ihrem Leben darstellt. Objektiv gesehen, trifft er jedoch nicht zu. Vergegenwärtigen wir uns nur einmal, was Männer Frauen alles antun an Verletzungen, Vergewaltigungen und Mißhandlungen bis hin zur Tötung, so wird rasch deutlich, daß Feindseligkeiten unter Frauen zu keiner Zeit ein solches Ausmaß angenommen haben.

»Die Unfähigkeit der Frauen, sich zu organisieren, sich untereinander zu verständigen und einen gemeinsamen Willen (und damit Macht C.M.) auszubilden«, die Luce Irigaray festgestellt hat[43] wird oft als Bestätigung der vermuteten feindlichen Gesinnung angenommen. In Wirklichkeit aber rührt sie daher, daß es Frauen an geeigneten Vorbildern für weibliche Bündnisse fehlt, nachdem das grundlegende natürliche und soziale Modell eines solchen Bündnisses, die Mutter-Tochter-Beziehung, zum Zwecke der Ehe zerschlagen wurde und an ihre Stelle eine frauenfeindliche Beziehungskultur getreten ist.

Teil II

Annäherungen an weibliche Macht und ihre Probleme

Vorbemerkungen

In der Diskussion um die Aneignung von Macht durch Frauen geht es fast ausschließlich um politische und wirtschaftliche Aspekte des Problems weiblicher Machtlosigkeit. Sie wurden in den vergangenen Jahrzehnten ausführlich beschrieben und sollen hier nicht wiederholt werden. Zudem sind es Bereiche, die Frauen nur mit männlicher Hilfe und nur so weit zugänglich sein werden, wie es der Mann gestattet.

Dagegen geht es mir in diesem zweiten Teil primär um die Bewußtmachung jener Bereiche weiblicher Entmachtung, die wir uns auch ohne männliche Hilfe wieder aneignen können.

5. Kapitel

Weibliche Dimensionen des Raumes

Zur Weiblichkeit des Raumes

Vergleichen wir die Raumverteilung zwischen den Geschlechtern, einschließlich der Verfügungsgewalt über Räumlichkeiten, so fällt rasch auf, daß der Raum, der Mädchen und Frauen zugestanden wird, um ein Vielfaches enger ist als jener, der Jungen und Männern zur Verfügung steht. Dabei ist es gleichgültig, ob es sich um Wohn- oder Bildungsräume, um Sportplätze oder -hallen, um Wirtschafts- oder Hobbyräume, um innere oder äußere Räume handelt. Männer haben diese Welt auf politischer und wirtschaftlicher, auf kultureller und religiöser Ebene, in ihrer seelischen, sozialen und geistigen Dimension recht einseitig besetzt.

Angesichts dieser Tatsache von weiblichen Dimensionen des Raumes zu sprechen, erscheint so - zumindest oberflächlich betrachtet - absurd. Das gleiche mag auch für den Versuch gelten, den Raum geschlechtlich bestimmen zu wollen. Dennoch ist es ein Faktum, daß Räume heutzutage einerseits ungerecht zwischen den Geschlechtern aufgeteilt sind und sie andererseits seit altersher in der Entwicklungs- und Erfahrungsgeschichte des Menschen als zutiefst weiblich empfunden wurden. Diese Einteilung bot den Menschen früherer Jahrtausende eine wichtige Orientierung für eine sinnvolle Lebensgestaltung.

Noch heute können PsychologInnen beobachten, daß sich im kindlichen Spiel die Ausgestaltung des Raumes als etwas vorzugsweise Weibliches darstellt. Mit dem gleichen Spielzeug ausgestattet, schaffen kleine Mädchen im freien Spiel auffallend häufig einen umgrenzten Raum, in dem sie zwischenmenschliche und familiale Situationen des Lebens oft sehr differenziert darstellen. Erik Erikson sprach in diesem Zusammenhang von einer »Organprojektion«, denn schließlich verfügen nur Mädchen über ein räumliches Organ, einen spezifisch weiblichen Körperraum, in dem sich Leben entwikkelt.

Entsprechend ihrer körperlichen Differenz projizieren Jungen völlig anders: Ihr Spiel besteht verhältnismäßig häufig darin, Türme zu bauen und Fahrzeuge zusammenstoßen zu lassen. In diesem jungenhaften Spiel erkennt der Psychologe eine Projektion phallischen Erlebens: Die spielerische Wiederholung von Erektion und Ejakulation.

Hier wird demnach eine Verbindung erkennbar zwischen dem Spiel heutiger Mädchen und den Empfindungen der Menschen vergangener Epochen, für die die Weiblichkeit des Raumes gar keine Frage war, zumal der Ur-Raum des Menschen - die Gebärmutter - zweifellos weiblichen Geschlechts ist. Jeder Mensch - egal welchen Geschlechts - hat die ersten neun Monate ihres und seines Lebens in einem weiblichen Körperraum verbracht. Das bedeutete gleichzeitig, aufs Engste mit einer weiblichen Körper- und Gefühlswelt verbunden zu sein.

Dieser primäre Aufenthalt in einem weiblichen Ur-Raum ist die gemeinsame Ur-Erfahrung der Menschheit, die ihr Leben in einem weiblichen Milieu begann. Diese Erfahrung hat sich in vergangenen Zeiten wesentlich anhaltender und stärker in Mythos und Kultus, in Weltbild und Religion niedergeschlagen, als Erfahrungen mit dem Vater. Der Glaube an eine kosmische Göttin, die alles hervorgebracht hat, nährt und erhält, mußte jahrtausendelang bekämpft werden, um schließlich die Vorstellung von einem allmächtigen und einzigen Gott als HERRN, der im Alleingang alles »geschaffen« oder »gemacht« hat, durchzusetzen - und damit einen Glauben, der unendlich viele Menschenleben gekostet hat und der bis heute verhindert, daß sich die Menschen auf die Bedeutung ihrer gemeinsamen Herkunft besinnen.

Die Menschen des Neolithikums waren sich vor rund zehntausend Jahren der raumspendenden Kraft des weiblichen Körpers noch bewußt, so daß diese Kraft ihr Fühlen und Handeln - und damit auch ihr Weltbild - maßgeblich beeinflußte. Es waren Frauen, die die ersten Behälter und Gefäße schufen - und damit Kultur. Bis heute sind sie die Voraussetzung jedweder Vorratswirtschaft. Viele der in neolithischer Zeit gefundenen Gefäße haben die Form eines weiblichen Körpers. Auch hier handelt es sich um weibliche Organprojektionen, denn das Töpfern lag eindeutig in den Händen von Frauen. Es folgte ihrem Erleben des eigenen Körpers als etwas Räumlich-Gefäßhaftem.

Ein Blick auf das Weltbild dieser Menschen zeigt, daß sie sich an der einfachen Formel orientierten: Wie im Kleinen, so im Großen, wie unten, so oben, wie auf Erden, also auch am Himmel. Nach dieser Regel wurde in Anlehnung an den Körperraum der Frau auch der kosmische Raum als weiblich aufgefaßt. Das zeigt auch das ägyptische Weltbild recht eindeutig. Dort gibt es eine Vielfalt von Bildern und Reliefs, auf denen die Göttin Neith mit ihrem Körper den Kosmos als Weltenraum bildet. Verehrt wurde diese Göttin als jene, die das Licht als ihr Kind gebiert, »das des Tages und das der Nacht«. Der Sonnenaufgang wurde als »Geburt« der Sonne verstanden, die allabendlich bei Sonnenuntergang von der Göttin wieder verschlungen wurde. Noch heute erinnert die Sprachverwandtschaft der Begriffe »Sonne« und »Sohn« an diese Vorstellung. Dasselbe galt aber auch für den Mond, der unter dem Aspekt seiner Geschöpflichkeit in frühen Epochen der Menschheit männlich war. Mit seiner Umwandlung in ein weibliches Symbol wurde auch sein Kult zunehmend verdrängt.

Mag der Kosmos als weibliche Gestalt uns heute auch fremd anmuten, die Erde als unsere Mutter ist uns allen noch geläufig. So wie die kosmische Göttin die Gestirne hervorbringt, so Mutter Erde die Natur und mit ihr alle Lebewesen. Durch ihre raumspendende und raumfüllende Kraft - der letzte Aspekt wurde als Weisheit verehrt - galt die Dimension des weiblichen, lebenschenkenden Prinzips als *das* Heilige schlechthin, dem größte Verehrung zuteil wurde.

Frühe Tempelbauten - insbesondere auf Malta -, aber auch Grabanlagen, lassen einen weiblichen Körper als Grundriß erkennen, bei dem die Vulva den Ein- und Ausgang markiert. Dabei handelt es sich um architektonische Umsetzungen innerer Vorstellungen, daß nämlich Tempel und Gräber als weiblicher Innenraum gedacht waren und somit das religiöse Ritual als Rückkehr an den Ort des eigenen Ursprungs verstanden wurde. Selbst spätere Tempel- und Kirchenbauer wußten noch, daß das Allerheiligste ihrer sakralen Bauten, jener Ort, an dem die Anwesenheit des Göttlichen zelebriert wurde, eigentlich die Gebärmutter darstellte - den Raum unseres Entstehens, Werdens und unserer Vollendung, unser Urraum sozusagen.

Den weiblichen Tempelräumen des frühen und späten Neolithikums waren die Höhlen als sakrale Orte früherer Epochen der Menschheit voraufgegangen. Höhlen galten als Uterus der Mutter Erde. So wurden heilige Berge ursprünglich nicht um ihrer Höhe willen verehrt, sondern aufgrund ihrer Höhlen, ihrer Fähigkeit zu bergen. Höhlen boten Menschen früherer Kulturen Schutz und Geborgenheit. Künstlerisch hochstehende Malereien in diesen Höhlen - von Frauen gefertigt[1] - zeugen noch heute von ihrer Heiligung; denn in diesen Höhlen wurde einst die Göttin angerufen und verehrt. Weibliche Körperräume, kosmische Räume, irdische Räume und unterirdische Räume waren durch Jahrtausende hindurch Orte weiblicher Gegenwart, Orte der Begegnung mit der Göttin.

Belege für ein an weiblichen Dimensionen orientiertes Weltbild lassen sich weltweit auch in den ältesten Mythen und Skulpturen finden. In kosmischen, natürlichen und sozialen Räumen waltete das weibliche, lebenspendende und -erhaltende Prinzip, dem die Menschen ihre ganze Aufmerksamkeit widmeten. Die frühesten Rituale drehten sich um die zentralen Themen menschlichen Lebens: Geburt, Sterben, Ernährung und Wiedergeburt. Diese Rituale versuchten, eine Antwort auf die Fragen zu geben: Woher kommen wir? Wohin gehen wir? Fragen, mit denen sich später männliche Philosophen ohne sichtlichen Erfolg herumschlugen. Bevor Männer das Weltbild formten, lautete die Antwort der Mütter einhellig: Wir alle entstammen dem Schoß der Frau, der Mutter Erde und schließlich dem weiblich-kosmischen Raum, der aus seiner Dunkelheit Licht und Leben gebiert. Am Ende unseres Lebens kehren wir dorthin zurück, von wo wir gekommen sind: in den Schoß der Mutter Erde und schließlich in den kosmischen Raum. So wurden die Toten früherer Jahrtausende in Hockstellung bestattet, in einer embryonalen Haltung sozusagen, die als eine Art Vorbereitung auf die Wiedergeburt angesehen wurde. Zudem kehrte nach ägyptischen Vorstellungen die Seele der Menschen in den Kosmos, in den Leib der Göttin Neith, zurück und leuchtet dort als Stern am Firmament.

So sind die ältesten Symbole der Menschheit weibliche Symbole. Die ältesten Skulpturen sind weibliche Skulpturen. Männlicher Symbolik begegnen wir in der Altsteinzeit bis weit ins Neolithikum nur selten. Und wenn, dann ist sie immer der Symbolik des Weiblichen beigeordnet und als Schöpfung des weiblichen Geschlechts ein Aspekt der Großen Göttin.

Nie wären die Menschen vergangener Zeiten auf die Idee gekommen, einen HERRN als Schöpfer des Himmels und der Erde, der Natur, der Tiere und der Menschen zu verehren. Die Vorstellung von einem »Herrgott«, der im Alleingang durch seinen Befehl den Kosmos, die Natur und die Lebewesen entstehen läßt und selbst von irgendwo hinter den Wolken »alles so herrlich regieret«, der außerdem den Mann beauftragt, sich die Erde untertan zu machen und die Frau zu beherrschen, wäre schlichtweg ein Unding gewesen. Nie wäre es diesen Menschen eingefallen, die lebenspendenden und -erhaltenden Kräfte der Natur mit Hilfe eines allmächtigen HERRN zu versinnbildlichen. Diesen Menschen war klar, daß das nur mit einer bergenden, umfassenden und hervorbringenden - einer weiblichen - Gestalt möglich war.

Die weibliche Weltsicht hatte selbstverständlich Konsequenzen für den Umgang mit der Natur und den Menschen, wirkte sich also auch auf das gesamte Sozialgefüge aus. So herrschte beispielsweise ein ganz anderes Verständnis von Sexualität, als wir es kennen. Wir taumeln von der Prüderie zur Pornografie, von Sexualfeindlichkeit zu sexueller Besessenheit, von Sexualverboten über das Alles-ist-Erlaubt bis hin zum Alles-muß-Sein.

Parallel zu dem hier beschriebenen weiblichen Raumverständnis auf der physikalischen und physischen Ebene galt den Menschen bis in unser Jahrhundert hinein auch der seelische Innenraum beider Geschlechter als weiblich. In der griechischen Antike tritt die menschliche Seele als Psyche oder Anima in Gestalt einer Frau auf. Und auch das etwas aus der Mode gekommene Wort »Gemüt« enthält sprachlich noch die Dimension des Weiblich-Mütterlichen, die in der Seele erlebt wurde. Das Gemüt galt als Mutterboden der menschlichen Seele, wurde aber auch als Synonym für sie verwendet. Diese inneren Beziehungen zwischen Gemüt und Mutter kommen noch in den folgenden Worten aus der Spruchsammlung Goethes zum Ausdruck:

Aus tiefem Gemüt, aus der Mutter Schoß
Will manches dem Tage entgegen;
Doch soll das Kleine je werden groß,
So muß es sich rühren und regen.

Der Vierzeiler wurde unter der Überschrift »Gott, Gemüt und Welt« verfaßt, den drei großen Themen der klassischen Metaphysik, denen wir insbesondere in der Mystik und in der Gnosis begegnen. Dort gehörte die Einsicht, daß Gemüt und Natur dem Menschen mütterlich sind, zum festen Bestand eines Wissens, das heute fast verlorengegangen ist.

Zurück blieb die Vorstellung vom seelischen Innenraum als typisch weiblich, was in einer frauenfeindlichen Welt dazu führte, daß dieser Bereich in erster Linie von Männern weitgehend abgewertet und verdrängt wird. Gefühle und die damit zusammenhängenden Tätigkeiten des Tröstens und Mitleidens, aber auch des Ermunterns und Sich-Mitfreuens widersprechen dem gängigen Bild von Männlichkeit und damit auch dem Selbstbild vieler Männer. Bis heute überlassen sie das alltägliche Leben sowie das Gemüt und mit ihm auch die Gemütlichkeit gerne dem Aufgabenbereich von Frauen und okkupieren statt dessen geistige und soziale Räume.

Weibliche Raumlosigkeit als Politikum

Die Vermännlichung des Raumes ist ein Faktum, das sich heute in den angedeuteten Dimensionen beobachten läßt. In der patriarchalen Wirklichkeit unserer Kultur ist der Raum - nicht nur sprachlich - eindeutig männlich. Das bewahrheitet sich auch im alltäglichen Leben - und zwar weltweit. Das männliche Geschlecht hat sich auf diesem Planeten dermaßen breitgemacht, daß weiblicher Raummangel und mit ihm weibliche Gefühle der Heimatlosigkeit eine unausweichliche Folge sind.

Wenn der bereits zitierte Bericht der Vereinten Nationen behauptet, daß sich der Weltbesitz zu 99 Prozent in männlicher Hand befindet, so bedeutet dies, daß sich Frauen und Kinder - über 80 Prozent der Weltbevölkerung - mit weniger als einem Prozent der Reichtümer und Räume dieser Erde begnügen müssen.

Der Boden, auf dem wir außerhalb - häufig auch innerhalb - unserer vier Wände stehen und gehen, liegen und sitzen, gehört, wenn er nicht in überwiegend männlichem Besitz ist, Vater Staat. Das bedeutet eigentlich: uns allen. Doch Vater Staat, das sind in erster Linie Männer, auch wenn ab und zu mal eine Frau in staatstragende Positionen gelangt. Die Vaterländer gehören den Vätern und Herren dieser Welt, nicht den Müttern, Kindern und anderen Frauen.

Die Räume, in denen wir leben und arbeiten, uns bilden und versorgen, sind also in den seltensten Fällen unsere Räume. Sie befinden sich nicht in unserer Verfügungsgewalt und in den seltensten Fällen in unserem Besitz. Sie werden uns lediglich hin und wieder zur Verfügung gestellt, solange wir uns mit Wohlverhalten erkenntlich zeigen. Frauen, die sich etwa weigern, ihr Leben weiterhin als Objekt männlicher Bedürfnisbefriedigung zu fristen und deshalb aus der Ehe gehen, müssen mit ihren Kindern (oder auch ohne sie) ihre Bleibe verlassen und sich auf Wohnungssuche begeben, da in den meisten Fällen er über Haus oder Wohnung verfügt.

Das bedeutet dann, bei anderen Männern um Wohnrecht zu bitten. Alleinerziehenden Müttern zuzuhören, die von ihren Erfahrungen bei der Wohnungssuche berichten, kann zu einem abendfüllenden Programm werden.

Auch im institutionellen Rahmen sieht es - wie ich im letzten Abschnitt gezeigt habe - nicht anders aus. Fast immer sind es letztlich Männer, die als Entscheidungsträger fungieren, wenn es um die Frage der Raumzuteilung an die Geschlechter geht. Und auch hier gilt im großen und ganzen, daß es keinen wirklichen Raum für fraueneigenes Denken und Experimentieren in der Herberge des Patriarchats gibt. Wo Schlösser oder Baracken, Häuser oder Hütten freiwerden, entscheiden Männer über ihre Verwendung. Sie tun dies selbstverständlich nach ihren Interessenlagen, die nur selten den Interessen von Frauen entsprechen.

Räume, mit denen Frauen für eigenständiges Denken und Experimentieren vorliebnehmen müssen, sind meist von wesentlich schlechterer Qualität als jene der meisten Männerveranstaltungen, die oft in feudaler Umgebung und gut ausgestatteten Räumen stattfinden. Denn auch an den finanziellen Quellen, an denen über die Raumverteilung entschieden wird, sitzt ein Mann, und der hält seinem Geschlecht die Treue.

Jede Stadt und jedes Dorf verfügen über einen oder mehrere weiträumige Sport- und Fußballplätze, die eindeutig für männlichen Bewegungsdrang eingerichtet wurden - auch wenn Frauen sie hin und wieder mitbenutzen dürfen. Etwas ähnlich Weiträumiges steht für fraueneigenes Gestalten von Freizeit nicht zur Verfügung. Und was für Frauen gilt, trifft auch für Kinder zu. An ihnen wird in erster Linie mit Raum gespart. Das haben Männer so entschieden, obwohl Kinder und Frauen eine absolute Mehrheit bilden.

Als Anfang der 80er Jahre im Hamburger Senat Sparbeschlüsse gefaßt wurden, fielen ihnen eine Reihe von Kindergärten zum Opfer. Obwohl sie dringend gebraucht wurden, mußten sie aus finanziellen Gründen geschlossen werden. Im selben Haushaltsjahr wurde jedoch ein Betrag von drei Millionen Mark bewilligt für den Bau einer Heizanlage unter dem Fußballplatz des HSV, damit im Winter nicht etwa Schnee und Eis das Fußballspiel der Herren behindern.

Der Mann regiert die Welt mittels Macht und Geld. Zwar arbeiten Frauen weltweit mehr als Männer, sie verfügen jedoch nicht über annähernd gleiche finanzielle Mittel wie diese. Die Verwaltung staatlicher Gelder liegt fest in in der Hand von Männern. Auf diese Weise bestimmen fast ausschließlich sie, was in institutionellen Einrichtungen - und damit auch außerhalb - getan, gedacht, erforscht und geglaubt werden darf; welche Projekte Unterstützung verdienen und welche auf der Strecke bleiben. Gemessen an den unzähligen Männerprojekten - wie beispielsweise Forschung und Militär -, die Unsummen an Geld verschlingen, werden Frauenprojekte mit Almosen abgespeist.

Warum protestieren Frauen nicht? Warum fordern sie nicht eindringlicher und effektiver ihr Recht? Warum merken sie meist gar nicht, daß es solche gravierenden Unterschiede und geschlechtsspezifischen Ungerechtigkeiten in der Raumzuteilung gibt? Diesen Fragen widme ich mich nachfolgend.

Hintergründe weiblicher Raumlosigkeit

Wie die meisten sozialen Ungerechtigkeiten, hängt die ungleiche Verteilung von Räumen damit zusammen, daß wir in einer patriarchalen und androzentrischen, das heißt in einer mannzentrierten, Gesellschaft leben, in der der Mann Mittelpunkt und Maßstab des politischen und privaten Geschehens ist. Sein Wünschen und Begehren, seine Vorstellungen und Anordnungen haben absoluten Vorrang. Das gilt für Institutionen, aber auch für die meisten Familien. Ausnahmen bestätigen bekanntermaßen die Regel.

Die Priorität des Mannes wie auch des Männlichen wurde Frauen in ihr leibliches, seelisches und geistiges Stammbuch eingetragen. Sie konnten in vergangenen Jahrhunderten nur überleben, wenn sie ihre Lektionen gut gelernt hatten. Heute wahrt niemand männliche Interessen und Bedürfnisse besser als Frauen. Niemand schirmt Männer so gut gegen Kritik und Vorwürfe ab, wie sie. Dieses

Verhalten ist für viele Frauen so selbstverständlich geworden, daß sie nicht mehr in der Lage sind, die Rechtmäßigkeit männlicher Priorität in Frage zu stellen, geschweige denn, sie als solche überhaupt wahrzunehmen. Und so leiden Frauen und Männer unter massiven Wahrnehmungsstörungen, die bereits zu einem beängstigenden Realitätsverlust geführt haben.

Dazu ein recht harmlos anmutendes Beispiel aus der Schule. Es steht im Zusammenhang mit der dem Raum parallelen Dimension der Zeit: Feministische Lehrerinnen haben festgestellt, daß Jungen in allen Schulen wesentlich mehr Zeit gewidmet wird als Mädchen. Mit Video-Kameras haben sie Unterrichtsstunden gefilmt und sind dabei immer wieder auf das gleiche Phänomen gestoßen: Jungen erhalten normalerweise zwischen 75 und 66 Prozent der Aufmerksamkeit der Lehrkräfte, so daß für Mädchen nur noch zwischen 25 bis 34 Prozent übrigbleiben. Dabei spielt es keine Rolle, ob es sich um Lehrerinnen oder Lehrer handelt.

Inzwischen wurden diverse Versuche gestartet, um diese Zahlen zugunsten der Mädchen zu verändern. Lehrerinnen erhielten den Auftrag, in einer Unterrichtsstunde die Mädchen vorzuziehen. Das Ergebnis war verblüffend. Regelmäßig entwickelten Lehrerinnen dabei Schuldgefühle, weil sie glaubten, den Mädchen zu viel Zeit gewidmet und die Jungen benachteiligt zu haben. Dieser Eindruck wurde von beiden Seiten bestätigt. Die Mädchen drückten Freude über den Unterricht aus, da sie so oft drangekommen waren und ihnen das Lernen daher diesmal besonderen Spaß gemacht hatte. Die Jungen dagegen beschwerten sich lauthals darüber, daß sie diesmal - wie sie regelmäßig vorgaben - »überhaupt nicht drangenommen und die Mädchen vorgezogen« worden seien. Manche wollten sich sogar beim Rektor beschweren.

Trotz dieser Übereinstimmungen zwischen Lehrerinnen, Schülerinnen und Schülern zeigte die Überprüfung der Videoaufzeichnungen regelmäßig etwas ganz anderes: Nicht einmal ist es auch nur einer Lehrerin gelungen, den Mädchen wirklich mehr Zeit zu widmen als den Jungen. Im Gegenteil: Das Höchstmaß an Aufmerksamkeit, das sie während einer Unterrichtsstunde erhielten, lag bei

42 Prozent. Die Jungen erhielten, dagegen nie unter 58 Prozent der zur Verfügung stehenden Zeit.

Wie aber konnte es zu einer solch übereinstimmenden Wahrnehmungstäuschung kommen? Die Tatsache, daß die Jungen an rund 66, wenn nicht gar 75 Prozent der Aufmerksamkeit gewöhnt waren, die Mädchen dagegen nur an 25 bis 34 Prozent, hatte daraus Normen werden lassen, die von allen Seiten als »gültig« und damit auch als »gerecht« empfunden wurden. Mit dem Verlassen dieser Norm aber wurde nun die Normalität verlassen, indem die Norm über- bzw. unterschritten worden war. Die Gewöhnung an ungerechte Verhältnisse hatte die Wahrnehmungsfähigkeit verdorben; denn das Gewohnte wird nun einmal zum Maßstab der Wahrnehmung und des Normalen erhoben.

Dieses Beispiel hat seine Parallele auf der räumlichen Ebene, was sich ebenfalls am Beispiel der Schule aufzeigen läßt. In ihr werden gesellschaftliche Normen gesetzt und Weichen gestellt. Aber auch das Miteinander der Geschlechter soll hier im wesentlichen eingeübt und angeblich verbessert werden. Im Schulalltag läßt sich beobachten, daß Jungen Klassenräume und Schulhöfe, Pausenhallen und Flure großräumig in Anspruch nehmen und Mädchen buchstäblich an die Wand drücken. Ihre Gruppen- und Mannschaftsspiele, ihre Kampfhandlungen und ihr Dominanzgebaren schränken Mädchen in ihrem Raumbedürfnis drastisch ein. Obwohl Mädchen meist zu zweit oder dritt in kleinen Grüppchen am Rande stehen, werden sie dennoch laufend angerempelt und behindert. Auf diese Weise erhalten sie das Signal, daß sie selbst in ihrer Randposition - aus der Perspektive der Jungen - Störfaktoren sind. Ähnliches geschieht auf dem Schulweg, auf dem Mädchen gewahr werden, daß die Straße dem männlichen Geschlecht gehört.

Was sich hier so offenkundig zeigt und auch durch Fotos belegt wurde, haben Frauen immer wieder erlebt, aber möglicherweise nicht immer bewußt zur Kenntnis genommen. Für die meisten handelte es sich bei diesen Vorgängen um etwas »ganz Natürliches«, das einfach hingenommen wurde. Doch wiederholen sich solche Vorgänge auch auf anderen Ebenen schulischer Wirklichkeit: Jungen bestimmen in den Klassenräumen vorrangig, was geschieht; welches Sprach- und Sozialverhalten, welches Maß und welche Art von Zuwendung von seiten der Lehrkräfte praktiziert werden und welche Lernatmosphäre den Klassenraum beherrscht. Mit anderen Worten: Der Umgang mit und in Räumen läßt gleichzeitig erkennen, inwieweit es an sozialer Gerechtigkeit fehlt.

Was für den Schulalltag gilt, läßt sich problemlos auf Kindergärten und Tagesheime übertragen. Dort sind es nicht selten bereits die vierjährigen Jungen, die Räume aufteilen, Grenzen abstecken und bestimmen, wieviel Raum die Mädchen erhalten. Immer wieder dringen Jungen in weibliche Räume vor und stören Mädchen bei ihren Aktivitäten. Sie belästigen sie in ihren Spielecken und auf Toiletten, in Sandkästen und an Spielgeräten.

All das geschieht meist, ohne daß Erzieherinnen und Mütter hierin einen unhaltbaren Zustand erkennen, geschweige denn eingreifen und den Jungen Einhalt gebieten. Statt dessen ist die Auffassung vorherrschend, Jungen seien nun einmal so, und da müßten die Mädchen lernen, sich zur Wehr zu setzen. Doch wie können sie das ohne die Hilfe der Erwachsenen? Mädchen müßten die Jungen an Brutalität und Rücksichtslosigkeit übertreffen, um vor ihnen sicher zu sein. Doch das bedeutet nach meiner Ansicht eine pädagogisch und ethisch unzumutbare Forderung. So lernen sie in keiner Weise, sich effektiv zur Wehr zu setzen, sondern nur, sich entweder zurückzunehmen und zugunsten der Jungen zu verzichten: auf Räumlichkeiten, auf bestimmtes Spielgerät und damit auch auf persönliche Ausdrucksmöglichkeiten als identitätsbildende Maßnahmen, aber auch auf Aufmerksamkeit der Erzieherin und schließlich auf die Erfahrung weiblichen Zusammenhalts. Mädchen werden somit von klein auf darin eingeübt, Störungen hinzunehmen und sich räumlich einengen zu lassen. Oder aber sie werden gezwungen, es den Jungen gleichzutun und sich deren Verhaltensmustern anzupassen. Eine echte Chance hätten sie dann allerdings nur, wenn sie die Jungen an Rücksichtslosigkeit und Brutalität überträfen...

Wo aber wird dieser Vorgang weiblicher Be- und Verdrängung zur Kenntnis genommen? Wenn überhaupt, dann nur von einigen feministisch orientierten Lehrerinnen und Erzieherinnen. Von ihnen haben zwei männliche Pädagogen gelernt, wie sie selber zugeben. Dennoch beschreiben sie die Situation von Mädchen und Jungen mit folgenden Worten: »Viele Mädchen akzeptieren irgendwann still, daß sich die Jungen scheinbar selbstverständlich mehr Platz und Aufmerksamkeit holen, und geben die Konkurrenz zu den Jungen auf. Sie überlassen den Jungen den Raum, den diese anscheinend brauchen, und warten bescheiden auf ihren Märchenprinzen, anstatt selber um ihren Platz in der Welt zu kämpfen.«[2] Hier wird mit Hilfe der Wortwahl eine Aktivität der Mädchen suggeriert, die es so nicht gibt. Die Mädchen haben sich nicht wirklich »entschieden«, das Verhalten der Jungen zu »akzeptieren« und ihnen den Raum, »den diese anscheinend brauchen«, zu »überlassen«, als bräuchten sie selbst keinen Raum.

Um ihren subjektiv-männlichen Standpunkt bewußtzumachen, habe ich die Worte der beiden Pädagogen nachfolgend aus weiblicher Perspektive paraphrasiert: »Viele Mädchen resignieren irgendwann und nehmen es schweigend hin, daß sich die Jungen mit dem größten Selbstverständnis mehr Raum und Aufmerksamkeit nehmen, als ihnen zusteht. Weil niemand die Jungen in ihre Grenzen verweist und den Mädchen hilft, ihren Raum gegen sie zu verteidigen, weil die Mädchen sich andererseits auch nicht auf das aggressive Niveau der Jungen einpendeln lassen, kapitulieren sie vor deren aggressiver Selbstbehauptung. Sie finden sich mit räumlichen Randpositionen ab und verlieren häufig sogar das Gefühl für ihre räumlichen Rechte.«

Das wäre in etwa der Eindruck, den ich bei meinen Beobachtungen gewonnen habe. Hier zeigt sich, wie sich ein Sachverhalt mit der jeweiligen Perspektive verändert. Die meisten Frauen sind daran gewöhnt, männliche Perspektiven als die einzig richtigen oder gar möglichen anzusehen. In den seltensten Fällen haben sie gelernt, sich die eigene Perspektive bewußtzumachen und der männlichen entgegenzuhalten. Statt dessen zweifeln sie auffallend häufig an der »Richtigkeit« oder gar an der Berechtigung einer eigenen Sichtweise.

Es gibt immer wieder Frauen, die an ihrem Verstand zweifeln, weil sie vieles anders sehen und empfinden als Männer oder die HERRschende Meinung vorgeben. Erst wenn sie anderen Frauen begegnen, die sie in ihrer Sichtweise bestätigen, lösen sich ihre Selbstzweifel allmählich auf, und sie bekommen Mut zu ihrer eigenen Perspektive. Dabei beginnen sie dann zu begreifen, daß sie in einer von Männern konstruierten und Männern zur Verfügung stehenden Welt leben.

Als Mädchen wurden sie durch Bildungseinrichtungen geschleust, in denen sie von klein auf nach dem sogenannten »geheimen Lehrplan« erzogen wurden. Dieser ist nirgends offiziell ausgewiesen und entspricht keinem offen zutage tretenden pädagogischen Konzept. Dennoch ist er höchst effektiv und lehrt Mädchen bereits in frühester Jugend, daß Spiel-, Sport- und Freizeiträume sowie Klassen- und Lernräume von Jungen beherrscht werden und daß ihnen eigene Räume, weibliche Schonräume sozusagen, und mit ihnen auch eigene Denk- und Sprachräume nirgends zustehen. Die gemeinsame Erziehung mit den Jungen ist Mädchen bis heute die vielfach gerühmte emanzipatorische Wirkung schuldig geblieben.

Wie aber sollen Mädchen und später Frauen unter diesen sozialen Umständen lernen, daß ihnen der gleiche Raum zusteht wie Jungen und Männern, wo ihnen doch andererseits die männliche Norm als »das Normale« aufgezwungen wird?

Schließlich sind Frauen nicht einmal in den eigenen vier Wänden gewohnt, »ein Zimmer für sich allein« (Virginia Woolf) zu beanspruchen, das für Kinder und Ehemänner längst eine Selbstverständlichkeit ist. Nur allzu häufig gilt die Küche als ihr Raum, den ihnen kaum jemand streitig macht; denn dort riecht es nach Arbeit. Gleichwohl hat dort jedes Familienglied jederzeit Zutritt, während viele Frauen, wollen sie ungestört sein, sich auf die Toilette zurückziehen müssen. Das gemeinsame Wohnzimmer, der größte Raum der Wohnung - so haben Umfragen gezeigt -, wird von den Frauen am wenigsten genutzt. Dort verbringt vorrangig der Mann seinen Feierabend vor dem Fernseher oder beim Kartenspiel mit Freunden.

Auch bei einem Vergleich weiblicher und männlicher Körperhaltungen wird deutlich, wie gut Frauen in den letzten Jahrhunderten gelernt haben, sich räumlich zurückzunehmen, so daß auch hier die Männlichkeit des Raumes ins Auge springt. Marianne Wex[3] hat in den 70er Jahren mit Tausenden von Fotos belegt, wieviel mehr Raum Männer einnehmen als Frauen, so daß sich in den Körperhaltungen von Frauen und Männern das patriarchale Geschlechterverhältnis vergegenständlicht. Ob breitbeinig sitzend oder stehend, sind männliche Haltungen raumgreifend; weibliche »raumsparend«: Frauen schlagen ihre Beine übereinander oder halten sie eng zusammen. Auch auf die Armlehnen der Kinos, Konzertsäle und Züge erheben sie keinen Anspruch und ziehen sich sofort zurück, wo Männer sich »ihren« Raum nehmen und gar nicht daran denken, daß ihre Nachbarinnen die gleichen Rechte haben wie sie. Welche Männer kommen jedoch auf den Gedanken, das eigene Selbstverständnis in Frage zu stellen oder gar zu korrigieren, wenn es auf Kosten anderer geht?

Was sich in äußeren Räumen vollzieht, findet seine Entsprechung im Umgang mit weiblichem Körperraum. Mit der Patriarchalisierung des geistigen und sozialen Raumes wurde die Frau auch ihres Körpers enteignet, und zwar mit Hilfe der Ehe, der Medizin und der Bildung. Heute finden die meisten Frauen es »normal«, daß dem Mann weltweit und rund um die Uhr weibliche, ja sogar kindliche Körper zur Verfügung stehen, - und das nicht nur in Thailand und auf den Philippinen. In allen Ländern der Erde sind zahlreiche Frauen darauf angewiesen, dem Mann ihren Körperraum zur gefälligen Bedienung anzubieten, nur um selbst überleben und die eigene Familie ernähren zu können.

Auch das Problem der Überbevölkerung hängt mit dieser Art der Enteignung des weiblichen Körpers zusammen. Da Männer sich den weiblichen Körper für ihre Zwecke angeeignet haben, mußten Frauen jahrhundertelang - und müssen es in vielen südlichen Ländern auch heute noch - mehr Kinder zur Welt bringen, als sie wollen und ihnen und ihren Kindern guttut. Und das nur, damit Männer ihre Bedürfnisse befriedigen und ihre Potenz unter Beweis stellen können. So erhält der Mann in vielen Ländern der Erde mit der

Eheschließung ein Anrecht auf den weiblichen Körper. Seine Frau hat für ihn sexuell verfügbar zu sein; denn für sie ist die »eheliche Pflicht« bindend. Dieses Eheverständnis spielt noch heute - zwanzig Jahre nach der Eherechtsreform - eine nicht zu unterschätzende Rolle in vielen ehelichen und partnerschaftlichen Beziehungen.

Dahinter verbirgt sich ein Penetrationsanspruch grundlegender Art, der sich nicht nur in Statistiken über Vergewaltigungen von Frauen und Kindern niederschlägt. Er zeigt sich auch darin, daß Männer weltweit gewaltsam nicht nur in Körperräume eindringen, sondern auch in alle anderen nur denkbaren äußeren Räume, - egal ob als Ehemann oder Vater, als Abenteurer oder Missionar, als Krimineller oder Soldat, als Kapitalist oder Sozialist, als Wissenschaftler oder Tourist. Die Vorstellung der Selbstbeschränkung und des Verzichts auf die Verbreitung eigener Körpersäfte und Vorstellungen scheint ihnen völlig fremd zu sein.

Dem Raum-Sein der Frau steht die Aneignung des Raumes durch den Mann gegenüber. Bereits im Kindesalter entwickeln Jungen eine bessere räumliche Wahrnehmung als Mädchen - ein geschlechtsspezifischer Unterschied, der auch bei Erwachsenen beobachtet, aber nie wirklich geklärt wurde. Meiner Ansicht nach resultiert er aus dem Umstand, daß die räumliche Dimension im weiblichen Körper eine umfassendere Rolle spielt als im männlichen. Als Lebenschaffende ist die Frau Raum. So ist es für sie offensichtlich eher typisch, mit kosmischen und natürlichen Räumen eine Einheit zu bilden als sie aus der Distanz heraus erobern zu wollen. Zutiefst männlich ist dagegen die Vorstellung von Räumen und Frauen, vom Weltenraum und natürlichen Räumen als Objekten männlicher Eroberung. Dieses Eroberungsdenken hängt anscheinend damit zusammen, daß Männer meinen, etwas durchdringen und erobern zu müssen, was sie selbst nicht sind. So fehlt ihnen ein raumgreifendes Gegenüber, das ihnen Einhalt gebietet, ihnen Grenzen setzt, eigene Ansprüche anmeldet und alles daransetzt, diese auch zu verwirklichen. Im biblischen Schöpfungsbericht schimmert diese Aufgabe der Frau noch durch, indem sie als Wesen »ihm entgegen« bezeichnet wird.

Die patriarchale Erziehung und Sozialisation läuft jedoch darauf hinaus, daß Mädchen lernen und Frauen bereit sind, mit dem Manne zu sein. Von ihnen wird verlangt, daß sie den Mann in all seinem Tun und Wollen unterstützen. Sie sollen ihn auf keinen Fall in Frage stellen oder kritisieren; denn damit verletzen sie sein männliches Selbstwertgefühl - und das wiederum vergiftet die Erotik, um die es natürlich in erster Linie geht. Auch dürfen sie von ihm keine Rechenschaft fordern für seine Taten - und schon gar nicht sich ihm in den Weg stellen, um eigene Ideen durchzusetzen.

Was dieser Kultur fehlt, ist ein weibliches Anspruchsdenken, mit dem Frauen ihre ureigensten Bedürfnisse durchsetzen und nicht jene, die denen des Mannes angepaßt wurden. Es geht um die Rückeroberung weiblicher Räume, auf die ich abschließend noch kurz eingehen möchte.

Rückeroberung weiblicher Räume

Grundlage der Wiederaneignung von Räumen ist das Wissen um die Vielschichtigkeit, die Vieldimensionalität der Räume, die wir uns persönlich und kollektiv, allein und gemeinsam wieder aneignen und vor männlichem Zugriff schützen müssen. Dabei geht es um eine Wiedergewinnung innerer und äußerer, natürlicher und gesellschaftlicher, seelischer und geistiger Räume. Es geht um weibliche Sprachräume und symbolische Räume, um Freiräume ebenso wie um Schonräume. Nur wenn wir alle diese Bereiche im Blick haben, können wir als Frauen wirklich sichtbar und vernehmbar werden, eigene Perspektiven deutlich machen und damit den männlichen Alleinvertretungsanspruch auf unterschiedlichen Ebenen zurückweisen.

Um jenen Raum einnehmen zu können, der uns zusteht, müssen wir lernen, uns selbst ernst zu nehmen in dem uns eigenen Denken und Fühlen, Wollen und Ahnen, Handeln und Vorstellen. Nur so können wir unsere Bedeutsamkeit als Frauen klarer in den Blick bekommen und uns selbst und unser Geschlecht in den Mittelpunkt unseres Interesses zu rücken, statt diesen Platz weiterhin dem Mann vorzubehalten. - Anders sind weibliche Räume wohl kaum zurückzugewinnen.

Dabei geht es nun nicht etwa um die Etablierung eines weiblichen Egozentrismus, wie ihn Christina Thürmer-Rohr den Frauen vorwirft[4], sondern um das Rückgänging-Machen einer an männlichen Interessen ausgerichteten sozialschädlichen Prioritätensetzung. Dabei beginnen Frauen am besten mit sich selbst, indem sie in ihrem eigenen Inneren Raum schaffen für eigene Vorstellungen und Bedürfnisse.

Machen wir uns daher zuerst einmal bewußt, was uns eine patriarchale, an männlichen Vorstellungen ausgerichtete Gesellschaft eigentlich zumutet:

– Wir sollen uns in partnerschaftlichen Beziehungen wohl fühlen, deren Wertigkeit und Struktur, Sinn und Funktion, deren Ausdrucksformen und Gehalt unser Geschlecht nicht bestimmen konnte und die daher weiblichen Bedürfnissen nur selten gerecht werden; die aber gleichzeitig die Tendenz haben, Frauen voneinander zu entfremden und somit weibliche Solidarität zu verhindern.
– Wir sollen eine Gesellschaft mit einer sozialen, wirtschaftlichen, rechtlichen, politischen und kulturellen Umwelt die unsere nennen, die Männer ohne angemessene weibliche Mitsprache aufgebaut haben und die nichts anderes von Frauen fordert als weibliche »Mittäterschaft«, im Sinne Thürmer-Rohrs, als ein mit dem Gewalttäter Sein und Handeln.
– Wir sollen uns in einer Welt beheimatet fühlen, die eindeutig den Männern gehört und die, so heißt es in der Bibel, von einem HERRN geschaffen wurde, der sein eigenes Geschlecht so offensichtlich bevorzugt.
– Wir sollen uns in einer religiösen Kultur wiederfinden und einen Gott verehren, der den Mann mit immenser Herrschergewalt ausgestattet und ihn zum Herrn über die Frau bestimmt hat.
– Wir sollen ein Weltbild anerkennen, in dem wir uns nicht verorten können, da es aus einem Dogmen- und Lehrgebäude besteht, in dem es keinen Raum gibt für weibliche Sichtweisen, Denkexperimente und Gefühlswelten.

Dem Körper enteignet, der Seele entfremdet, leben wir nicht nur in einem psychosozialen Raum, der fast ausschließlich männlich besetzt ist und nach männlichen Maßstäben funktioniert, sondern auch in einem geistigen Weltenraum, den Männer nach eigenem Ermessen und Gutdünken zurechtgebastelt haben. Er setzt sich zusammen aus männlichen Mythologien und Wissenschaften sowie Philosophien und Theologien, denen wiederum ein männliches Werte-, Rechts-, Religions- und Kommunikationsverständnis zugrunde liegt. Männliche Normen schaffen Maßstäbe für Normalität, die folglich nie eine weibliche Normalität sein kann. - Aber wer weiß das schon?

Mit der Aneignung eigener Räume lassen sich auch eigene Wertmaßstäben finden und dieser Kultur entgegensetzen. Zahlreiche Untersuchungen weisen darauf hin, daß Frauen zu einem großen Teil anders denken, sprechen, fühlen und handeln – nur, daß diese Tatsache meist nicht zur Kenntnis genommen und in ihren lebensdienlichen Folgen weder erkannt noch gar honoriert wird. Frauen selbst ist kaum bewußt, in welchem Ausmaß ihr Verhalten das sozialverträglichere und damit auch das ethisch bessere ist. Für unsere Kultur kann es daher nur von Vorteil sein, wenn Mädchen und Frauen sich ihren Raum nehmen. Jungen und Männer wären dann zur Selbstbescheidung gezwungen, was einerseits der Umwelt guttäte und andererseits das männliche Geschlecht zu einer realistischeren Selbsteinschätzung auf der Grundlage des ihm wirklich zustehenden Raumes von weniger als fünfzig Prozent veranlassen könnte.

Mit der Wiederaneignung uns zustehender Räume geht es auch um die Rückgewinnung einer weiblichen Perspektive, die den meisten Frauen noch große Schwierigkeiten zu bereiten scheint. Dazu ein Beispiel: Vor einiger Zeit erzählte mir eine Frau aus meinem sozialen Umfeld, daß ihr Mann gerade eines meiner Bücher lese und sie begeistert sei von alledem, was er ihr daraus hin und wieder vorlese. Sie seien aber über das erste Kapitel noch nicht hinausgekommen. Als ich sie einige Wochen später wiedertraf, fragte ich sie, ob ihr das Buch im weiteren Verlauf noch so gut gefallen habe wie am Anfang. Daraufhin verzerrte sich ihr Gesicht, und sie stieß hervor: »Wie kann man nur ein ganzes Buch aus der Perspektive von Frauen schreiben.« Ich entgegnete ihr, daß wir seit Jahrtausenden fast nur Bücher aus der Perspektive des Mannes kennen und niemand sich darüber aufregt...

Die us-amerikanische Professorin Gerda Lerner plädiert für ein frauenzentriertes Lernprogramm. Danach ist zu fragen, wie eine These lauten muß, wenn Frauen im Mittelpunkt des Interesses stehen. Lerner empfiehlt uns, alles zu ignorieren, was Frauen als weniger wichtig erscheinen läßt. Statt dessen sollen die Feststellungen anderer in einem weiblichen Erfahrungshorizont beleuchtet werden, da wir uns zu sehr daran gewöhnt haben, uns männlichen Perspektiven anzuschließen, ohne zu überlegen, ob es nicht auch eine weibliche Perspektive gibt.

Hier ein recht profanes Beispiel von Luise Pusch, das zeigt, wie sich durch eine weibliche Perspektive sogar Inhalte verändern können: Verdient ein Arbeiter DM 15,- pro Stunde und eine Arbeiterin DM 10,-, so sagen wir mit größter Selbstverständlichkeit: Er verdient ein Drittel mehr als sie. Daß dieser Rechnung eine männliche Perspektive zugrunde liegt, wird dabei nicht bewußt. Aus frauenzentrierter Sicht verdient der Mann nicht etwa ein Drittel, sondern die Hälfte mehr als die Frau.

Kritisch wird die fehlende Perspektive von Frauen allerdings, wenn es um Qualifikationsmerkmale bei Bewerbungen geht. Was überhaupt als Qualifikationsmerkmal gilt, wird eindeutig und selbstverständlich aus männlicher Perspektive festgelegt. Das heißt, es orientiert sich an typischen Lebensläufen von Männern, die sich weder mit Kindern noch mit der Pflege von kranken oder alten Familienmitgliedern abgeben und aufhalten. Diesen sozialen Dienst übernehmen selbstverständlich Frauen - ohne Verdienst und Anerkennung, versteht sich. Nicht einmal die dabei erlangten sozialen Kompetenzen werden ihnen in irgendeiner Form als Qualifikationsmerkmale angerechnet. Sie gehen schlichtweg unter. So wird Müttern nicht einmal im Rahmen eines erziehungswissenschaftlichen Studiums die Aufzucht mehrerer Kinder als Qualifizierung für ein pädagogisches Praktikum angerechnet.

Aus weiblicher Perspektive würden Qualifikationsmerkmale beispielsweise so festgelegt, daß bei Bewerbungen für sozial verantwortliche Positionen der Nachweis eines mindestens fünfjährigen Sozialdienstes (Kinder-, Alten-, Krankenpflege) vorgeschrieben wäre und akademische Zeugnisse allein nicht aussreichten. In diesem Fall würde sich das Verhältnis von weiblichen zu männlichen Qualifikationen drastisch ändern und schließlich auch die soziale Rollenverteilung.

Dramatisch würde es allerdings, wenn Frauen sich auch die Straße zurückeroberten. Nicht nur, daß Straßen, Plätze und Gebäude fast ausschließlich männliche Namen tragen, nein, sie sind auch sonst fest in männlicher Hand - und das noch einmal verstärkt nach Einbruch der Dunkelheit. Getreu dem Verursacherprinzip, würde aus frauenzentrierter Perspektive nicht etwa von Frauen erwartet, nach Einbruch der Dunkelheit nicht mehr auf die Straße zu gehen, sondern von Männern, insbesondere von jenen, die sich dort nicht benehmen können. Gegen eine solche Einschränkung von Männern würden bislang noch die meisten Frauen protestieren, wohingegen kein Mann etwas gegen die Einschränkung weiblicher Bewegungsfreiheit einzuwenden hat. Ganz folgerichtig begann die Frauenbewegung in Westdeutschland vor zweieinhalb Jahrzehnten mit einer Hexendemonstration zur Walpurgisnacht unter dem Motto: Wir holen uns die Nacht zurück!

Die Strategie frauenzentrierten Denkens ist eine Art geistiger Selbstverteidigung für Frauen zur Wiedergewinnung eigener Räume. Sie beginnt jedoch mit dem eigenen Körper, dem ureigensten Lebensraum, in dem viele Frauen lernen müßten, nicht nur sich selbst zu Hause und wohl zu fühlen, sondern auch ihre eigene Seinsmacht oder - um im Bilde zu bleiben -, ihre eigene Hausmacht zu entfalten. Das würde in vielen Fällen bedeuten, Männern die Schlüsselgewalt über den weiblichen Körper zu entziehen und ihnen dort nicht länger das Hausrecht zuzugestehen, wo ihnen bestenfalls ein Gastrecht zukommt.

Verfügen Frauen über ihren eigenen Körperraum, so sind sie in sexuellen Beziehungen Gastgeberinnen des Mannes. Sie nehmen ihn als Gast in ihrem Körperraum auf, wo er für eine bestimmte Zeit und unter bestimmten Voraussetzungen ein Gastrecht genießt. Als Gastgeberinnen aber sind sie es, die die Modalitäten der Zusammenkunft bestimmen. Sie sind die Einladenden, die über Zeit, Ort, Dauer und Umfang seines Besuches und das Ausmaß seiner Bewirtung zu entscheiden haben. Sind sie heute bereit, ein üppiges Mahl mit reichlich Wein zu servieren, so kann es sein, daß sich morgen ihre Gastfreundschaft auf ein wenig Gebäck und alkoholfreie Getränke beschränkt... - Ein solch frauenzentriertes Verständnis von Sexualität ist den meisten Frauen fremd, da sie mit männlichen Bildern und Einschätzungen ihres Körpers aufgewachsen sind.

Das Heimatgefühl im eigenen Körperraum zurückzugewinnen, bedeutet somit in erster Linie, schädliche Bilder und Symbole weiblichen Seins über Bord zu werfen und gegen neue, frauenbestimmte Bilder zu ersetzen. Hier gilt es, eigene Erkenntnisse zu sammeln und ernst zu nehmen; denn was wir über unseren Körper gelernt haben, entstammt eben nicht tradierter Erfahrung von Frauen, sondern männlicher Forschung und Projektion, männlichem Denken und Fürwahrhalten. Die meisten Frauen kennen kaum ihre wirklichen Bedürfnisse und Fähigkeiten; denn die Bilder vom Frausein, an denen wir uns von klein auf auszurichten gelernt haben, entstammten längst nicht mehr den Erfahrungen unserer Ahninnen. Folglich enthalten sie auch nicht die Summe weiblicher Lebenserfahrungen und können somit auch keine authentische weibliche Identität begründen. Die Bilder vom Frausein, an denen wir uns auszurichten gezwungen wurden, haben Männer für uns (oftmals auch gegen uns) entworfen. Sie entstammen also männlichen Bedürfnissen und Befürchtungen, Ängsten, Wünschen und Fehlurteilen, die bis heute auf uns projiziert werden. Sie sind folglich einerseits grundlegend für die Art und Weise, wie wir wahrgenommen und beurteilt werden, und andererseits dafür, wie wir uns selbst und andere Frauen wahrnehmen und beurteilen.

Hier bedarf es einer behutsamen Auswahl neuer Vorstellungen und Bilder. Sie kann jedoch nur gelingen in einer kritischen Distanz zu gängigen Klischees und männlich fabriziertem »Wissen«. Das wiederum bedeutet: Eine legitime Beschreibung unserer körperlichen Beschaffenheit kann nur eigenen Erfahrungen und Bedürfnissen entspringen. Es ist zum Beispiel ein großer Unterschied, ob wir unsere Menstruation als »Unreinheit«, als »Krankheit« oder gar »Fluch« (engl. »curse«) zu verstehen gelernt haben oder aber sie als Grundbedingung für unsere Macht, Leben zu schenken - und vorzuenthalten - erleben. Auch ist es für unser Körpergefühl keineswegs egal, ob unsere Genitalien »Fotze« genannt oder als »Quelle des Lebens und der Freude« versprachlicht werden. Hier bedürfte es neuer Tabuisierungen, die zur Wahrung der Würde des weiblichen Körpers offensichtlich unerläßlich sind.

In allen Bereichen unseres Seins geht es darum, daß wir Frauen uns eine eigene Definitionsmacht aneignen und uns nicht auf Benennungen einlassen, die gegen unsere Erfahrungen und Empfindungen gerichtet - also: frauenfeindlich - sind. Daher sollten wir uns weigern, den weiblichen Körper nach männlichen Maßstäben zu bewerten und ihn mit männlichen Blicken zu taxieren. »Unser Körper-Raum«, so die feministische Ethikerin Beverly Harrison, »ist buchstäblich der Grund unseres Personseins und unser Mittel, die Kraft unserer Gegenwart anderen mitzuteilen und sie gegenseitig auszutauschen. Wie wir mit unserem eigenen Körper-Raum umgehen und wie wir uns zum Körper-Raum anderer Menschen verhalten, liefert ein Paradigma für all unsere moralischen Beziehungen zur Welt.«[5]

Die Umwandlung weiblicher Selbstentfremdung beginnt mit der Wiedergewinnung weiblicher Räume des Körpers, der Seele und des Geistes; der Geistin sozusagen, durch die die Welt anders wahrgenommen wird, die anders auf sie zugeht und sich anders zu ihr verhält. Und dies »anders« möchte ich ketzerischerweise als »besser« qualifizieren.

6. Kapitel

Die Heimatlosigkeit der Frau im Patriarchat

Einführende Gedanken

Mit der Raumlosigkeit der Frau hängt auch ihr Gefühl der Heimatlosigkeit zusammen. Viele Frauen haben das starkte Gefühl, nie wirklich dazuzugehören. Als hätte alles, was sie tun und erleben, eigentlich nichts mit ihnen selbst zu tun. Sie bleiben außen vor und verbringen den größten Teil ihres Lebens im Status der Zuschauerin.

Diesen individuellen Erfahrungen stehen auf gesellschaftlicher Ebene ganz andere Signale gegenüber. Dort scheint Frausein »in« zu sein. Eine Fülle attraktiver Weiblichkeitsmodelle, die uns das Leben einer emanzipierten Frau vor Augen führen, verstärkt diesen Eindruck. Nicht nur in der traditionellen Rolle der Mutter und Geliebten werden Frauen heute umworben, auch als Politikerin und Managerin, als Intellektuelle und Spirituelle, als Sportlerin und Redakteurin sind Frauen (fast uneingeschränkt) salonfähig. Überall öffnen sich uns Türen, erhalten wir so offenkundig Raum zur Selbstentfaltung und zur Selbstdarstellung. Für Frauen wurden eigens eine Versicherung, eine Messe, eine Zigarettenmarke und ein Fernsehkanal eingerichtet. Wir haben es längst nicht mehr nötig, uns allein mit dem Heimchen am Herd zu identifizieren, da das Angebot der Bilder und Vorbilder von Frausein unendlich erweitert wurde nach dem Motto: Frauen erobern sich die Welt. - Und das mit Hilfe einer Weiblichkeit, die in erster Linie für den gesellschaftlichen (sprich: männlichen) Konsum hergestellt und hochgestylt wurde.

Bei genauerem Hinsehen zeigt sich nämlich, daß es lediglich darum geht, funktionalisierte Teilaspekte von Frauen in Wirtschaft, Politik und Bildung zu integrieren, während echte weibliche Identität nach wie vor nicht gefragt ist. Hier findet keine wirkliche Integration des Weiblichen statt, sondern lediglich ein Ausverkauf von Weiblichkeit. Denn neben dem zur Schau gestellten Integrationsbestreben läßt sich gleichzeitig eine starke Tabuisierung machtvoller oder auch göttlicher Weiblichkeit feststellen.

- Wer wir wirklich sind, sollen wir nicht wissen.
- Was wir wirklich können, dürfen wir nicht erfahren.
- Was wir wirklich wollen, sollen wir nicht verwirklichen.
- Was uns wirklich stark macht, dürfen wir nicht sein.

Überall, wo Frauen eigene Vorstellungen von ihrem Leben entwickeln, stoßen sie rasch an die Grenzen patriarchaler Weiblichkeitsentwürfe, Rahmenbedingungen und Denkerlaubnisse. Viele Frauen haben inzwischen erfahren, daß es ihnen im Rahmen dieser Gesellschaft, im Rahmen des patriarchalen Weltbildes, Menschenbildes und Gottesbildes, im Rahmen des herrschenden Politik-, Wissenschafts- und Religionsverständnisses nicht möglich ist, eine eigene, das heißt eine nicht vom Mann entworfene, weibliche Identität zu entwickeln. So machen sie sich auf den Weg, um weibliche Dimensionen des Lebens in Kultur und Geschichte, in Mythos und Vorgeschichte aufzuspüren, um die Grenzen patriarchaler Weiblichkeitskonstrukte zu durchbrechen. Einmal hinter diesen Grenzen, wird ihnen dann jedoch immer klarer, daß sie im Rahmen der geltenden Normen des Denkens, Fühlens, Handelns und Wahrnehmens keine Heimat mehr haben; gelten diese Normen doch eher ihrer Selbstentfremdung - und damit immer auch ihrer Selbstentmachtung - als ihrer Selbstfindung.

Worin aber ist weibliche Heimatlosigkeit begründet? Wie offenbart sie sich? Woran läßt sie sich festmachen?

Ich will versuchen, sie so präzise wie möglich zu benennen, denn nur, wenn wir uns das Ausmaß unserer Heimatlosigkeit bewußtmachen, lernen wir die aus ihr resultierenden vielfältigen Behinderungen wahrzunehmen und beginnen zu ahnen, warum sich für uns

Frauen die Suche nach genuiner Weiblichkeit so mühsam gestaltet. Dann begreifen wir aber auch, wie groß die Gefahr ist, daß wir uns zu schnell mit dem Erreichten zufriedengeben und die Suche nach uns selbst abbrechen, bevor sie überhaupt richtig begonnen hat. Daher gilt es, erst einmal zu begreifen, was uns alles genommen wurde, aber auch was anschließend unternommen wurde, um diesen Raub zu kaschieren, damit wir die richtigen Forderungen stellen können, die sich nicht an dem gegenwärtig Möglichen, sondern an dem von uns als angemessen Erkannten orientieren müssen. Erst wenn wir uns über das Ausmaß weiblicher Entfremdung Klarheit verschafft haben, klären sich auch unsere Vorstellungen von genuiner Weiblichkeit. Dabei zeigt sich dann auch die Ambivalenz unserer Heimatlosigkeit, die wir als Behinderung, aber ebensogut als Herausforderung begreifen können.

Heimatlosigkeit als weibliche Behinderung

Unsere Heimatlosigkeit umfaßt alle Ebenen unseres Seins. Wir sind - wie ich im letzten Kapitel dargelegt habe - heimatlos an Körper, Seele und Geist. Heimatlosigkeit beginnt mit der weiblichen Raumlosigkeit. Frauen haben nur wenig Gelegenheit, sich miteinander zu bewegen, sich auszutauschen und einander wirklich kennenzulernen: - eine der Grundbedingungen weiblicher Identitätsfindung.

Da Männer Mutter Erde zu über 99 Prozent in Besitz genommen haben, müssen Frauen und Kinder sich ihre Bleibe von Männern zuteilen lassen. Das bedeutet konkret: Sie müssen sich zu Bedingungen unterbringen lassen, die ihnen von Männern gestellt werden. Ob sie Räume kaufen oder mieten, ob sie dort wohnen, arbeiten, feiern oder sich bilden wollen, fast immer sind es Männer, die erst das Konstruktionsrecht und dann die Verfügungsgewalt darüber haben. Sie bestimmen, welche Räume Frauen zu welchen Konditionen bekommen. Dazu werden Frauen beurteilt: taxiert und zensiert.

Besonders im kirchlichen und kulturellen Bereich machen Frauen die Erfahrung ihrer Abhängigkeit von Räumen, sind es doch letztlich Männer, die über sie verfügen und damit gleichzeitig entscheiden, welche Frauenthemen »abgesegnet«, wohlwollend ignoriert oder aber verboten werden. Passen das Thema, die Referentin oder auch nur die Ankündigung eines Themas nicht, so müssen Frauen sich rechtfertigen und mit massiven Behinderungen rechnen. Nicht selten werden ihnen die für die Veranstaltung benötigten Räume vorenthalten. Es gibt Beispiele, wo kirchlichen Mitarbeiterinnen mit Kündigung gedroht wurde, falls sie sich nicht bereit erklärten, bereits eingeladene Referentinnen wieder auszuladen. Durch ihre Verfügungsgewalt über Räume können Männer Frauen also nicht nur geistig-seelisch, sondern auch existentiell unter Druck setzen.

Das Bild räumlicher Enteignung gilt - wie gezeigt - ebenso für den innerweiblichen Bereich: für Körper, Seele und Geist. Der weibliche Körper-Raum, die einzige und ureigenste persönliche Heimat, die wir in dieser Welt überhaupt haben, wird von klein auf fremdbestimmt. Durch eine mannzentrierte Erziehung, Bildung und Sozialisation; aber auch durch häufige männliche Übergriffe, wird es Frauen unmöglich gemacht, ihren Körper als etwas ihnen allein gehöriges zu empfinden, ihr körperliches Begehren selbst zu entdecken und sich so in ihrem Körper wirklich zu Hause zu fühlen.

Und so haben wir uns an Weiblichkeitsbilder gewöhnt, die nichts oder nur wenig mit unseren ureigensten Bedürfnissen, aber auch nichts mit unseren eigentlichen Potentialen zu tun haben. Wir tragen ein Körperbild in uns, das nicht dazu angetan ist, unser Selbstwertgefühl zu stärken. Dadurch werden unsere Sehnsüchte irregeleitet, unsere Lebensentwürfe korrumpiert und ein echtes Gefühl weiblicher Identität erheblich erschwert, wenn nicht gar unmöglich gemacht.

Damit komme ich zu unserer geistig-seelischen Heimatlosigkeit. Unserer körperlichen Fehlsteuerung entspricht jene unseres Geistes und unserer Seele. Von klein auf haben wir gelernt, unseren eigenen Wahrnehmungen zu mißtrauen, denn was für wahr zu nehmen ist, wurde längst andernorts festgelegt.

Vor einiger Zeit erklärte mir eine Mutter, was sie daran hinderte, ihrer Tochter das zu vermitteln, was sie ihr schon seit Jahren mitteilen wollte: »Ich habe von klein auf lernen müssen, meine Gefühle, Gedanken und Wahrnehmungen zu verbergen. Heute ist es mir einfach nicht mehr möglich, das in Worte zu fassen, was mich wirklich bewegt.« So kann der ehrliche Austausch, den beide sich wünschen, nicht stattfinden. Die Beziehung zwischen Mutter und Tochter bleibt gestört. Nur wenige Mütter bringen es fertig, ihre Sprachlosigkeit zu überwinden.

Schließlich müssen aber auch die Töchter erfahren, daß für sie kein Sprachraum existiert. Weibliche Ideen und Ideale sind entweder nicht gefragt oder werden zugunsten anderer schamlos ausgebeutet. Weibliche Wertemuster entwickeln sich auf der Grundlage körperlicher Enteignung, der die seelisch-geistige Enteignung auf dem Fuße folgt. Für Frauen wichtige Erinnerungen wurden gelöscht. Statt dessen wurden Geist und Seele mit mythischen Bildern gefüllt, in denen weibliche Eigenständigkeit, Stärke und Lust nicht vorkommen oder aber als Schuld erscheinen. An ihre Stelle traten dann häufig Gefühle der Ohnmacht, Abhängigkeit, Minderwertigkeit und Ergänzungsbedürftigkeit. Die Berechtigung dieser Gefühle konnte vielfach nicht in Zweifel gezogen werden, da ihnen seit frühester Kindheit reale Erfahrungen zugrunde lagen.

Weibliche Fremdbestimmung ist die unweigerliche Folge: Es gelingt den wenigsten Frauen, ihre Fähigkeiten und Möglichkeiten auszuloten, bevor sie sich für fremdbestimmte Lebensentwürfe entscheiden. Auch das Ich-Ideal der meisten Frauen ist nicht dazu angetan, ihnen jene Dienste zu leisten, die ihre Entfaltung fördern.

Dasselbe gilt für unser Welt- und Menschenbild. Was Frauen und Männer können, dürfen und sollen, welchen Wert ihre Fähigkeiten und Leistungen für die Allgemeinheit haben, das bestimmen seit Jahrtausenden Männer - zu ihren Gunsten versteht sich. Aus ihren Festlegungen und Wertschätzungen, nicht jedoch aus unseren Fähigkeiten und Leistungen, bildet sich unser geistig-seelisches wie auch unser gesellschaftliches Selbstvertrauen.

Damit wir uns aber bei uns selbst geistig und seelisch beheimatet fühlen können, brauchen wir die Möglichkeit, ein sinnvolles, das heißt ein unseren geistig-seelischen Fähigkeiten entsprechendes selbstbestimmtes Leben zu führen.

Genau das aber ist den meisten Frauen im Patriarchat verwehrt. Sie werden in Lebensentwürfe und Berufe gedrängt, die sie weniger an die eigene als vielmehr an die Entfaltung anderer Menschen denken lassen und die sich folglich hemmend auf die eigene Entwicklung auswirken. Nur selten haben Frauen die Möglichkeit, ihre Entscheidungen neu zu überdenken und im Einklang mit neuen Einsichten und persönlichen Wandlungen auch ihr Leben neu einzurichten. Körperliches, seelisches und geistiges Wachstum können so kaum eine Einheit bilden. Oft stehen sie im Widerspruch zur sozialen Wirklichkeit, wenn Frauen sich an überholte Lebensmuster klammern, weil sie Angst haben, sich ihre Heimatlosigkeit und die Enteignung ihrer Lebenskraft einzugestehen. Oft haben sie sich an ihre Selbstentfremdung so gewöhnt, daß sie ihnen vertraut geworden ist und sie diesen Zustand verwechseln mit dem Gefühl in sich gegründeter Sicherheit und Vertrautheit mit sich selbst.

In Lebenszusammenhängen verharren zu müssen, die den eigenen Bedürfnissen längst zuwiderlaufen und die folglich notwendige Reifunsprozesse behindern, steigert jedoch zum einen die Entfremdung von der eigenen Seele, zum andern aber auch das Fremdheitsgefühl in einer Gesellschaft, an deren Aufbau das weibliche Geschlecht ohnehin nur einen sehr geringen Anteil hatte.

Dem Körper enteignet, der Seele entfremdet, leben wir nicht nur in einer Gesellschaft, die nach männlichen Maßstäben funktioniert, sondern auch in einer geistigen Welt, in einem Weltbild, das Männer mosaiksteinartig nach eigenem Ermessen und Gutdünken zurechtgebastelt haben. Es setzt sich zusammen aus männlichen Wissenschaften, Philosophien und Theologien, denen wiederum ein männliches Werte-, Rechts- und Religionsverständnis zugrunde liegt. Männliche Normen schaffen Maßstäbe für Normalität, die folglich immer nur eine Andronormalität, eine auf männliche Bedürfnisse abgestimmte Normalität sein kann. Eigenes weibliches Denken,

Fühlen, Wahrnehmen, eigene Vorstellungen von der Welt, werden so bereits im Keime erstickt und geistige Entwicklung behindert.

Wie zuvor auf der körperlichen Ebene, stoßen wir auch im Bereich seelisch-geistiger Heimatlosigkeit rasch auf die Dimension des Religiösen; denn die Grundlagen unseres Weltbildes sind nun einmal religiös, und somit ist auch die Frage nach unserer weiblichen Identität ein zutiefst religiöses Problem.

Nicht nur das traditionelle Weiblichkeitsverständnis verletzt Frauen bis in die tiefsten Schichten ihres Seins, auch das patriarchale Gottesbild ist für Frauen in mehrfacher Hinsicht eine Zumutung: Es signalisiert, daß nur Männer Ebenbilder des Göttlichen sein können - denn dieser Gott ist unverkennbar männlich. Auch wenn dieser Umstand heute gern von Theologen geleugnet wird, so galt doch immerhin durch Jahrhunderte hindurch diese Männlichkeit als Grund, Frauen das Priesterinnenamt zu verweigern. Inzwischen ist man mit einer solchen Begründung etwas vorsichtiger geworden...

Für viele Frauen ist es bereits ein emanzipatorischer Akt zu erkennen, daß sie als weibliche Wesen nicht Ebenbild dieses Gottes sein können. Wenn es ihnen dann auch noch gelingt, sich von diesem männlichen Gott zu distanzieren, so geschieht das im allgemeinen erst relativ spät. Und das hat psychologische Gründe: Gerade im unterschiedlichen Umgang mit den psychischen Fähigkeiten, sich zu distanzieren oder sich zu identifizieren, zeigt sich ein grundlegender Unterschied zwischen den Geschlechtern. Das habe ich in meinem Buch »Natürlich weiblich« näher ausgeführt.

Um männlich zu werden, muß sich der Junge - so verlangt es die patriarchale Kultur - von seiner ersten Liebe, der Mutter, distanzieren und sich männlichen Wesen zuwenden. Das Mädchen kann dagegen bleiben, was es von Anfang an ist, und in der Identifikation mit der Mutter verharren. Sich zu identifizieren begründet demnach das Wesen des Weiblichen und bleibt nicht auf die Mutter beschränkt. Folglich konzentrieren sich Frauen eher auf Gemeinsames als auf Unterschiede. Das zeigt sich auch daran, daß Geschlechterdifferenzen von Mädchen und Frauen wesentlich weniger wahrgenommen werden als von Knaben und Männern.

Hildegunde Wöller hat dargelegt, worin für Frauen das Problem des männlichen Gottes besteht. Sie schreibt: »Für die Tochter ... bedeutet die Besetzung des Ursprungs mit einer Vatergestalt anstelle der Mutter Furchtbares. Ihre Tendenz zur Identifikation hat sich damit nicht geändert, und so wird sie sich mit diesem Vater und Vatergott weiterhin zu identifizieren suchen, für dessen Wohl Verantwortung übernehmen, weil ihre eigene Identität daran hängt.«[6]

Während dem Knaben bereits im Alter von zwei Jahren unmißverständlich signalisiert wird, daß er sich von seiner Mutter und mit ihr von allem Weiblichen distanzieren muß, um seine männliche Identität zu erlangen, lernen Frauen diese Lektion nie oder nur auf dem Umweg bitterer Enttäuschungen.

Ähnlich wie Hildegunde Wöller beschreibt auch Luce Irigaray das sich hieraus ergebende Problem von Frauen: Ihr »Trugschluß, auf unklare Weise Männer zu sein oder sein zu können, exiliert die Frauen von sich selbst und macht aus ihnen Agentinnen individueller und sozialer Zerstörung. Aber sie sind nicht in Übereinstimmung und Harmonie mit sich selbst.«[7]

Weibliche Identitätssuche folgt einer eigenen Entwicklungsdynamik. Darauf verweisen inzwischen auch feministische Psychologinnen und lenken unseren Blick auf die Tatsache, daß die psychologischen Lehrgebäude wohl der männlichen, aber keinesfalls der weiblichen Entwicklung gerecht werden. Auch hier gilt es, weibliche Heimatlosigkeit zu erkennen und diese Gebäude so rasch wie möglich zu verlassen, wenn es um weibliche Selbstfindung geht.

Weder das psychologische noch das theologische Lehr- und Glaubensgebäude, das in der Seele von Frauen errichtet wurde, ist geeignet, ihnen die Erfahrung von Selbstwert und von Heil, Heilung oder gar Heiligung zu vermitteln. Immerhin lehrt die - protestantische - Kirche, Schuld sei das Zentrum unseres Menschseins und ihr wiederum liege eine weibliche Urtat zugrunde.

Während Vater und Sohn im Himmel alle menschliche Verehrung auf sich ziehen, was natürlich nicht ohne Rückwirkungen auf den irdischen Bereich bleiben kann, dürfen Mütter und Töchter auf

Erden diffamiert, vergewaltigt, geschlagen und ausgebeutet werden. Die Kirche hat es versäumt, Frauen die göttliche - und damit unantastbare und unverfügbare - Dimension ihrer Weiblichkeit vor Augen zu führen. Zu keiner Zeit ist sie dem weiblichen Geschlecht gegenüber ihrer religiösen Fürsorgepflicht nachgekommen. Statt dessen hat sie »Frauen erneut versklavt, belogen, durch Vorspiegelung von Geheimnissen an sich gebunden und sie entmündigt - alles unter dem Vorwand, sie glücklich zu machen.«[8]

Auf einige der Mystifizierungen, die männliches Handeln sakralisieren und weibliches Handeln profanisieren, habe ich bereits im ersten Kapitel dieses Buches hingewiesen. Doch kann die männliche Art der Trennung von Heiligem und Profanem heute nicht mehr die Sache von Frauen sein. Viele von ihnen spüren immer deutlicher, daß der christliche Ritus für sie genauso an Gültigkeit verloren hat wie der christliche Mythos. Ihr scharenweiser Auszug aus den Kirchen zeigt, daß sie sich ihrer religiösen Heimatlosigkeit bewußtgeworden sind. Wenn Frauen aber dennoch hin und wieder so etwas wie ein Gefühl des Beheimatetseins in der Kirche entwickelt haben, so sagt dies nichts über die Frauenverträglichkeit der Kirche aus, sondern eher etwas über weibliche Bescheidenheit - oder über das Ausmaß ihrer Selbstentfremdung, das sich mit ihrer Angst verbindet, das Gefühl der Heimatlosigkeit zuzulassen und anzunehmen.

Erst wenn Frauen es schaffen, sich ihrer religiösen Heimatlosigkeit und damit der tiefsten Schicht ihrer geistig-seelischen Entfremdung auszusetzen, kann die Behinderung weiblicher Identitätssuche umschlagen in eine Herausforderung an ihre eigenen produktiven Geisteskräfte.

Damit komme ich zum zweiten Teil meiner Ausführungen, zur weiblichen Heimatlosigkeit als Herausforderung bei der Suche nach weiblicher Identität.

Heimatlosigkeit als weibliche Herausforderung

Der Wunsch, weibliche Heimatlosigkeit anzuschauen, sich ihr auszusetzen, sie bewußt als solche zu erleben, um sie als Faktum anerkennen zu können, stößt bereits auf Schwierigkeiten im Rahmen unserer gesellschaftlichen und kirchlichen Tradition und Gegenwart. Dort kommen Frauen als Heimatlose nämlich nirgends vor. Dort gibt es sie einfach nicht.

Ehe Frauen ihre Heimatlosigkeit recht begriffen haben, wurden im Schnellverfahren neue Angebote entworfen. Als emanzipierte Frau darf sie zur Teilhaberin dieses Systems werden. Mit bescheidenen Quotenregelungen greift mann ihr unter die Arme, in der Hoffnung, daß sie nicht merkt, daß die Qualifikationsmerkmale nicht stimmen. Neue Bilder weiblichen Seins blicken sie von Plakatwänden und aus Zeitschriften verführerisch herausfordernd an und signalisieren ihr, daß sie dazugehören kann, wenn sie nur will. Doch bleibt der Preis dieser Zugehörigkeit unerwähnt. - Das Gefühl weiblicher Heimatlosigkeit scheint in dieser Gesellschaft fehl am Platze.

Das gilt auch für jene Kirche, deren protestantischen Tore sich für Frauen angeblich weit geöffnet haben. Hier dürfen Frauen immerhin predigen, das Mahl austeilen und sich sogar als Bischöfin wählen lassen. Doch wie sich zeigt, ist der Bedarf an Bischöfen nach wie vor ungebrochen, denn auch hier sorgt Männermacht zuerst für sich. Dafür dürfen Frauen inzwischen - von Männern assistiert - patriarchale Denk- und Verhaltensweisen in der Kirche weitertragen, vielleicht auch mal hin und wieder kritisieren, vorausgesetzt, ihre Kritik ist harmlos genug, die Instanzen der Macht nicht herauszufordern.

Bunt ist das Angebot der Zugehörigkeit, das Kirche Frauen nunmehr macht und das sie ab und zu sogar eigenständig gestalten dürfen - wenn auch meist nur vorübergehend. Immer jedoch mit der unüberhörbaren Maßgabe, in dem von Männern gesetzten Rahmen zu bleiben. Mit Frauen der Bibel dürfen sie sich nur identifizieren, wenn diese Frauen sich danach verzehren, einem

Mann zu gefallen, ihm einen Sohn zu gebären, dem Herrn zu lobsingen und ihm »mir geschehe« zu signalisieren. Sie dürfen sogar ihren Platz in der Küche verlassen, solange sie sich nur zu Füßen Jesu niederlassen, um seiner Lehre zu lauschen. - Bei einer Frau wie Judith, die dem Holophernes einst den Kopf abschlug, stoßen wir allerdings auf eine identifikatorische Schallmauer, an der uns unmißverständlich Einhalt geboten wird. Diese Frau kommt weder in Predigten noch in Liedern oder gar Religionsbüchern vor. Sie wird Frauen schlichtweg vorenthalten.

Bei den kirchlich und sozial verordneten oder auch nur tolerierten weiblichen Identiätsangeboten erscheint mir die Kultivierung des Gefühls weiblicher Heimatlosigkeit noch als das kleinere Übel. Mein Wissen um sie verhindert, daß ich mich auf Angebote einlasse, in denen ich meine Heimatlosigkeit nicht verorten kann. Ein Gefühl der Freiheit breitet sich aus. Heimat los zu sein bedeutet auch eine Loslösung und Befreiung von Illusionen, eine Ent-Bindung von moralischer Gängelung, einen Abschied von selbstzerstörerischen Bildern, dem ein Suchen nach neuen oder bislang unentdeckten Bildern folgt.

Sollte weibliche Heimatlosigkeit, die sich durch die Jahrtausende zieht, wirklich ohne mythische Resonanz geblieben sein? Irgendwann stoße ich auf das Bild der heimatlos durch die Welt irrenden Sophia, die eine Bleibe sucht bei den Menschenkindern. Nach langem Suchen setze ich ihn wieder zusammen, jenen Mythos, der weibliche Heimatlosigkeit zum Thema hat - und der mit patriarchaler Folgerichtigkeit auch wieder in die Heimatlosigkeit abgedrängt wurde.

Welche Frau ist schon in Ihrer religiösen Erziehung mit der Weisheitsgöttin, die kein zu Hause findet, vertraut gemacht worden? Nicht einmal in den biblischen Texten, die von ihr künden, ist ihr Mythos erhalten geblieben. Ihn ereilte das allgemeine Schicksal weiblicher Geistestradition: Er wurde verdrängt, überlagert, verfälscht und bis zur Unkenntlichkeit zerstückelt. Dennoch läßt er sich aus verschiedenen Quellen zusammensetzen.

Der Mythos erzählt: Sophia, die Göttin der Weisheit, war jene, die vor aller Schöpfung das All umkreiste und die noch heute den Kosmos durchwaltet. Nur auf der Erde ist sie eine Unbekannte. Zwar hatte sie einst Macht über alle Völker der Erde, doch wurde sie nach und nach aus der Welt gedrängt. Enttäuscht und traurig zog sie sich in ihre himmlischen Wohnungen zurück. Ihre eigentliche Lust und Freude aber ist bei den Menschenkindern. So kehrt sie von Zeit zu Zeit auf die Erde zurück. Hier irrt sie umher auf der Suche nach einer Bleibe in den Herzen der Menschensöhne, die die Macht haben, sie in die Welt zurückzuholen, es jedoch ablehnen, sich ihr zu öffnen. So muß sie immer wieder unverrichteter Dinge und betrübt in ihre himmlischen Wohnungen zurückkehren. Wer sich ihr jedoch öffnet, denen offenbart sie sich als göttliche Weisheit...

Wie hätten wir wohl als kleines Mädchen reagiert, wäre uns dieser Mythos erzählt worden? Wären wir nicht alle bereit gewesen, uns der Weisheit zu öffnen und ihr in unseren Seelen eine Bleibe zu schenken? Hätten wir nicht mehr wissen wollen von dieser wundersamen weiblichen Gestalt? Und hätten wir daher nicht geforscht, was es mit ihr auf sich hat? Sicher hätte uns gutgetan, schon früh mit der Weisheitsliteratur in Berührung zu kommen; denn sie hätte uns mit einer raumfüllenden weiblichen Göttlichkeit konfrontiert und schließlich inspiriert. Statt dessen lernten wir, unseren Innenraum mit einem männlichen Wesen ausfüllen zu lassen. Welche hat als kleines Mädchen nicht Abend für Abend gebetet: »Ich bin klein, mein Herz sei rein, soll niemand drin wohnen als Jesus allein«? Selbst als Frauenfreund und Feminist, den viele in Jesus sehen, reicht er – nach allem, was wir heute über weibliche Identitätsbildung wissen – nicht aus zur Entfaltung der Mädchen eigenen Spiritualität. Sophia wäre da genau richtig; denn mit ihr wird nicht nur weibliche Lebensweisheit, sondern in patriarchalen Zusammenhängen eben auch die Selbstverständlichkeit des Gefühls weiblicher Heimatlosigkeit übermittelt.

Im Weisheitsmythos hat sich die Tatsache niedergeschlagen, daß weibliche Wahrnehmung und Weltsicht, die sich in Gestalt der Sophia darstellten, im Zuge der Patriarchalisierung aus der Welt gedrängt wurden. Was aber auf Erden stirbt, kommt in den Himmel. Das haben wir als Kinder ganz richtig gelernt. Wird die Weisheit in der vermännlichten Welt getötet, das heißt: aus der Welt gedrängt, so gibt es sie nur noch als geistige Vorstellung im Ideenhimmel der ansonsten männlichen Götterwelt. Sie kann nur noch gedacht, im kosmischen Walten erkannt, aber nicht mehr im kollektiven Rahmen in der Welt erlebt werden. Ihr zu Ehren finden keine Kulte und Rituale statt, die die Menschen an sie erinnern und in ihrem Namen miteinander verbinden. Geschähe dies, so wäre es unmöglich, die Natur zu zerstören, und wir hätten keine Umweltprobleme. Wo sie aber dennoch hin wieder von einzelnen Menschen auf Erden vernommen wird, da kann sie nur noch als Heimatlose erfahren werden, als eine, die in der Mitte der Menschheit und Kultur keinen Raum findet - und dies Los mit Frauen teilt.

Es handelt sich hier um eine Mythisierung weiblicher Erfahrungen, in denen sich das kollektive Erleben von Frauen widerspiegelt. Wie sonst hätte es wohl zur Entstehung dieses Mythos kommen sollen? Mit der Zerstörung matriarchaler Strukturen wurden Frauen nicht nur aus ihren sozial verantwortlichen Positionen verdrängt und verloren ihr Ansehen, auch ihre Art der Welt-Anschauung und ihr Wertesystem fielen der Diffamierung und Verdrängung zum Opfer. Die Weisheit wurde nicht mehr als ursprüngliche Gebärerin und Erhalterin der Welt angesehen, sondern angeblich hatte Gott der Herr nicht nur die Welt, sondern auch die Weisheit »gemacht« (und sich dann offensichtlich in seine himmlischen Gemächer zurückgezogen.)

Im Laufe der Jahrtausende wurde auch die weibliche Welt, das weibliche Kollektiv einer allmählichen Vermännlichung unterzogen. Es entfernte sich von der eigenen Weisheit, erkannte seine eigenen Werte nicht mehr und lernte Männlichkeit als den Wert schlechthin wertzuschätzen. Diese Entwicklung ist im Mythos allerdings nicht mehr enthalten. Schließlich entstand er in einer Zeit, als Weisheit und Weiblichkeit noch überwiegend identisch waren.

Heute bestätigt der Weisheitsmythos die weibliche Erfahrung der Heimatlosigkeit, des Aus-der-Welt-Gedrängtseins. Normalerweise

Weibliche Identitätssuche, die lediglich in der post-mythologischen Wirklichkeit verankert bleibt, da sie Mythen keinen Wahrheitsgehalt mehr zuerkennt, kann sich niemals als fruchtbar erweisen. Denn: Nur »jenseits der Behausungen des Patriarchats finden wir zu unserer ursprünglichen weiblichen Identität.«[12]

Was aber bedeutet dieses Jenseits? Es sind einerseits mythische Traditionsstränge, in denen nicht-patriarchale Weiblichkeitsbilder enthalten sind, andererseits aber auch unsere eigenen Träume und Phantasien, die der Umsetzung harren. Um in dieses Jenseits zu gelangen, müssen wir nicht nur vorgegebene Vorstellungsmuster verlassen, sondern vielfach auch deren Gegenmodelle, die wir entworfen haben, ohne zu begreifen, daß nicht immer das Gegenteil des Falschen automatisch richtig ist. Wir müssen daher unsere Wirklichkeit aus weiblicher Sicht neu entwerfen - und mit ihr uns selbst. Welche Denkmodelle wir dazu verabschieden müssen, will ich nachfolgend an zwei Beispielen erläutern.

1. Da ist zunächst der falsche Dualismus, der an falscher Stelle in Kategorien des Entweder-Oder denkt und dabei Unterschiede in Gegensätze verwandelt. Hier handelt es sich um eine verengte und verengende Weltsicht, mit der die Wirklichkeit kaum in den Begriff zu bekommen ist. Wir müssen folglich eine bis in die griechische Antike zurückreichende Denktradition aufgeben, die uns gelehrt hat, Zusammengehöriges auseinanderzureißen und beispielsweise »Natur« und »Geist« als weibliches und männliches Gegensatzpaar zu verstehen. Eine entgeistigte und schließlich auch entseelte Natur war die Folge dieses Denkens, das sich als ein natur- und wirklichkeitsflüchtiger männlicher Intellektualismus entpuppte, der uns als höhere Geistigkeit verkauft wurde.

Auf der Grundlage dieses Denkens werden auch »weiblich« und »männlich« und mit ihnen dann auch Frau und Mann zu Gegensätzen erklärt, was biologisch genauso falsch ist wie psychologisch und soziologisch. Hier geht es um eine Komplexität, die Ähnliches und Gleiches, Verschiedenes und möglicherweise auch Gegensätzliches enthält. Fest steht jedoch, daß Weibliches auch Männliches umfaßt und dieses wiederum eine weibliche Grundlage hat. Dem Weiblichen kommt eine Basisfunktion zu, die das Männliche nicht kennt. Der genetische Bauplan beider Geschlechter ist ebenso grundlegend weiblich wie ihr Ursprung. Für beide Geschlechter vollzieht sich ihr Sprung ins Leben aus einem weiblichen Körper, nachdem sie neun Monate lang aufs engste mit diesem verbunden waren. An dieser Tatsache vermag auch der krampfhafte männliche Versuch nichts zu ändern, mit Hilfe medizinischer Technik auch Männern das Gefühl zu vermitteln, Ursprung zu sein.

Zudem ist auch noch jeder Embryo in den ersten sechs Wochen durch primäre Weiblichkeit kennzeichnet und nicht etwa durch Geschlechtsneutralität, wie manche Biologen gern behaupten. Auf nähere Ausführungen zu diesem Thema möchte ich an dieser Stelle jedoch verzichten, da sie in einem meiner Bücher nachgelesen werden können.[13]

Nachdem wir Jahrtausende hindurch gelernt haben, Männlichkeit als grundlegende Norm zu betrachten, legen uns die Ergebnisse biologischer Forschung längst nahe, solche Vorstellung über Bord zu werfen. Weiblichkeit muß künftig von ihrer Basisfunktion her gedacht werden und nicht primär als Polarität zum Männlichen. Sie ist die selbstverständliche Voraussetzung für beide Geschlechter, während Männlichkeit immer etwas sich später Entwickelndes ist, das ohne eine weibliche Basis nicht existieren kann. Hier bedarf es einer Revolutionierung unserer Vorstellung von Weiblichkeit als etwas Sekundärem und Inferiorem, die nichts mit einer Retourkutsche zu tun hat. Sie ist vielmehr eine wissenschaftliche Bestätigung jenes Realismus, der bereits vor-patriarchale Anschauungen der Welt und des Menschen prägte und folglich Frauen den ihnen gebührenden Platz zuerkannte.

Weiblichkeit als Grundmodell des Menschseins enthebt uns der Verpflichtung, sie definieren - und das heißt immer auch, sie ein- und abgrenzen - zu müssen. Genau diese Tätigkeit des Ein-, Ab- und Ausgrenzens widerstrebt Frauen bis heute wesentlich stärker als Männern. Sie fühlten sich über Jahrhunderte hinweg mitgemeint und eingeschlossen, wo sie in Wirklichkeit ignoriert und ausgegrenzt, bestenfalls jedoch vermännlicht wurden. Patriarchale Strukturen und Verhältnisse zwingen uns nunmehr, diese unsere Ausgegrenztheit zur Kenntnis zu nehmen. Andererseits nötigt uns die Wirklichkeit die Erkenntnis auf, daß Weiblichkeit sich als solche nicht definieren oder eingrenzen läßt.

Es gibt keine männliche Eigenschaft oder Tätigkeit, die Frauen prinzipiell nicht verrichten könnten. Hier bestehen immer nur graduelle Unterschiede. Schwanger werden, gebären und nähren können oder sich verweigern sind Fähigkeiten, durch die sich allein Frauen auszeichnen. Damit aber liefern sie die Grundlage gesellschaftlicher Existenz - auch des männlichen Produktionsbereichs. Frauen tragen, und das sollte nicht vergessen werden, die primäre Verantwortung für das Leben. Doch wird diese Form der Verantwortungsübernahme massiv behindert und in keiner Weise honoriert oder gar mit der dazugehörigen politischen Macht verbunden. Dagegen wird in männlichen Funktionsbereichen die »Übernahme von Verantwortung«, wie auch noch der verantwortungsloseste Umgang mit Mensch und Natur in der Industrie genannt wird, mit zum Teil enormem Profit und Prestige bedacht.

2. Genau an dieser Stelle nun sollte ein zweites Tabu zur Disposition gestellt werden: unser hierarchisches Weltbild und mit ihm gewisse Reaktionen darauf, die einer nivellierenden Weltsicht das Wort reden. Für sie wird alles gleich - und damit im wahrsten Sinn des Wortes gleichgültig. Statt Hierarchien als solche zu verteufeln und abzulehnen, sollten wir genau hinschauen, welche von ihnen notwendig und welche zerstörerisch und hemmend sind. Immerhin ist die ganze Natur hierarchisch strukturiert und damit auch unser Organismus. Nicht Hierarchien sind daher per se verkehrt und schlecht, sondern ihre patriarchalen Ausprägungen, die auf der Grundlage dualistischer Vorstellungen entstanden sind.

Die patriarchale Gesellschaft ist pyramidenförmig strukturiert. Die oberen Zehntausend sitzen an den Hebeln der Macht, das Millionenvolk ist Stimmvieh. Je weiter jemand in dieser Hierarchie nach oben gelangt, desto besser geht es ihm und manchmal auch ihr. Wer unten bleibt, hat nicht viel zu lachen. Dieser soziale Dualismus von oben gut, unten schlecht, flankiert vom theologischen Dualismus, oben Himmel, unten Hölle, ist für die Beschreibung der natürlichen Wirklichkeit eher schädlich als dienlich. Er bewirkt nämlich, daß Prioritäten in ihr Gegenteil verkehrt und damit falsche Werte gesetzt werden. Unsere gegenwärtige Ökologiekrise zeigt das recht eindrücklich: Für sekundäre Werte wie technischen Fortschritt, die Profitmaximierung oder die Verteidigung männlicher Ideologien, die mit »Freiheit« und »Menschenrechte« etikettiert werden, bringen wir Menschenopfer und sind bereit, die grundlegenden und daher primären Werte unseres Lebens auf diesem Planeten: Luft, Wasser, Mutterboden und sonstige Ressourcen zu opfern. Sie werden so selbstverständlich hingenommen, daß sie weder beachtet noch geachtet werden und dabei auch noch vergessen wird, *wie* abhängig wir von ihnen sind.

Das Männliche hat sich von der Natur als ebenso unabhängig deklariert wie von der ihm zugrunde liegenden Weiblichkeit. Von beiden wird es nunmehr eingeholt; denn beide wollen nicht mehr mitspielen. Die Natur schlägt immer stärker zurück. Und genau wie sie, fordern auch Frauen die Respektierung, Achtung und Beachtung der ihnen angemessenen Lebensweisen. Das aber bedeutet hinsichtlich der Geschlechterfrage - wenn sich wirklich etwas ändern soll -, daß sich Männlichkeit auf diesem Planeten radikal zurücknehmen, nicht aber, daß nunmehr patriarchalisierte Weiblichkeit in gleicher Weise expandieren muß. Bestehende Emanzipationskonzepte und Identitätsangebote haben nämlich diesen gravierenden Fehler: Im Rahmen männlicher Systeme zwingen sie Frauen eine verschärfte Konkurrenz mit Männern auf und verhindern so, daß durch Frauen wirklich Neues entstehen kann.

Eigentlich müßten Männer freiwillig - oder durch Gesetze gezwungen - zurücktreten, wo sie sich zu weit vorgewagt haben. Sie müßten sozusagen besetztes Terrain zurückgeben; denn diese Gesellschaft leidet an männlicher Überrepräsentanz. Terrain abgeben aber heißt auch, darüber die Kontrolle zu verlieren.– Anders etwa als in der Praxis der Grundschulen, die, wie es heißt, angeblich »fest in weiblicher Hand sind«, obwohl Lehrerinnen dort meistens von einem männlichen Rektor, einem männlichen Schulrat und einem männlichen Kultusminister mit einem von Männern gemachten Schulgesetz und Lehrplan bevormundet und kontrolliert werden.

Frauen brauchen ein soziales Heimatrecht, und das bedeutet, daß politische Räume für sie freigemacht werden müßten, damit sie eine Chance haben, jene sozialen Ordnungen zu finden, die sie aus ihrer Weltsicht und Bedürfnislage für angemessen halten. Besonders im Streit um den Paragraphen 218 wird die Absurdität männlicher Politik ohne Berücksichtigung weiblicher Realität und Notwendigkeit deutlich.

Natürlich weiß ich, daß ich »von Sinnen« bin mit solchen Forderungen; denn die Verhältnisse, sie sind nun mal nicht so... und werden wohl auch nie so sein. Längst habe ich begriffen, daß Männer an der Macht wie die Lemminge sind, die sich lieber in den Tod stürzen als sich selbst Einhalt zu gebieten. Hier ändern auch Frauen an den Hebeln der Macht nichts Grundlegendes, da sie benutzt werden, das System zu stabilisieren, statt es wirklich verändern zu dürfen. Dennoch können Frauen auf der Suche nach einer weiblichen Heimat auf solche Forderungen und Modelle nicht verzichten; denn schließlich geht es nicht nur um Machbarkeit, sondern auch um unsere Wahrheit.

Es ist nicht meine Absicht, an dieser Stelle berechtigte politische Forderungen auszuformulieren. Ich will lediglich deutlich machen, warum sich Frauen in einem falschen Weltbild mit einer entsprechend falschen Wertordnung heimatlos fühlen müssen und sich dieses Gefühl auch nicht nehmen lassen sollten. Schließlich ist es ein wichtiger Indikator für das Verkehrte dieses Systems - nicht jedoch der Frauen.

Solange weibliche Identität und Authentizität in der polaren Abgrenzung zum Männlichen oder auch in der Gleichschaltung mit ihm gesucht wird, können Frauen nicht zu sich selbst finden. Beide Wege sind nicht geeignet, uns geistig-seelisch zu beheimaten.

Als Leben Hervorbringende und Umfassende wurde Weiblichkeit in der Steinzeit als das Göttliche schlechthin aufgefaßt. Sehr schön wird diese Weltsicht im Tai-Gi-Symbol des Yin und Yang veranschaulicht. Doch wird es meist verengend gedeutet als Darstellung weiblich-männlicher Polarität. Diese gängige Interpretation wird der wahren Bedeutung und Entstehungsgeschichte dieses uralten Symbols nicht gerecht. In seiner Grundform besteht es aus einem leeren Kreis, dem Kosmisch-Weiblichen, das dann die Polarität des Weiblichen und Männlichen hervorbringt und auch zusammenhält. Hier handelt es sich also in Wirklichkeit um ein trinitarisches Symbol, das das ursprüngliche Weibliche in seiner schöpferischen Kraft sowie Weiblich und Männlich in ihrer Geschöpflichkeit darstellt.

So verstanden, charakterisiert es die eigentliche Seinsmacht des Weiblichen, an der keine Identitätssuche vorbei kann. Weiblichkeit bezieht ihre Seinsmacht aus ihrer Urgrundfunktion. Männliche Macht hingegen entbehrt dieser Basis. Sie wurde in der uns bekannten Herrschaftsform von oben übergestülpt, ist also nicht in der Schöpfungswirklichkeit verankert und muß daher immer künstlich, das heißt mit Hilfe vermeintlich »göttlicher Gesetze« oder »Offenbarungen«, legitimiert werden. Weibliche Macht - auf die ich noch näher eingehen werde - ist jedoch etwas grundlegend anderes als männliche Herrschaftsmacht. Diese kann abgeschafft werden, jene aber nicht. Folglich erscheint sie Männern auch so bedrohlich.

Das Tao-te-King empfiehlt für den Umgang mit weiblichen und männlichen Kräften folgendes Verhalten: »Kennen seine Mannheit, wahren seine Weibheit, wird man zum Strombett des Lebens.« Mit anderen Worten: Männlichkeit ist bewußtseinsfähig, ist etwas Eingegrenztes und muß folglich erkannt und auch eingegrenzt werden. Weiblichkeit dagegen umfaßt die tiefsten Schichten unseres männlichen und weiblichen Seins, ist also immer nur zum Teil bewußtseinsfähig und kann daher nie voll erkannt werden. Mit ihr soll der Mensch bewahrend umgehen - genau wie mit der Weisheit und ihrer Schöpfung.

Vielleicht wird vor diesem Hintergrund noch einmal deutlich, wie wichtig die religiöse Dimension bei der weiblichen Identitätssuche ist und als wie unverzichtbar sich folglich das Bild der Göttin für Frauen erweist, zumindest, solange wir in einer Kultur leben, die einen männlichen Gott als Urheber allen Seins verherrlicht und männliche Wertsetzungen und Projektionen als Offenbarungen dieses Gottes ausgibt.

Im Symbol der Göttin drängen die tiefsten Schichten unserer Unterdrückung und Heimatlosigkeit ans Tageslicht; denn mit ihr wurde der Lebensgrund unseres Seins verdrängt und verleugnet. Ohne ihr Bild sind wir der symbolischen Repräsentanz unserer schöpferischen Seinsmacht beraubt. So erinnert uns ihr über historische Zeiträume hindurch verdrängtes und bekämpftes Symbol daran, wie vielschichtig sich unsere Emanzipation gestalten muß, damit sie auch eine seelische Tiefenbefreiung erwirken kann. Nur eine solche bis in tiefste Seelenschichten gehende Befreiung kann den Anspruch auf Radikalität erheben. Nur sie geht an die Wurzeln (radix) weiblicher Unterdrückung und Entwurzelung, ohne uns von unseren wirklichen Wurzeln abzuschneiden.

Im Bewußtsein unserer Heimatlosigkeit im Patriarchat überschreiten wir mit Hilfe des Göttinsymbols die Grenzen eines Weltbildes, das seiner weiblichen Dimension beraubt wurde und sich daher als viel zu eng erweist. Gleichzeitig verabschieden wir ein falsches Gottesbild, ein reduziertes Körpergefühl und eine beschränkte Vorstellung von dem, was wir sind, was wir sein können und was Leben heißt. Dabei eröffnen sich uns neue Räume des Denkens und Fühlens, eröffnen sich neue Dimensionen weiblichen Seins.

Im Zuge solcher Befreiung erfahren Frauen immer wieder, daß in ihnen kreative Kräfte erwachen, von denen sie vorher nie etwas gespürt haben. Sie fangen plötzlich an zu dichten, zu malen, zu schreiben oder entdecken in sich vielfältige andere Fähigkeiten. Gleichzeitig gewinnen ihre Beziehungen zu Frauen an Bedeutung und Tiefe. Sie entdecken ihr Beheimatetsein im eigenen Geschlecht; denn in der primären Bezogenheit auf den Mann kann es Frauen nicht gelingen, eine eigene Identität zu entwickeln, da sie sich selbst und ihr Geschlecht aus dem Blick verlieren. Nur aus der primären Identifikation mit dem eigenen Geschlecht, aus der Liebe zum Selben, wie es Luce Irigaray formuliert, kann uns eine Heimat, kann uns echter weiblicher Selbstwert erwachsen - und mit ihm weibliche Seinsmacht mit all ihren Konsequenzen.

7. Kapitel

Frauen und Macht

Zum Verständnis von Macht

Die Frauenfrage ist in erster Linie eine Machtfrage. Das haben wohl inzwischen die meisten Frauen begriffen. Doch ist die Machtfrage nicht in erster Linie ein Frauenproblem. Das ist vielleicht den wenigsten klar. Wenn es um Macht geht, ist die Frau zwar die Verliererin, aber der Mann das eigentliche Problem. Er schafft sich ständig neue Machtbereiche und ist permanent damit beschäftigt, seine angeeigneten Machtpositionen zu sichern und auszubauen. Obwohl Männer in westlichen Ländern nur höchstens 30 Prozent der Bevölkerung ausmachen, ist die politische Macht fast ausschließlich in ihren Händen. Als eine Minderheit sind sie es, die eine Mehrheit von 70 Prozent - Frauen und Kinder - beherrschen und an den Rand der Gesellschaft drängen. Dasselbe gilt für die Kirchen. Befinden sich Männer auch hier zahlenmäßig in einer absoluten Minderheit gegenüber Frauen, so ist doch das Privileg des Herrschens fast ausschließlich in männlicher Hand. - Das ist die eine Seite der Medaille.

Auf der anderen Seite hat der Mann inzwischen wohl hinlänglich bewiesen, daß er mit Macht nicht umgehen kann. Ein Blick auf die Probleme dieser Welt führt uns dies eindringlich vor Augen. Ob politische oder soziale Macht, ob Wissenschafts- oder Finanzmacht, ob Schutzmacht oder Religionsmacht, Beziehungsmacht oder Erziehungsmacht, Männer bedienen sich ihrer überproportional häufig zu eigennützigen und korrupten Zwecken. Sie verfolgen damit alles andere als das »Wohl des Volkes« und schon gar nicht das Wohl des Kindes oder gar der Frau.

Anscheinend merken das jedoch die wenigsten Frauen. Die meisten glauben, dem Mann stünde die Macht auch zu, die er ausübt. So wird Macht als etwas Männliches verstanden, das weiblichem Sein widerspricht. Kaum bewußt ist dabei die Tatsache, daß es viele Formen der Macht gibt, darunter spezifisch weibliche. Der qualitative Unterschied ist erst wenigen bewußt.

Daher möchte ich zunächst die Frage nach jener Herrschaftsmacht stellen, mit der wir von männlicher Seite vorrangig konfrontiert werden. Wenn ich sie auch kritisiere, so soll damit nicht gesagt sein, daß Frauen auf sie verzichten müßten. Solange sie existiert, muß sie selbstverständlich auch Frauen zugänglich sein. Dafür wurde und wird in der Frauenbewegung zu Recht gekämpft. Geht es jedoch ausschließlich um diese Form der Macht, so bleibt in diesem Kampf etwas für mich Wesentliches auf der Strecke. Viele Feministinnen haben über dem Kampf um männliche Herrschaftsmacht das eigene Machtpotential vergessen und es oftmals sogar verkümmern lassen. Männlich-patriarchale Herrschaftsmacht darf aber für uns Frauen nicht an die Stelle der uns eigenen Macht treten, auf die ich im zweiten Teil dieses Kapitels eingehen werde. Zuvor möchte ich jene Macht untersuchen, mit der wir tagtäglich konfrontiert werden und die viele Frauen (aber auch manche Männer) zu Recht anwidert.

Männliche Macht - das Herzstück patriarchaler Kultur

Wie sich patriarchale Herrschaftsmacht konkret äußert, wissen wir alle: Wer am besten in der Lage ist, sich mit den Mitteln der Konkurrenz und Korruption, der Heuchelei und Gewalt, des Reichtums und des Egoismus zu behaupten, hat die Macht zu bestimmen, was geschehen soll und darf und was nicht. Als Kriterium für die Ausübung von Macht spielt echte Kompetenz meist nur eine untergordnete Rolle. Wer die Macht hat, kann damit auch bestimmen, was Kompetenz und Qualifikation, was Recht und richtig ist. Und das wiederum heißt zu bestimmen, was erlaubt und was verboten ist, was bestraft wird und was nicht, was gelernt und was gelehrt werden soll, kann und darf und was nicht, was Wahrheit ist und folglich zu glauben - und was keine und folglich abzulehnen ist.

Zur Erzwingung der Durchsetzung dieses Rechts stehen dem Mann seit Jahrtausenden eine Fülle von Gewaltmitteln zur Verfügung, unter anderem Polizei und Strafvollzug im inneren sowie Militär im äußeren Bereich. Daneben gibt es eine Fülle weiterer Möglichkeiten der Bestrafung, wie auszugrenzen und zu ächten, zu diffamieren und zu ignorieren, lächerlich zu machen und zu pathologisieren.

Das Machtsystem, auf dem männliche Herrschaftsmacht beruht, ist so komplex, daß es eines eigenen Buches bedürfte, um es auch nur annähernd zu beschreiben. Nachfolgend daher nur eine kleine Auswahl jener Formen von Macht, denen wir tagtäglich ausgesetzt sind:

Da ist zunächst jene Macht, die uns am grundlegendsten und daher auch nur schwer bemerkbar beeinflußt: die *Definitionsmacht.* Sie ist jene Macht, die unser Fühlen, Denken, Sprechen und Handeln steuert, da sie das Recht verleiht,

- die Welt zu benennen, das heißt zu bestimmen, was ist und war und was nicht;
- Werte zu benennen, das heißt zu verfügen, was sein darf und was nicht;
- Rollen zu benennen, das heißt festzulegen, was zu geschehen hat und wie;
- Macht nicht zu benennen und durch andere Begriffe zu verbergen. So suggeriert die Kirche, daß sie den Menschen »dient« und nicht etwa Macht über sie ausübt. Ähnlich verhält es sich in Politik, Wirtschaft und Wissenschaft.

Für das Verleugnen von Machtausübung lieferte die katholische Kirche ein äußerst treffendes Beispiel in der Frage der Priesterinnenweihe. Diese wurde Ende Mai 1994 vom Papst »endgültig und verbindlich« ausgeschlossen. In einem apostolischen Schreiben an alle Bischöfe erklärte er, die katholische Kirche habe »keinerlei

Vollmacht, Frauen die Priesterweihe zu spenden«. Begründet wurde diese Haltung mit dem Vorbild Christi, der nur Männer zu Aposteln ernannt habe, es also genau so gewollt haben muß, und mit der Tradition der Kirche. Die päpstliche Macht hat sich schon immer hinter einem »göttlichen« oder »jesuanischen« Willen verschanzt.

Damit aber sind wir bereits bei der *Religionsmacht*, durch die unsere Werthaltungen und Bewertungen und damit auch unsere tiefsten Gefühle beeinflußt und gesteuert werden. Auch hierzu wieder einige Aspekte dessen, was sie beherrscht:

- Den »Willen Gottes«, der sich vorrangig der Kirche und ihren Gesinnungsgenossen »offenbart«, den sie aber auch aus der bereits vorhandenen Tradition immer wieder neu auswählen kann.
- Die Inhalte des Glaubens und damit auch, was nicht geglaubt werden darf. So verbindet sich zum Beispiel mit der Festlegung auf den monotheistischen Glauben an einen einzigen männlichen unsichtbaren Gott die Macht und das Recht, alle anderen Religionen und Glaubensformen abzuwerten und ihren Wahrheitsgehalt zu leugnen. Die Attribute dieses einzigen Gottes - unsichtbar, überall gegenwärtig, allmächtig, allwissend, Schöpfer aus eigener Macht - entlarven sich als männlicher Traum, der in Verbindung mit den technischen Errungenschaften längst zum Alptraum geworden ist.
- Das Verhältnis, in dem Frau und Mann zu diesem Gott stehen, welche Aufgaben ihnen zukommen, was angemessen ist und was nicht. Die Einstellung zur Priesterinnenweihe ist nur eines von vielen möglichen Beispielen.
- Die Auswahl der Symbole, die zu den Seelen der Menschen sprechen sollen oder dürfen. So ist der Gekreuzigte allgegenwärtig und absorbiert die Aufmerksamkeit der Gläubigen, wohingegen eine Gebärende ein Unding wäre. Hier hat die Todes- und Mordsymbolik die Lebenssymbolik verdrängt.

Werfen wir als letztes Beispiel noch einen Blick auf die *Wissenschaftsmacht*, so werden die Parallelen zur Religionsmacht rasch deutlich.

- Nur was als wissenschaftlich erwiesen deklariert wird, hat ein Recht auf Existenz, alles andere wird geleugnet.
- Wissenschaft verleiht Bedeutung, entscheidet zum Beispiel, welche Krankheiten zu erforschen sind und welche nicht.
  Dabei entscheidet sie auf der Grundlage überkommener Wertmuster. So läßt sich nachweisen, daß Krankheiten, an denen vorrangig Männer leiden, wie z.B. AIDS, mit größerem Aufwand erforscht und bekämpft werden als solche, von denen primär Frauen befallen sind, wie zum Beispiel Eßstörungen oder ME, ein chronisches Müdigkeitssyndrom, an dem in den Niederlanden bereits mehrere tausend Menschen erkrankt sind, und das nicht erforscht wird, da die Betroffenen zu 80 Prozent Frauen sind. So jedenfalls sieht es die Holländerin Renate Dorrestein in ihrer Autobiographie »Heute ich«.
- Wissenschaft entscheidet über die Richtung der menschlichen Entwicklung und verfügt damit über den größten Teil dessen, was wir »Fortschritt« nennen, der wiederum unsere Werte und Prioritäten bestimmt. Damit übernimmt Wissenschaft mehr und mehr die Macht der Religion und wird ihr immer ähnlicher, leidet sie doch an denselben Symptomen, wie zum Beispiel Dogmatismus auf der einen und »Häresie«-bildung und -verfolgung auf der anderen Seite.

Alle anderen Machtbereiche funktionieren recht ähnlich, wenn sie auch unterschiedliche Ebenen unseres Menschseins berühren. Fast täglich oder auch stündlich sind wir konfrontiert mit der Macht: der Sprache und der Ideale, der Abstraktionen und der Medizin, der Gruppe und der Erziehung, der Lüge und der Privilegien, der Gurus und der Ordnung usw.

Je effektiver sich diese Machtbereiche ausgestalten lassen, desto fester sind sie in männlicher Hand. Daher sprechen wir hier auch von Herrschaft; denn diese Form der Macht wurde einst von den Herren erfunden. Da die Ausübung von Herrschaft meist auch gewalttätig ist, sprechen wir in diesem Zusammenhang auch von Gewalt, wie z.B. von der Erziehungsgewalt oder der Staatsgewalt.

Wer im Besitz dieser Herrschaftsgewalt ist, verfügt nicht nur über einen Erzwingungsstab und kann bestimmen, welche Form der Gewaltausübung rechtens ist und welche nicht. Er ist auch automatisch im Besitz der Definitionsmacht und kann bestimmen, wie Gewalt zu definieren ist. Das haben friedensbewegte Frauen und Männer vor einigen Jahren zu spüren bekommen, als die Gerichte festlegten, daß das Sitzen vor einem Waffendepot Gewalt und folglich strafbar ist, nicht aber die Produktion und Anhäufung von Waffen.

Diesem Verständnis von Macht liegt eine Definition zugrunde, die von Max Weber stammt. Sie lautet: „Macht bedeutet jede Chance, innerhalb einer sozialen Beziehung den eigenen Willen auch gegen Widerstreben durchzusetzen, gleichviel worauf diese Chance beruht."[14]

Auf breiter Ebene wurde dieser männlichen Definition so vorbehaltlos zugestimmt, daß sie nicht nur unserer Politik, sondern auch den Hauptströmungen der Politik-, Human- und Naturwissenschaften zugrunde liegt.[15] Auch jene, die Untersuchungen von herrschaftsfreien Gesellschaften vornahmen, ja selbst fundamentale Kritiker der Macht, wie Michel Foucault, folgten bewußt oder unbewußt diesem Verständnis von Macht. Niemand kam auf die Idee, es in Frage zu stellen.[16]

Aus dieser Weber'schen Definition von Macht folgt zwangsläufig, daß Macht in unserer Kultur identisch ist mit Egoismus und Selbstbehauptung, mit Rücksichtslosigkeit und Konkurrenz, mit Kontrolle und Herrschaft, mit Sieg und Unterwerfung; das sind die männlichen Werte und Assoziationen, die mit dem geläufigen Machtbegriff einhergehen. Sie prägen gleichzeitig unsere Vorstellung von dem, was ein Mann ist oder zu sein hat. Wissen ist Macht. Der Intellekt ist Macht. Stärke ist Macht. Muskeln sind Macht. Werkzeuge sind Macht. Geld ist Macht. All dies sind typisch männliche Attribute, die in unserer Gesellschaft unauflöslich mit Macht verknüpft sind. Die Tatsache, daß auch ein paar Frauen zwischenzeitlich an die unteren Hebel der Macht und des Geldes gelangt sind, macht aus diesen noch lange keine geschlechtsneutralen oder gar weiblichen Größen.

Nach wie vor gilt das Erlangen von Macht als unweiblich, als etwas Männliches eben. Und wer im Besitz der Macht ist, hat auch einen Anspruch auf den Gehorsam der Machtlosen, der Besiegten. Da aber nicht alle Männer herrschen können, werden Frauen *und* Männer zu Beherrschten. Gegenüber der Frau aber hat auch der beherrschte Mann noch das Recht, sie und ihren Nachwuchs zu beherrschen. Ein umgekehrtes Recht gibt es nicht. Im Gegenteil: Herrschen ist männlich, Beherrschtwerden dagegen weiblich. Frauen, die Macht begehren, gelten als männlich. Aus Männern, die sich von einer Frau beherrschen lassen, werden weibische Pantoffelhelden. So will es das patriarchale Verständnis von Macht, das so unendlich viel Leid über diese Erde gebracht hat.

Im Namen männlicher Macht werden Frauen und Kinder weltweit von Männern mißhandelt, vergewaltigt und versklavt; denn patriarchale Macht ist das Recht von Männern, Frauen und Kinder - aber auch andere Männer, die sich nicht wehren können –, für die eigenen Zwecke zu gebrauchen, zu mißbrauchen, auszubeuten. Das Leben Schwächerer wird zum Mittel für die Starken. Das ist die Devise patriarchaler Macht. Das Streben nach Macht wird so zum Motor eines utilitaristischen Denkens, das zwischenzeitlich erschreckende Ausmaße angenommen hat.

Was der Macht oder dem Leben der Mächtigen dient, ist gut, alles andere wird beseitigt. Das ist die Devise der Mafiosi und Drogenhändler, der Zuhälter und Bordellbesitzer, der Waffen- und Organhändler, aber auch vieler Politiker und Wohlhabender. Immer wird das Elend anderer zum eigenen Machtvorteil und Gelderwerb schamlos ausgenutzt. Im Namen des Herrschaftsanspruchs des weißen Mannes wurden ganze Völker, Tier- und Pflanzenarten ausgerottet - und des Mordens ist kein Ende; denn patriarchale Macht ist Tötungsmacht. Das sei nun einmal so, bekommen wir immer wieder zu hören; wer die Macht hat, hat auch das Recht auf seiner Seite. Anders ausgedrückt: Macht schafft Recht und Macht beugt Recht, ganz wie es ihr beliebt.

Gibt es aber wirklich nur diese Form der Macht? Ist sie es, um die wir Frauen kämpfen? Oder meinen wir nicht eine ganz andere Macht?

Matriarchale Macht als Ermöglichung und Verhinderung

Meine These lautet, daß die meisten Frauen ein anderes Machtverständnis haben als Männer und folglich auch mit Macht anders umgehen als jene. Da wir aber in einer von Männern geschaffenen Welt leben, in der Handeln aus eigenen Anschauungen heraus kaum möglich ist, ließe sich diese These eigentlich erst überprüfen, wenn wir uns jenen Kulturen zuwendeten, die von Frauen geschaffen und geführt wurden und in denen sie die Macht haben. Hier zeigt sich eher eine Parallele zu jener Macht, die Frauen auch heute meinen. Da dieser Schritt in der Diskussion um weibliche Macht fast nie getan wird, will ich ihm hier etwas mehr Raum geben. Wird dadurch doch zum einen erkennbar, wie anders Frauen in eigener Regie mit Macht umgehen, und zeigt zum anderen auch, in welchem Maße die jesuanische Ethik des Machtverzichts weiblichen Vorstellungen entspricht.

Der Macht eine geschlechtsspezifische Komponente abzuringen, gilt gemeinhin als Ketzerei. Die herrschende Ideologie will nun einmal, daß Macht zwar vorrangig Männern zusteht, aber ansonsten als geschlechtsneutral behandelt wird. Nach dem Motto: Macht ist Macht - ganz egal, wer über sie verfügt. Dabei wird auch der Unterschied zwischen Macht als Autorität und Macht als Herrschaft nur selten beachtet.

Der Machtbegriff im Sinne von positiver Autorität, den ich als spezifisch weiblich herausarbeiten möchte, hängt eng zusammen mit Vorstellungen von »führen«, »können« und »vermögen«. Macht in Form von Führungsämtern leitet sich demzufolge aus bestimmten Fähigkeiten ab. Darauf macht uns nicht von ungefähr eine der großen Philosophinnen unseres Jahrhunderts aufmerksam. Anders als Max Weber, der auf die Durchsetzung des eigenen Willens gegen den Willen anderer abhob, sieht Hannah Arendt in der Macht etwas, das aus Handlungsvermögen und Beziehungen erwächst und an diese gebunden ist. Arendt weist darauf hin, daß der Begriff des »Vermögens« im Deutschen wie im Griechischen und Lateinischen den Ursprung des Machtbegriffs bildet, daß sich »die deutsche »Macht« von »mögen« und »möglich« und nicht von »machen« herleitet.«[17] Im Vermögen ist die Möglichkeit enthalten wie in der lateinischen »potentia« die Potentialität. In Anlehnung an diese Bedeutung hebt Hannah Arendt den »potentiellen Charakter des Phänomens« der Macht hervor. Sie versteht unter »Macht« in erster Linie »ein Machtpotential, nicht aber etwas Unveränderliches, Meßbares, Verläßliches wie Kraft oder Stärke.« Stärke ist etwas, das jeder Mensch von Natur aus in gewissem Maße besitzt und wirklich sein eigen nennen kann. »Macht aber besitzt eigentlich niemand, sie entsteht zwischen Menschen, wenn sie zusammen handeln, und sie verschwindet, sobald sie sich wieder zerstreuen.«[18] Macht ist also zum einen an Beziehungen gebunden, während ihre Quelle zum anderen im »Vermögen des Handelns« liegt.[19] In dieser Definition von Hannah Arendt wird deutlich, daß sich selbst in unseren patriarchalen Zusammenhängen das männliche und weibliche Machtverständnis noch grundlegend voneinander unterscheiden.

Auf ganz andere Weise veranschaulicht Judy Grahn[20] den Unterschied zwischen männlicher Herrschaftsmacht und weiblicher Seinsmacht auf der Grundlage eines besonderen Vermögens im Sinne von Fähigkeiten. Dazu verwendet sie folgendes Beispiel:

Ein Apfel ist etwas Reales, etwas Geschaffenes; hinter ihm steht eine Macht, eine Schöpfungsmacht. Nur ein Apfelbaum hat die Macht, Äpfel zu machen, sonst niemand. Der reichste Industrielle auf Erden kann keinen Apfel machen, egal, wie lange er sich in die Sonne stellt oder sich sonstwie Mühe gibt. Er hat nicht die Macht eines Apfelbaumes. Er kann Äpfel besitzen. Er kann sie einzäunen, sie wegtragen. Er kann sie plattmachen, sie in militärischen Formationen aufreihen, er kann sie vergiften oder zu Mus machen - das sind Herrschaft und Kontrolle. Aber aus seinem Körper kann er niemals einen Apfel machen wie ein Apfelbaum - das ist Macht. Und diese Macht, so fügt Judy Grahn hinzu, wurde in der Frau und Göttin verehrt.

Nach patriarchalem Verständnis handelt es sich bei der Erschaffung neuen Lebens lediglich um einen Akt geistloser Natur. Nach matriarchalem Verständnis sind jedoch Geist und Natur zwei Seiten einer Medaille, die unmöglich getrennt werden können. Im matriarchalen Weltbild erscheint weibliche Schöpfungsmacht als etwas zutiefst Geistiges und wird folglich auch als grundlegende Beziehungs- und Sozialmacht, Religions- und Kulturmacht aufgefaßt. So verehrten frühe Kulturen die Frau nicht nur als biologische Schöpferin, sondern auch als Erschafferin der Sprache und der Schrift, der Spinnerei und Weberei, des Töpferns und der Agrikultur - und damit eben auch der Kultur als solcher. Dementsprechend bedeutet der Name unserer Urmutter Eva (hebr.Chawwa) auch nicht nur »Mutter allen Lebens«, sondern ebenfalls »Unterweiserin« und »Sinnstifterin«.

Obwohl sie es nicht wissen darf, ahnt so manche Mutter auch heute noch, welche grundlegende Macht ihr zufällt im Hinblick auf ihr Kind, wie sehr es in seiner körperlichen Bedürftigkeit, in seinem Gefühlshaushalt wie auch in seiner geistigen Entwicklung von ihr abhängt. Daß Mütter ihre Kinder nicht nur physisch, sondern auch geistig und emotional zur Welt bringen, indem sie sie sprechen und fühlen lehren, wird nur dort zur Sprache gebracht, wo Störungen auftreten.

Eine solche grundlegende weibliche Beziehungsmacht erwächst Müttern sozusagen naturgegeben aus ihrer Schöpfungsmacht. Sie entspricht also dem, was wir in religiöser Sprache »göttlichen Willen« nennen. Der Frau allein ist es gegeben, Leben zu erschaffen und zu nähren. Genauso aber liegt es in den Händen von Frauen, Leben zurückzuhalten und damit womöglich das Ende einer Kultur herbeizuführen. In diesem Sinne sind nur Frauen Herrinnen über Leben und Tod und wurden daher einst als Repräsentantinnen der Göttin verehrt; jener Spinnerin des Schicksalsfadens, der irgendwann abriß; jener Weberin des Lebensteppichs, der in seinem bunten Muster alles Leben miteinander verband. Es wurde nicht daran gezweifelt, daß die grundlegende Macht des Lebens weiblichen Geschlechts ist. Diese Einschätzung lag auch der weiblich-matriarchalen Sozialstruktur zugrunde.

Wie heute noch existierende Matriarchate durchgängig erkennen lassen, gehen Frauen in der Tat anders mit Macht um. In keinem Fall wird sie dazu benutzt, den Mann zu unterdrücken, wie immer wieder zu Unrecht vermutet wird. Vielmehr dient sie weitgehend dazu, Herrschaftsbereiche gar nicht erst entstehen zu lassen. Das heißt, daß sie benutzt wird, um einerseits das Gleichgewicht der Gemeinschaft immer wieder herzustellen und zu erhalten und andererseits die mütterlichen Werte des Teilens durchzusetzen. Wo aber das Miteinander-Teilen grundlegend ist für das soziale Wertemuster, bleibt kein Raum für Formen der Herrschaftsbildung.

Das zu glauben, fiel jenen Frauen schwer, die vor einigen Jahren nach China reisten, um die dort verbliebenen matriarchalen Sippen der Moso zu besuchen. Obwohl diese längst von patriarchalen Gruppen und Strukturen umgeben sind, konnten sie ihre Werte und Bräuche bewahren. Wie die reisenden Frauen erfuhren, liegt die Führung der Sippe bei der klügsten Frau. Sie entscheidet die meisten Belange selbst, und die Frauen und Männer wissen, daß sie ihre Entscheidungen zu ihrer aller Bestem fällt. Dabei berät sie sich häufig mit den Geistern der Verstorbenen, von denen sie sich umgeben weiß. Als Qualifikationsmerkmale für die Position der Führerin nannten die Frauen der Moso: Klugheit und Gerechtigkeit. Als gerecht wird eine Frau dann empfunden, wenn sie ihre eigenen Kinder nicht bevorzugt. Sie muß zu allen gleich gut und freundlich sein. Ihre Position behält sie solange, bis sie bei einer der Frauen entdeckt, daß diese sich für die Aufgabe besser eignet als sie selbst.

Verständnislos reagierten die Moso-Frauen, als die deutschen von ihnen wissen wollten, wie sie sich gegen den Mißbrauch von Macht schützten. Was sie wohl täten, wenn der Führerin Konkurrenz unter den anderen Frauen erwüchse, eine jüngere Frau heranwachse, die dem Amt besser gewachsen sei, die Frührerin sich jedoch weigere, ihr die Macht zu übertragen. Diese Frage verstanden die Moso-Frauen nicht: Warum sollte ihre Führerin so etwas tun? Was hätte sie denn davon? Ihr ging es doch ausschließlich um das Wohl der Gemeinschaft. Also würde sie doch nichts tun, was der Gruppe schaden könnte. Immerhin hätte doch auch sie ein vitales Interesse daran, daß die Beste unter ihnen die Führungsposition einnahm. So die Logik der matriarchalen Frauen. Aus ihr spricht ein tiefes Vertrauen in das eigene Geschlecht, das uns völlig fehlt.

Wir mißtrauen der Machtausübung von Frauen stärker als jener von Männern. Das beginnt sich zwar ganz allmählich zu ändern, ist aber in vielen Gruppen immer wieder ein gravierender Störfaktor, der oftmals zur Auflösung der Gruppe führt. Wir sprechen hier vom »Krabbenkorbsyndrom«. Bei den Krabben ist es so, daß jene, die versuchen, zum oberen Rand hinaufzukrabbeln, von den anderen zurückgezogen werden. Genau das machen Frauen mit Frauen auch. Wenn eine sich hervorwagt, wird sie deswegen meist kritisiert oder geschnitten, auch wenn es zum Nutzen der Gruppe geschieht. So gut es einerseits ist, daß bereits Mädchen untereinander keine Machthierarchien dulden, so schade ist es, daß sie hier zu wenig differenzieren und gleichzeitig männliche Machtanmaßung weitgehend akzeptieren. Wir sollten uns darüber im klaren sein, daß es uns ohne ein stärkeres Vertrauen in andere Frauen nicht möglich sein wird, jene Macht zu erlangen, die uns zum einen zusteht und derer es zum anderen bedarf, um gerechtere Verhältnisse zu schaffen.

Doch noch einmal zurück zu matriarchalen Strukturen, in denen auch männliche Führungspositionen eine andere Bedeutung haben. »Sollte ein ... Häuptling seine Stellung mißbrauchen, Güter horten, um Macht zu gewinnen, muß er die Gemeinschaft verlassen. Die primitive Gesellschaft duldet keine Macht, auch nicht die der Männer über die Frauen. Statt dessen fühlt sich der Häuptling verpflichtet, mehr zu arbeiten als die anderen. So verlangt es seine Rolle. Chef-Sein bringt Pflichten, keine Rechte.«[21] Und so vermuten Marie-Claude Deffarge und Gordian Troeller: »Es sieht ganz so aus, als hätten primitive Gesellschaften die Institution des Häuptlings nur erfunden, um die Versuchung der Macht kontrollieren zu können.«[22] So kommt dem matriarchalen Häuptling keinerlei Herrschafts- oder Befehlsgewalt zu. Er hat »überhaupt nichts zu sagen. Schon mit dem Wort Häuptling oder Chef verbinden wir die Vorstellung von Obrigkeit, Privilegien, Machtfülle. All das trifft hier nicht zu. Chef wird der Redegewandteste. Er wird gewählt, die

Gemeinschaft nach außen zu vertreten, doch sie, die Gemeinschaft, entscheidet - einstimmig - über alle Belange.«[23]

Häuptlinge sind in Matriarchaten nichts anderes als Berater, Lehrer und Vorbilder für die männlichen Sippenangehörigen. Ihre sogenannte »Macht« beschränkt sich auf eingegrenzte Aufgaben und endet, wenn diese erledigt sind. Hier ist zum einen genau das verwirklicht, was einst Jesus von seinen Jüngern forderte. Keiner unter ihnen sollte nach Macht streben. Wer das Bedürfnis hatte, erster zu sein, sollte sich als erster im Dienen erweisen. Zum anderen aber finden wir hier auch die Vorstellungen Hannah Arendts im Hinblick auf episodische und periodische Macht wieder. Vergeblich suchen wir hingegen nach institutioneller und traditioneller Macht, wie sie im Patriarchat entstand. Anders als hier, werden in Matriarchaten keineswegs jene zu Häuptlingen gewählt, die sich am besten durchsetzen können, sondern diejenigen, die am bescheidensten und redegewandtesten sind.

Die Verwirklichung sozialer Gerechtigkeit sowie die Vorbeugung gegen Machtstreben beruht hier »auch auf einem spezifischen Persönlichkeitsideal, das Bescheidenheit, fehlendes Konkurrenzdenken und den Verzicht auf individuelles Leistungsstreben zur Voraussetzung hat. Den sozialen Beziehungen der Solidarität entsprechen deshalb im politischen Bereich die Fähigkeiten zum Konsens, der die Grundlage von Gruppenentscheidungen bildet... Falls sich dennoch einzelne Personen mit ihrer Meinung durchsetzen, geschieht dies aufgrund der Überzeugungskraft ihrer Argumente und der Bereitschaft der Gruppenmitglieder, sich ihm oder ihr anzuschließen.«[24]

Auf diesem Hintergrund wird deutlich, »daß sich keine Formen individueller Macht oder gar politischer Herrschaft entwickeln können, da sie nicht nur jeglicher ökonomischer Basis entbehren, sondern auch sozial und ideologisch nicht durchsetzbar sind. Respekt und Autorität werden in diesen Gesellschaften nur jenen zuteil, die zum bedingungslosen Teilen bereit sind und außerdem Zurückhaltung und Bescheidenheit üben.«[25] Auch hier sind die Parallelen zu ethischen Forderungen Jesu unübersehbar.

Interessant ist aber auch, daß diese ethischen Prinzipien sich in matriarchalen Kulturen über Kontinente und große Zeitabstände hinweg in auffallender Weise ähneln. Ob wir uns Wildbeutergesellschaften in Afrika, Indianerstämme in Lateinamerika oder matriarchale Sippen in Indien oder China anschauen, immer wieder stoßen wir auf dieselben Wertemuster, die die Bildung von Herrschaft verhindern.

Diese sozial-ethischen Übereinstimmungen über Kontinente hinweg lassen sich selbst noch in unseren patriarchalen Zusammenhängen in erster Linie bei Frauen wiederfinden: Ob es sich nun um weibliches Sozial- oder Beziehungsverhalten, um einen weiblichen Sprech- oder Diskussions-, Erziehungs- oder Fahrstil handelt, immer sind Frauen und Mädchen weniger darauf bedacht, ihre Ziele mit egoistischen Mitteln und auf Kosten anderer durchzusetzen. Sie üben damit weniger Macht im Sinne Max Webers aus. Sie sind weniger konkurrenzorientiert und bescheidener, weniger machtorientiert und sachlicher, weniger an hierarchischen als vielmehr an gerechten Verhältnissen interessiert. Zu diesen Tatsachen liegen aus den unterschiedlichsten Forschungsgebieten Ergebnisse vor, die erkennen lassen, daß Frauen und Mädchen sich insgesamt sozialverträglicher und friedfertiger verhalten als Männer und Knaben. Frauen könnten demzufolge die Seligpreisungen der Bergpredigt weit eher für sich in Anspruch nehmen, als dies dem männlichen Geschlecht möglich sein dürfte.

Wo immer vom Fehlen männlicher Macht in matriarchalen Strukturen die Rede ist, taucht regelmäßig die Frage auf:

... und wo bleiben die Männer?

In den Diskussionen um Macht und Matriarchat begegnen wir häufig der Vermutung, Männern sei es im Matriarchat nicht möglich gewesen, ein angemessenes Selbstwertgefühl zu entwickeln. Dieser Zustand sei für sie so unerträglich gewesen, daß sie gezwungen waren, sich dieser Gesellschaftsform zu entledigen.

Solche Behauptungen entbehren jeglicher Grundlage. Zum einen, weil matriarchale Macht eben nicht mit Unterdrückung und Abwertung der Männer einhergeht. Zum andern aber auch, weil nur im spalterischen Entweder-Oder-Konzept des Patriarchats das Selbstwertgefühl des einen Geschlechts zu Lasten des anderen geht. Daß es in matriarchalen Kulturen anders ist, zeigt die Aussage eines Häuptlings der von Deffarge und Troeller besuchten Campa-Indianer. Auf die Frage, wer ihm wichtiger erscheine, Mann oder Frau, war seine spontane Antwort: »Die Frau natürlich. Sie hält die Gemeinschaft zusammen, sie pflanzt sie fort und bestellt die Felder, die uns ernähren.«[26] »Also bedeutet der Mann hier kaum etwas«, legt die patriarchale Schlußfolgerung uns nahe. Doch dann fährt der Bericht mit der Selbsteinschätzung des Häuptlings fort: »Auch der Mann ist unersetzbar..., doch die Frau trägt größere Verantwortung und ist deshalb wichtiger als der Mann.« Das ist Realitätssinn. Die Bedeutung des einen Geschlechts schmälert keineswegs die des anderen, ohne daß Gleichmacherei vonnöten wäre.

So fällt bei der matriarchalen Begründung der unterschiedlichen Bedeutsamkeit der Geschlechter das hohe Maß an Objektivität auf. Hier stehen die Beschreibungen, die Männer vornehmen, im Einklang mit der sozialen Wirklichkeit. Diese Übereinstimmung wurde im Patriarchat nie erreicht. Dort zeigt sich vielmehr, daß männliche Macht und Überlegenheit durch Rationalisierungen gestützt werden, die nichts mit der Wirklichkeit zu tun haben. Ihnen liegt eher ein männlicher Realitätsverlust zugrunde, der immer wieder zu patriarchalen Ideologiebildungen führt, da die Realität nicht so wahrgenommen wird, wie sie wirklich ist.

Das haben auch Marie-Claude Deffarge und Gordian Troeller gezeigt, die bei ihren Forschungen nach den Grundlagen der Legitimierung männlicher Herrschaftsmacht fragten. Dabei konnten sie in patriarchalisierten Campa-Stämmen feststellen, daß diese auf Mystifikationen beruhten, die nichts mit der Wirklichkeit zu tun hatten. Die befragten Männer beriefen sich bei der Begründung ihrer Macht einerseits auf falsche Annahmen (weil der Mann mehr oder schwerer arbeitet, über mehr Wissen verfügt, größere Fähigkeiten hat etc.), andererseits aber auch auf tiefschürfende Erklärungen bis hin zum »Willen Gottes«, der ihnen ohne weiteres zugänglich zu sein schien dank schriftlicher Überlieferungen ihrer Kolonisatoren. (Die Schrift als Macht- und Patriarchalisierungsfaktor!)

Matriarchate haben keine schriftliche Überlieferung. Das gilt auch für die Moso, deren Männer durch ihren tagtäglichen Umgang mit patriarchalen Männern davon überzeugt sind, daß ihr matriarchales System das bessere ist. Die Moso-Männer geben alles Geld, das sie außerhalb ihrer Sippe verdienen, der Führerin ihres Clans ab. Wollen sie etwas kaufen, bitten sie diese um Geld. Ist genug vorhanden, bekommen sie es. Wenn nicht, müssen sie verzichten. Sie akzeptieren diese Entscheidung ohne Ressentiments, da sie den Entscheidungen der Führerin vertrauen und wissen, daß es für ihre Verweigerung sachliche Gründe gibt. Warum sonst sollte sie ihnen das Geld vorenthalten? Aufgrund dieser Haltung werden sie von den patriarchalen Männern verachtet und als »Waschlappen« hingestellt. Darauf kontern sie jedoch mit den Worten: »Und ihr? Ihr schlagt Eure Frauen.« - Etwas für sie Unvorstellbares.

In matriarchalen Kulturen ist Machogehabe, das sich in männlicher Selbstbehauptung bis hin zur Gewalt äußert, noch nicht erotisiert. Mit anderen Worten: Es wird von Frauen in keiner Weise unterstützt. Es kann folglich in den von ihnen geschaffenen Sozialstrukturen gar nicht erst aufkommen, da es hier keinerlei Bestätigung und Anerkennung erhält und damit bereits im Keime erstickt würde, wenn es denn einmal aufträte.

Leider ist hier nicht der Raum, an weiteren Beispielen aufzuzeigen, wie es Frauen in matriarchalen Kulturen darauf angelegt haben, zum einen ihre reale Macht möglichst unsichtbar bleiben zu lassen und zum anderen dafür Sorge zu tragen, daß es für Männer ausreichend Möglichkeiten des Prestigegewinns gibt. Dies alles deutet darauf hin, daß matriarchale Gesellschaften nicht nur ein hohes Maß an Sensibilität im Blick auf die Machtfrage entfaltet haben, sondern zusätzlich darum bemüht sind, männliches Selbstwertgefühl unter gar keinen Umständen zu unterminieren. So vermutet die Ethnologin Peggy R. Sanday im Hinblick auf die Position des Häuptlings in matriarchalen

Kulturen, das soziale System werde »den Männern zur Belohnung dafür anvertraut, daß sie das entbehrliche Geschlecht sind«.[27]

Nachdem deutlich geworden ist, daß weibliche Machtlosigkeit ein psycho-soziales Konstrukt ist, mit dem Frauen sich keineswegs abzufinden brauchen, komme ich nun zu der Frage nach den Möglichkeiten einer Veränderung.

Notwendige Schritte zur weiblichen Macht

Um kollektive weibliche Macht bilden zu können, müßten Frauen zunächst jene Behinderungen forträumen, an denen sie selbst beteiligt sind. Dabei gilt es abzulegen, was man uns aufgenötigt, und zurückzugewinnen, was man uns genommen hat:

- ein höheres Maß an Vertrauen in das eigene Geschlecht;
- eine Aufwertung spezifisch weiblicher Fähigkeiten und Eigenschaften, da diese generell unterbewertet sind;
- eine Rücknahme positiver Projektionen auf das männliche Geschlecht, das in seiner Wertigkeit und Bedeutung zu hoch angesetzt ist. Frauen müssen endlich damit aufhören, jenen Mehrwert alles Männlichen zu bestätigen und weiterhin wie ungedeckte Schecks zirkulieren zu lassen, die nirgends einzulösen sind.

Des weiteren geht es um die Freilegung jener Wurzeln weiblicher Entmachtung, die bis heute lebendig sind. Hier geht es im wesentlichen um drei Aspekte weiblicher Entmachtung:

- um die Verdrängung weiblicher Erkenntnismacht,
- um die Umdeutung weiblicher Sexualmacht,
- um das Bilderverbot im Hinblick auf weibliche Transzendenz.

Die Verdrängung weiblicher Erkenntnismacht

Uns alle hat der biblische Eva-Mythos mit seiner fatalen Wirkungsgeschichte zutiefst beeinflußt, ob wir es nun wissen oder nicht. Er birgt folglich einen der wichtigsten Schlüssel zur Wiedergewinnung weiblicher Macht, zeigt er uns doch ganz klar, worin diese einst bestand. Was mit dieser Geschichte bekämpft wird, ist nicht etwa die Gebärfähigkeit der Frau, die wahrlich nicht die einzige Wurzel weiblicher Macht ist. Sie wird im Mythos durch recht eigenartige Schöpfungsvorstellungen unsichtbar gemacht. Bekämpft aber wird hier vielmehr weibliche Erkenntnismacht, der matriarchale Kulturen ihre Sozialordnung verdanken und gegen die auch die Inquisition noch zu Felde gezogen ist.

Wie der Mythos uns glauben machen will, erschien die Frau als letzte im Paradiesgarten, in dem Gott der HERR zuvor jenes Erkenntnisverbot verhängt hatte, das der Mann offenbar einhielt, bis ... ja, bis Eva kam und das Paradies verunsicherte. Wie wir wissen, dachte sie gar nicht daran, sich die Erkenntnis von Gut und Böse verbieten zu lassen - weder von einem Mann noch von Gott dem HERRN. Ganz offenkundig war ihr diese Erkenntnis ungemein wichtig, wichtiger als der Gehorsam gegenüber dem HERRN, aber auch wichtiger als das Verbleiben im Paradies. Es war in ihren Augen ohnehin keine heile Welt mehr, seit hier der HERR mit Verbot und Todesdrohung - pädagogisch nicht gerade weise - herrschte.

Evas Harmoniebedürfnis muß wesentlich geringer gewesen sein als das heutiger Frauen, aber auch als das Adams; denn anders als dieser versuchte sie nicht, durch Gehorsam dem göttichen Zorn zu entgehen. Sie ließ sich die Erkenntnis von Gut und Böse nicht nehmen - koste es, was es wolle. Wie der Mythos berichtet, hörte Eva auf die Worte der Schlange und ließ sich von der Lieblichkeit des Baumes - der lustvoll anzusehen war, weil er klug machte - zur Erkenntnis führen. Mit anderen Worten: Eva folgte dem Ruf der Weisheit, die der Mythos in den Symbolen von Baum und Schlange darstellt und von der es in der Bibel heißt:

Wer nach der Weisheit greift, dem ist sie ein Lebensbaum;
und wer sie festhält, ist glücklich zu preisen!
In ihrer Rechten hält sie langes Leben;
in der Linken Wohlstand und Würde.
Ihre Wege sind freundliche Wege,
und auf all ihren Pfaden ist Wohlergehen.[28]

In diametralem Gegensatz zu Gott dem HERRN fordert die Weisheit die Menschen auf, Einsicht und Erkenntnis zu erlangen. Sie ruft ihnen zu:

> *Kommt zu mir, die ihr mich begehrt, sättigt euch an meinen Früchten. An mich zu denken ist süßer als Honig. Mein Andenken reicht bis zu den fernsten Generationen. Wer von mir ißt, hungert immer nach mir, und wer von mir trinkt, dürstet immer nach mir. Wer auf mich hört, wird nicht zuschanden, und wer mir folgt, fällt nicht in Schuld. Wer mich ans Licht hebt, hat ewiges Leben.*[29]

Wie ihre Worte erkennen lassen, haben wir es hier mit einer Art Gegenmythos zu tun, der der Vorstellung widerspricht, Eva habe durch den Genuß der Erkenntnisfrucht eine Urschuld auf sich geladen und den Tod der Menschheit verursacht. Wer vom Baum der Weisheit ißt, begeht keine Schuld und wird mitnichten sterben, sondern ganz im Gegenteil, ewiges Leben haben. Das war auch die Meinung der Schlange. Und selbst Jesus fordert die Menschen auf, vollkommen zu sein, wie Gott im Himmel vollkommen ist. Zu dieser Vollkommenheit aber ist die Erkenntnis von Gut und Böse unerläßlich.

Das weiß auch der Schreiber des Mythos, bestätigt er doch am Ende, daß der Mensch mit dieser Erkenntnis Göttlichkeit erlangt hat. Die hebräischen Begriffe für Gut und Böse meinen jedoch mehr als nur moralische Kategorien. Gut (hebr. »tov«) meint etwas, das seinem Schöpfungs- oder Seinsauftrag vollkommen entspricht, etwas, das mit sich selbst identisch ist. Böse oder schlecht (hebr. »ra«) meint dementsprechend das sich selbst Entfremdete.

Wie aber können Frauen ihren Seinsauftrag erfüllen, wenn sie ihn gar nicht kennen? Und wie können sie einen HERRN verehren, der ihnen genau diese Erkenntnis verbietet? Die sündige Eva stellt im weiteren Verlauf des Mythos jenes Seelenbild dar, das unser eigenständiges Erkennen am meisten schwächt. Sie glaubt an ihre Schuld und läßt sie sich von Adam zuschieben. Das heißt: Sie glaubt den Symbolen männlicher Macht mehr als den eigenen, die sich als Schlange und Baum präsentieren.

Generationen von Frauen wurden veranlaßt, an das schlimme Ende zu glauben, das Evas Ausbruch aus dem Erkenntniskorsett des HERRN angeblich nahm. Folglich lenkten sie ihr Begehren nicht länger auf das Erkennen, was für sie gut und was schlecht, was für sie richtig und was unwichtig war. Statt dessen glaubten sie männlichen Setzungen und traten ihre Entscheidungsmacht an andere ab.

Sie aber ist heute mehr denn je gefragt. In ihr finden wir die Basis weiblicher Macht. Und so lautet unsere Alternative: Dem Erkenntnisverbot des HERRN zu gehorchen oder auf den Ruf der Weisheit zu hören und damit dem Ruf des Lebens zu folgen.

Wir müssen zurückfinden zu jener Eva, die sich einst als Tochter der Weisheit verstand, auf diese hörte und ihrem eigenen Begehren nach Erkenntnis folgte. Sie könnte für uns zum Bild einer Frau werden, die um ihren eigenen Seinsauftrag wußte - nämlich weise zu werden, und die im Ungehorsam gegen den HERRN mit sich selbst identisch war.

Die Umdeutung weiblicher Sexualmacht

Im Hebräischen bedeutet das Wort Erkenntnis ursprünglich auch Sexualität und erinnert uns daran, daß es bei der Wiedergewinnung unserer Erkenntnismacht auch um die Wiedererlangung unserer Sexualmacht geht, um das Ende unseres Beherrschtseins an Körper, Seele und Geist. Dazu gehört auch ein eigenes Verständnis von Körperlichkeit und Sexualität. Hier hatten Männer durch Jahrtausende die alleinige Definitionsmacht, mit der sie auch heute noch einseitig eigene Bedürfnisse zu Lasten von Frauen und Kindern durchsetzen.

Wie viele Frauen haben mit ihrer Eheschließung oder im Rahmen ihrer Partnerschaft die Macht über ihren eigenen Körper verloren und sich zu sexuellen Dienstleistungen am Mann verpflichten lassen nach dem Motto: »Dein Verlangen soll nach deinem Mann sein; er aber soll dein Herr sein.« Obwohl hier das weibliche Verlangen nach dem Mann als »Strafe Gottes« ausgewiesen ist, hat sich das Bild von der begehrlichen Frau und dem herrschenden

Mann als etwas »Natürliches« in zahlreiche weibliche Seelen eingeprägt. Auf der Grundlage eines solchen inneren Bildes haben Frauen - wie im letzten Kapitel dargelegt - gelernt, die Schlüsselgewalt über den eigenen Körper an den Mann abzutreten und ihm ein Hausrecht einzuräumen, wo ihm eigentlich nur ein Gastrecht zustünde. Als Herrin ihres eigenen Körpers bestimmt die Frau, wen sie als Gast zu sich einlädt und auf welche Art und Weise sie ihn bewirten möchte. Es ist allein ihre Entscheidung, für wen sie die Tür öffnet und vor wem sie sie verschlossen hält.

So liegt es allein in der Macht von Frauen zu entscheiden, wieviel Macht sie Männern in ihrem Leben wirklich zugestehen wollen. Dazu bedürfen sie der Wiedergewinnung ihrer vom Mann unabhängigen Urteilsfähigkeit, die Erkenntnisverbote wahrnimmt und kritisch in Frage stellt. Da die Macht immer bei jenen bleibt, die die Norm bestimmen, müssen wir uns des weiteren bewußt werden, nach welchen Normen wir eigentlich leben und wie sie sich auf unser Leben auswirken. Wir müssen begreifen, daß sich in den Worten: »Dein Verlangen soll nach deinem Manne sein; er aber soll dein HERR sein« nicht etwa göttlicher Wille, sondern männlicher Größenwahn niedergeschlagen hat. Er schuf ein Weiblichkeitsideal, das nach wie vor viele Frauen für sich übernommen haben und an dessen Stelle endlich ihre bewußte Selbstdefinition treten muß, damit sie nicht jenem Bild einer Frau die Treue halten, die ihren Beherrscher nicht etwa ablehnt, sondern ihn unsinnigerweise auch noch liebt.

Das Bilderverbot weiblicher Tanszendenz

Die Umsetzung eines machtvollen Frauenbildes bedarf einer metaphysischen Grundlage. Sie bedarf jener transzendenten Gestalt, die uns in allen alten Religionen begegnet und die auch in der jüdisch-christlichen Überlieferung in machtvollen Bildern erhalten geblieben ist. Frauen sollten daher eigenverantwortlich über ihr Gottes- oder Göttinbild entscheiden und endlich aufhören, männliche Macht zu unterstützen, indem sie ein einseitig männliches Gottesbild verehren und sich damit an der Ausschaltung weiblicher Repräsentanz im Bereich des Göttlichen beteiligen.

So liegt es an uns, welcher geistigen Macht wir Gehör verleihen: der verbietenden Männermacht, die den Weisheitsbaum in einen Todesbaum verwandelt hat und uns suggeriert, wir seien sündige Evas, wenn wir uns um eigene Werturteile bemühen, oder aber jener Lebensmacht weiblicher Prägung, die uns auf vielfältige Weise ruft und mahnt, die Gesetze des Lebens zu achten und auf ihre Stimme in uns zu hören. Sie läßt sich dann vernehmen, wenn wir uns als Teil eines Beziehungsgefüges von Natur und Kosmos verstehen.

Unsere Fähigkeit, auf diese Beziehungen zu antworten, konstituiert unsere Verantwortung. Da aber Beziehungen immer ein Angesprochen-Werden, einen Anspruch implizieren, entsteht durch sie auch Macht. Die Macht in Beziehung.[30] Die Macht des Anspruchs. Eine Form von Transzendenz, die viel zuwenig berücksichtigt wird.

Wir sind es, die unsere Bilder von Transzendenz zu verantworten haben - nicht die Kirche, nicht der Mann. Wie wir wissen, ging der Sieg patriarchaler Strukturen mit der Verdrängung und Vernichtung weiblicher Erinnerungsbilder einher. Doch lehrt uns ein jüdisches Weisheitswort, daß Vergessen unser Exil verlängert, wohingegen das Geheimnis der Erlösung nicht etwa Glaube, sondern »Erinnerung« heißt. Die Kraft dieses Geheimnisses spüren immer mehr Frauen und beginnen, sich ihrer weiblichen Vollmacht und Transzendenz zu erinnern. Dies Erinnern bedeutet für sie:

– Weiblichkeit *erstens* als etwas zu erfahren, das eine metaphysische Verankerung hat. Damit verbunden ist eine Aufwertung des eigenen Geschlechts - die Grundlage weiblicher Macht und Solidarität;
– sich des Weiblichen *zweitens* als Ursprung des Lebens und damit weiblicher Schöpfungskraft und -macht wieder bewußt zu werden. Damit geht einher, daß männliche Machtansprüche über das Leben ohne die Bereitschaft, es auch zu versorgen, als Anmaßung erkannt und zurückgewiesen werden.

- Es bedeutet *drittens*, als Frau eine eigene Geschichte und Tradition zu haben und sich den eigenen Wurzeln zu nähern. Nur so können männliche Herrschaftsgeschichte und Glaubensdogmen entlarvt und in Frage gestellt werden und
- es bedeutet *viertens*, mit der Wiedergewinnung von Bildern machtvoller Weiblichkeit die Chance zu haben, eine eigene religiöse Sprache zu finden und mit ihrer Hilfe das benennen zu können, was Frauen unbedingt angeht (Tillich).

Mit Hilfe der Dimension weiblicher Transzendenz, der radikalsten Negierung des patriarchalen Bildes von Weiblichkeit als dem Nicht-Göttlichen, wenn nicht sogar Anti-Göttlichen, gewinnen wir unsere eigene Definitions- und Seinsmacht zurück und mit ihr einen neuen Selbstbezug. Erst wenn wir unsere eigene Sprache finden, die Welt und unser Erleben selbst beim Namen nennen, gewinnen wir die Macht der Selbstbestimmung zurück. Sie ist die Grundlage jener Machtfülle, die uns seit Jahrtausenden vorenthalten wird.

Auf diesem Wege kann sich so etwas wie weibliche Macht in uns bilden, die Frauen hilft, sich zu solidarisieren und eine eigene normengebende Instanz entstehen zu lassen, die auf das Leben hört, statt männlicher Macht zu gehorchen.

Haben Frauen auf diese Weise ihre Urteilsfähigkeit zurückgewonnen, so bedeutet dies in ihrem individuellen Leben das Ende patriarchaler Männerherrschaft. Mythisch gesprochen: Erst wenn wir aufhören, an einen Gott zu glauben, der an unserer Erkenntnis- und Urteilskraft Anstoß nimmt und männliche Herrschaftsmacht legitimiert und stützt, werden wir in der Lage sein, eine Gegenkraft zu patriarchaler Machtausübung zu bilden. Wir werden zu unserer eigenen normengebenden Instanz, die auf das Leben hört, statt männlicher Macht zu gehorchen.

Abschließend noch einige jener Bilder weiblicher Macht, die unsere religiöse Erziehung uns vorenthalten hat:

Die Weisheit spricht: Den Kreis des Himmels umschritt ich allein; in der Tiefe des Abgrunds ging ich umher. Über die Fluten des Meeres und über alles Land, über alle Völker und Nationen hatte ich Macht.[31]

Im Anfang, bevor die Welt entstand, war ich da. Ich, die heilige Weisheit. Ich war da von Anfang an, von Äon zu Äon. Ich war da, bevor die Erde geschaffen wurde, da die Tiefen noch nicht waren, da war ich schon da, da die Brunnen noch nicht mit Wasser quollen. Ehe denn die Berge eingesetzt waren, vor den Hügeln war ich da. Noch bevor der Himmel feststand, bevor die Wolken zogen, bevor das Meer der Erde Grenzen setzte, da war ich da, Ich, die Mutter alles Lebendigen. Ich bin die Mutter des Gottes, er spielte auf dem Erdboden vor mir. Doch meine Lust ist bei den Menschenkindern. So erlauschet sorgsam meine Stimme! Wohl denen, die in meinen Wegen wandeln! Alle, die mich finden, finden das Leben, die an mir vorübergehen, verletzten ihre Seele. Alle, die mich hassen, lieben den Tod.[32]

8. Kapitel

Umgang mit weiblicher Macht am Beispiel der Matriarchatsdiskussion

Bei der Wiederaneignung weiblicher Räume und Macht dürfen wir nicht haltmachen vor Zeiträumen, die unserem Geschlecht ebenfalls entwendet wurden. Die Matriarchatsforschung führt uns unwiderruflich vor Augen, daß alles, was an weibliche Formen des Umgangs mit Macht, Welt und Menschen erinnern könnte, in eine sogenannte »Prähistorie« oder »Vorzeit« verbannt wurde.

Sie kann in Geschichtsschreibung und Unterricht meist mit wenigen Sätzen abgehandelt werden, während die Zeit männlicher Machtkämpfe und Ausrottungskriege ungebührlich ausführlich behandelt wird.

Dabei wird aber auch deutlich, daß jener Umgang mit Macht, Welt und Menschen, der im Patriarchat praktiziert wird, als alles andere denn als »normal« zu bezeichnen ist. In der Bewußtmachung dieses Unterschieds liegt ein ungeheures Potential für weibliches Selbstvertrauen und Macht, dessen sich die wenigsten Frauen bewußt sind. Viele von ihnen entwickeln bei diesem Thema Widerstände, die sie als »sachliche« Kritik zu tarnen suchen.

Unbemerkt wirken sie so den Interessen von Frauen an der Wiedergewinnung ihrer Geschichte und Symbolwelt entgegen.

Nirgends zeigt sich die Notwendigkeit und ungeheure Bedeutung einer Aneignung weiblicher Definitions- und Erkenntnismacht so klar wie auf dem Gebiet der Matriarchatsforschung. Daher möchte ich, bevor ich mich im letzten Teil des Buches mit dem matriarchalen Weltbild befasse, einige jener Probleme und Widerstände aufzeigen, denen wir auf diesem Forschungsgebiet begegnen und die viele Frauen daran hindern, die Ergebnisse dieses Forschungszweiges ernst zu nehmen und sie in ihrer Relevanz für ein erweitertes Frauenbewußtsein zu erkennen. Anhand von sechs Punkten werde ich nachfolgend aufzeigen, durch welche Vorurteile, Denk- und Argumentationsfiguren die Diskussion um das Matriarchat behindert wird.

1. Behinderung: Emotionale und intellektuelle Androzentrik

Seit Johann Jacob Bachofen sein mehrbändiges Werk über das Mutterrecht geschrieben hat, flammt die Diskussion um das Matriarchat immer wieder auf. Der Jurist aus Basel stützte sich bei seinen Erkenntnissen über weltweit verbreitete mutterrechtliche Kulturen auf Mytheninterpretationen und historische Aussagen antiker Autoren. Anhand dieser Texte hat er die bis dahin unbekannten Gesellschaftsformen mutterrechtlicher Prägung herausgearbeitet und so für uns als erster das Patriarchat als sekundäre Gesellschaftsform erkennbar gemacht. Bis dahin waren patriarchale Strukturen direkt aus natürlichen Gegebenheiten und göttlichem Willen abgeleitet und als unumstößlich hingestellt worden.

Obwohl Bachofen aus heutiger Perspektive in vielfältiger Hinsicht auch zu kritisieren ist, bleibt ihm doch dies Verdienst: Er hat die Grundlage dafür geschaffen, das Patriarchat in seinem Selbstverständnis als naturgegebene und folglich unhinterfragbar einzig gültige Gesellschaftsform angreifbar zu machen. Gleichzeitig hat er eine Sensibilisierung für andere Gesellschaftsformen und soziale Werte eingeleitet, von der dann der Marxismus unmittelbar profitierte. Doch wird das heute im linken Feminismus vergessen.

Von Anfang an wurde die Diskussion um das Matriarchat von einer erstaunlichen Affektgeladenheit auf seiten der Gegner geführt. Der Diskussion, die bisweilen an jene über die Amazonen in der griechischen Antike erinnert, lagen ganz offensichtlich tiefe Ängste zugrunde. Daß die Matriarchatsdiskussion bis heute außerordentlich emotional geführt wird, hat damit zu tun, daß es um mehr geht, als öffentlich diskutiert wird.

Als Bachofen seine Mutterrechtstheorie in der zweiten Hälfte des vorigen Jahrhunderts einem akademischen Männerpublikum vortrug, wurde er ausgelacht und in der Folgezeit insbesondere von Anthropologen angefeindet, wenn er nicht völlig ignoriert wurde. Die Heftigkeit, von der die Kritik an Bachofens Erkenntnissen immer wieder getragen ist, läßt auf emotional begründete Vorurteile der Kritiker schließen. Immerhin hatte er, so folgert der feministische Kulturphilosoph Otfried Eberz, »den Gedanken einer durch die Frau bestimmten Vorzeit ausgesprochen, in deren Verdrängung aus dem Bewußtsein der gelehrte wie der ungelehrte Teil des männlichen Geschlechtes einig sind.« Bachofen hatte etwas berührt, »auf dem das stärkste Tabu des Patriarchats liegt«.[33]

Als Begründung hierfür gibt Eberz folgendes zu bedenken: »Man soll aber auch die Haltung der Historiker und klassischen Philologen zu verstehen suchen. Denn ihre Bestimmung ist es nun einmal, die Hüter der hominististischen (= männlich-patriarchalen C.M.) Tradition der Griechen und Römer zu sein, wie die Rabbiner und christlichen Theologen die der hominististischen Tradition der Juden sind. Daß die Erzählungen von der mythischen Urzeit bei Juden und Griechen tendenziös hominististisch gefälscht sind, dürfen sie nicht wissen wollen und müssen jeden als unwissenschaftlichen Ketzer unschädlich machen, der ihr Grunddogma antastet.«[34]

Diese Erkenntnis ist meines Erachtens unverzichtbar für eine einigermaßen konstruktive Auseinandersetzung mit der matriarchalen, sogenannten »Vorgeschichte« der Menschheit. Sie korrespondiert mit der Feststellung Bachofens, daß die Strenge des patriarchalischen Systems auf ein älteres hinweist, das bekämpft und unterdrückt werden mußte.

In der Feministischen Theologie wurde diese wichtige Erkenntnis wissenschaftlich genutzt als »Hermeneutik des Verdachts«.[35] In ihr sieht Elisabeth Schüssler Fiorenza eine Erkenntniskategorie, die fester Bestandteil jeglicher Form feministischer Forschung sein sollte. Sie erinnert besonders uns Frauen daran, daß alle überlieferten Schriften in mehr oder weniger hohem Maße durch die patriarchale Zensur gelaufen und folglich auch als solche zu behandeln sind. Hier reicht eine traditionelle systematische Analyse androzentrischer Texte nicht aus. Sie muß durch eine feministische »Hermeneutik des Verdachts« ergänzt werden, die androzentrische Texte als ideologische Artikulationen von Männern versteht, die patriarchale historische Lebensbedingungen sowohl widerspiegeln als auch aufrechterhalten. Bei androzentrischen Texten handelt es sich also immer auch um Interpretationen, Argumentationen, Projektionen und selbstverständlich auch Selektionen, die in einer patriarchalen Kultur ihre Wurzeln haben. Sie müssen historisch im Hinblick auf ihren zeitlichen und kulturellen Kontext bewertet und theologisch, psychologisch, mythologisch, historisch - oder wie auch immer - nach einer feministischen Werteskala eingeschätzt werden.[36]

Die durchgängige intellektuelle Androzentrik kann nur überwunden werden, wenn wir alle überlieferten Texte als patriarchale Überlieferungen behandeln, das heißt unter Berücksichtigung patriarchaler Machtinteressen. Diese kommen natürlich nicht immer gleich stark und deutlich zum Ausdruck. Doch wenn wir diese Erkenntnis wachhalten, können wir uns daranmachen, die diversen Schichten zu durchschauen, die auf ursprüngliche Texte gelegt wurden, um möglicherweise auf eine anderslautende ursprünglichere Botschaft zu stoßen. - Und genau das hat Bachofen mit den ihm zur Verfügung stehenden Mitteln in vorbildlicher Weise getan.

2. Behinderung: Gleichheitsideale als erkenntnisleitendes Interesse

Erstmalig in der Wissenschaft haben wir durch die feministische Bewegung neue Forschungsvoraussetzungen geschaffen. Ethnologinnen, Archäologinnen und andere Wissenschaftlerinnen sind inzwischen dabei, sich mit der Androzentrik auseinanderzusetzen, die in ihrem jeweiligen Wissenschaftsgebiet vorherrscht. Sie thematisieren die Prägung der Wissenschaft durch ausschließlich männliche und männerzentrierte Sichtweisen und Aussagen, denen sie ein ganzheitlicheres Wissenschaftskonzept entgegensetzen.

Wie nötig das ist, zeigt jenes klassische Beispiel des bekannten Ethnologen Claude Lévy-Strauss, der in einem Bericht schrieb: «Das ganze Dorf fuhr am nächsten Tag in circa dreißig Kanus davon und ließ uns mit den Frauen und Kindern in den verlassenen Häusern allein zurück.«[37]

Nicht immer tritt männliche Androzentrik so eindeutig zutage. Auch kritisieren feministische Archäologinnen das von ihnen vorgefundene - oder besser: völlig fehlende - wissenschaftliche Vorverständnis, ein Umstand, der Projektionen und damit androzentrische Positionen geradezu herausfordert: »Die Ur- und Frühgeschichtswissenschaft in Deutschland formuliert nicht die Theorien, nach denen sie vorgeht. Unsere Ausbildung ist ein »learning by doing«. Theorie wird niemals gelehrt und auch nicht diskutiert. So gibt es in der Forschung auch keine Theorie über Frauen und Männer. Infolgedessen werden in der Ur- und Frühgeschichtsforschung genau jene Geschlechterrollen zugrunde gelegt, denen wir heutzutage begegnen (und selbst diese in idealisierter Form).« Demzufolge lautet das Fazit der jungen Archäologinnen: »Wir alle sind von unserer Zeit geprägt und müssen zuerst unsere »patriarchal verseuchten Gedanken« untersuchen.«[38]

Daneben bedürfen allerdings auch die als feministische Gegenreaktion aufgebauten Gleichheitsideale einer Reflexion. Das machen Ilse Lenz und Ute Luig in ihrem Sammelband[39] deutlich, der Untersuchungen nicht-patriarchaler Gesellschaften enthält, die einen besonderen Zugang zum Verhältnis von Macht und Geschlecht bieten. In ihnen werden Gesellschaften vorgestellt, in denen »Frauen in der Regel öffentlich und sichtbar Machtstrategien anwenden.«[40]

In den Aufsätzen kommt das feministische und durchaus berechtigte erkenntnisleitende Interesse dadurch zum Ausdruck, daß sich die Aufmerksamkeit der Forscherinnen gleichermaßen auf Frauen und Männer richtet und die Verteilung der Macht prüft, statt - wie in der traditionellen Forschung üblich - selbstverständlich davon auszugehen, daß Einflußnahme und Macht nur Männern zustehen. Gleichzeitig wird der häufig zu hörenden Behauptung entgegengetreten, Frauen würden genau dieselben Herrschaftsstrukturen entwickeln wie Männer. Das macht den Sammelband für die Matriarchatsdiskussion so wichtig, zumal hier ausschließlich Frauen zu Wort kommen.

Dennoch stoßen wir auch auf andere als feministisch ausgegebene erkenntnisleitende Interessen, die für die Matriarchatsdiskussion eher hinderlich sind. Bei den Autorinnen steht nämlich eindeutig das Bedürfnis im Vordergrund, neue theoretische Ansätze jenseits der Matriarchatsdebatte zu entwerfen, »um die sozialen und politischen Prozesse in - wie sie es nennen - ›geschlechtsegalitären‹ oder ›geschlechtssymmetrischen‹ Gesellschaften zu fassen.«[41] Sie wollen nicht die Existenz von Matriarchaten nachweisen, in denen Frauen und ihre Erfahrungen und Einsichten dominieren, sondern behaupten, hier die Umsetzung ihrer eigenen Gleichheitsideale vorgefunden zu haben.

Solche Vorstellungen gehen auf Eleanor Leacock zurück, nach deren Verständnis erst die Gleichheit zwischen Frauen und Männern wirklich egalitäre Gruppen kennzeichnet. Diesem Ziel fühlen sich leider auch alle Autorinnen des Bandes verpflichtet. Das wirkt besonders an jenen Stellen störend, wo sie weibliche Übermacht zwar beschreiben, aber sie als solche dennoch ignorieren. Und so vermerkt selbst die Herausgeberin des Bandes, daß bei diesen neueren Ansätzen ein auffallend »unterentwickeltes Interesse an Frauenmacht« vorherrscht.

Schließlich würde diese ja dem Gleichheitsprinzip widersprechen, das unhinterfragt das Zentrum der Untersuchungen bildet.

Ihre Beobachtung veranlaßt die Herausgeberin zu der Vermutung, daß diese weibliche Abstinenz mit dem vorherrschenden Machtbegriff zusammenhängen könnte. »Ist es überhaupt möglich,« fragt sie, »die Macht von Frauen mit einem androzentrischen Verständnis von Macht zu begreifen?« Natürlich nicht, wie das vorangegangene Kapitel gezeigt hat. Doch dann bringt auch Lenz ein patriarchales Vorverständnis von Macht mit ein, wenn sie weiterfragt: »Müssen nicht ganz wesentliche Elemente der Machtbeziehungen, wie die offene oder unterschwellige Gegenmacht der Frauen, notwendig unbeachtet bleiben?«[42] Der Gedanke an ein als selbstverständlich empfundenes Ungleichgewicht der Macht zugunsten von Frauen, das folglich nichts mit einer »Gegenmacht« zu tun hat, kommt hier gar nicht erst auf.

3. Behinderung: Sprach- und Denkprobleme

Vor dem Hintergrund egalitärer Vorstellungen schleicht sich immer wieder die Projektion einer »hierarchiefreien Gesellschaft« ein. Sie übersieht, daß alle Kulturen gewisse Hierarchien aufgebaut haben, ohne daß sie deswegen unbedingt patriarchal sein müßten. Schließlich bedeutet der Begriff »Hierarchie« wortwörtlich eine »heilige Grundstruktur« oder »-ordnung«. Da er jedoch - ähnlich wie der Machtbegriff - in der feministischen Vorstellungswelt ausschließlich patriarchal besetzt ist, werden beide Begriffe von vielen Frauen abgelehnt, statt sie in ihrer wahren Bedeutung und Vielschichtigkeit abzuklären. Das versäumt selbst eine so versierte Matriarchatsforscherin wie Heide Göttner-Abendroth.[43]

Anders dagegen Gerda Weiler. Sie geht zurück zur eigentlichen Bedeutung von Hierarchien, die - wie sie schreibt - in matriarchalen Kulturen der Kreis- und Spiralsymbolik nachempfunden werden. »Diese matriarchale Hierarchie schlägt sich in sozialen Ordnungen nieder ... (sie) ist immer die Ausgewogenheit der Kräfte aller in einem Kraftfeld, sie ist das Kreisen um einen Mittelpunkt, der seine Stabilität den Kräften verdankt, die ihn umkreisen.«[44]

Eine völlige Sprachverwirrung herrscht jedoch im Blick auf den Matriarchatsbegriff. Was hier gemeint ist, möchte ich an einem Beispiel verdeutlichen, und zwar anhand der folgenden Argumentation Uwe Wesels: Nachdem er den Begriff »Matriarchat« fälschlicherweise mit »Mutterherrschaft« übersetzt und ihn als »Gegenbegriff zum Patriarchat«[45] interpretiert hat, schreibt er zu dem Ersatzbegriff »Matrifokalität«, der in letzter Zeit häufig für nicht-patriarchale Gesellschaften verwendet wird: »In ihnen kann die gesellschaftliche Stellung von Frauen außerordentlich gut sein, ohne daß es zulässig wäre, von einer Herrschaft zu sprechen. Mit anderen Worten: In ihnen werden die Männer nicht unterdrückt wie in patriarchalischen Gesellschaften die Frauen. Deshalb spricht man nicht von einem Matriarchat, sondern gebraucht diese neuen Ausdrücke.«[46] Gäbe es demnach Kulturen, in denen Frauen Männer unterdrückten, würde Wesel der Matriarchatshypothese zustimmen können. Dabei ist das Wesen matriarchaler Kulturen gerade durch ihre Abstinenz von herrschaftlicher Macht in jeglicher Form bestimmt.

Der Scheu, den Matriarchatsbegriff zu verwenden, begegnet Heide Göttner-Abendroth in ihrem Forschungsansatz, indem sie Matriarchate definiert als »von Frauen geschaffene und geprägte Gesellschaftsformen, in denen sie dominieren, aber nicht herrschen.«[47] Hier ist der Dominanzbegriff an die Stelle von Herrschaft getreten. Zu Recht, leitet er sich doch ab aus dem lateinischen »domus« und bezeichnet das Haus und die Heimat, die Familie und die Abstammung der Menschen. Er hat auch die Bedeutung »im Hause waltend« - eine durch und durch weibliche Aufgabe, die erst in patriarchalen Herrschaftsstrukturen mit männlichen Vorstellungen von »Hausherr«, »Gebieter«, »Eigentümer« oder schlicht »Herr« und damit auch mit patriarchaler Herrschaft in Verbindung gebracht wurde. Das Verb »dominor« bedeutet dann »Herr sein«, »herrschen« und »gebieten«. Diese Bedeutungsmuster gehen auf das antike Rom zurück und lassen bereits erkennen, daß Dominanz nicht nur etwas mit dem Bereich der Öffentlichkeit zu tun hat, sondern ihre Bedeutung ursprünglich aus dem häuslichen Bereich bezieht.

Wie sich zeigen läßt, übertragen EthnologInnen die patriarchale Trennung der beiden Bereiche auf ihre Untersuchungen und gehen von unseren heutigen Vorstellungen von Häuslichkeit und Öffentlichkeit, Unterdrückung und Dominanz aus. Dabei übersehen sie, daß bis heute bei matriarchalen sowie einem Großteil der nicht-patriarchalen Gesellschaften die wichtigsten Entscheidungen im Haus der Frauen gefällt werden, so daß Häuslichkeit und Dominanz weit mehr zusammengehören, als wir es uns vorzustellen gewohnt sind. Auch die Tatsache, daß Frauen nicht nur die Nachkommen hervorbringen und sie versorgen, sondern sie auch vorrangig unterweisen, wird als Machtfaktor völlig ignoriert aus Angst vor »biologistischen Zügen«,[48] die es um jeden Preis zu vermeiden gilt.

Dahinter verbirgt sich die patriarchale Spaltung der menschlichen Wirklichkeit in Natur und Kultur. Eine solche Trennung erweist sich jedoch dann als unhaltbar, wenn wir bedenken, daß matriarchale Kulturen weitgehend durch ihre natürliche Umwelt geprägt sind und diesen Lebenszusammenhang noch viel bewußter vollziehen, als wir es gewohnt sind. Für unser westliches dualistisches Denken ist es anscheinend schwierig, das Ineinandergreifen beider Bereiche in angemessener Weise zu begreifen und darzustellen. Hier kommt es immer wieder zu Aufspaltungen auf der Grundlage eines falschen Gegensatzdenkens. Das führt dann dazu, daß bei einer Beschreibung afrikanischer Wildbeuter als »egalitärer« Gesellschaftsform selbst das Recht der Frauen, unmittelbar nach der Geburt eines Kindes eigenständig über dessen Leben oder Tod entscheiden zu können, nicht als Machtfaktor wahrgenommen wird.

Untersuchungen dieser Wildbeutergesellschaften lassen jedoch recht klar erkennen, wie stark sich das matriarchale Wertesystem mit seinen Herrschaftsausübung verhindernden Tendenzen bis heute durchzusetzen vermochte. Hier - wie in allen anderen matriarchalen Kulturen auch - steht das »Ethos des Teilens« als grundlegender Wert jeglicher Machtansammlung im Wege[49]. Damit verbinden sich matriarchale Persönlichkeitswerte, bei denen immer wieder fehlendes Konkurrenzdenken und der Verzicht auf individuelles Leistungsstreben auffallen.

Die ethischen Prinzipien der Wildbeuter Afrikas ähneln in auffallender Weise jenen der IrokesInnen Amerikas, deren Freigiebigkeit den Forscherinnen auffällt und die sich bei der Besetzung von Führungsämtern von folgenden Kriterien leiten lassen: »Eine milde Person, die flüssig und freundlich redet, erlangt öffentliche Ämter, welche die Frauen übereifrigen Personen vorenthalten«.[50]

Damit dürfte deutlich geworden sein, wie unangebracht es ist, unsere patriarchalen Strukturen ebenso wie deren Gegenmodelle zur Grundlage der Matriarchatsdiskussion zu machen. Hier läßt sich weder ein »seitenverkehrtes« Patriarchat entdecken noch eine »egalitäre« Gesellschaftsform, da in allen Matriarchaten eine strikte Geschlechtertrennung vorherrschend ist. Gleichzeitig aber lassen sich die sozial-ethischen Übereinstimmungen über Kontinente hinweg durchaus als Bestätigung einer weltweiten Existenz von Matriarchaten interpretieren.

4. Behinderung: Fehlendes Mythenverständnis

Neben die Schwierigkeiten, matriarchale Kulturen in angemessener Weise sprachlich und denkerisch in ihrem Anderssein zu erfassen, tritt häufig ein mangelndes Mythenverständnis. Ohne aber die Bedeutung des Mythos zu verstehen, können auch die bahnbrechenden Forschungsergebnisse Bachofens nicht gewürdigt werden. In manchen Fällen wird der eigene Mangel dann auch noch in eine nonchalante Lässigkeit gekleidet, mit der Bachofen leichtfertig abgetan oder ungerechtfertigt kritisiert wird - und das nicht nur von Männern.

Als Beispiel sei hier Marielouise Janssen-Jurreit[51] genannt, in deren Gefolge dann Uwe Wesel sein Buch »Der Mythos vom Matriarchat« verfaßt hat und in weiten Teilen ihrer Argumentation folgt. Beide sehen in Bachofens Beschreibung eines weltweiten Matriarchats den Ausfluß eines Mythos, der auf Bachofen selbst zurückgeht bzw. der von ihm entdeckt wurde. Uwe Wesel gibt vor zu wissen: »Johann Jakob Bachofen ist nicht der Entdecker des Matriarchats. Das hat es nicht gegeben. Es gab Matriarchatsmythen. Die hat er entdeckt. Ihre Entdeckung ist seine Leistung. Das bleibt. Es ging ihm so ähnlich wie Kolumbus. Er war nicht im Land der Geschichte gelandet mit seiner Santa Maria, sondern im Reich des Mythos, das viel größer ist. Er hat einen Mythos entdeckt und ihn als allgemeine historische Kulturstufe der Menschheit beschrieben. Mit der Identifizierung von Mythos und

Logos, von Legende und Geschichte, hat er einen neuen Mythos geschaffen... Der große Mytheninterpret war, ohne es zu wissen, auch ein Mythenproduzent.«[52] Der »Mythos« von der alleinigen Existenz des Patriarchats aber wird als solcher nicht gesehen und schon gar nicht in Frage gestellt.

Wesentlich schärfer rechnet Janssen-Jurreit mit Bachofen ab, wenn sie schreibt: »Man muß den Feminismus vor den Ideen eines verklemmten Esoterikers schützen, der nur durch die unzugängliche Esoterik und die Unlesbarkeit seiner Schriften zu dem legendären Ruf gekommen ist, ein Werk geschrieben zu haben, das der Befreiung der Frau gedient hat. Überdies läßt sich feststellen, daß Bachofens Mystizismus und Mutterverehrung eine Reihe faschistischer Schriftsteller inspiriert und so für die Sache der Frauen allerhand verdorben hat.«[53]

Die Oberflächlichkeit und Inkompetenz dieses (Vor-)Urteils spottet jeder Beschreibung, wenn wir berücksichtigen, daß Archäologie und Ethnologie nicht umhinkonnten, den überwiegenden Teil der Erkenntnisse Bachofens zu bestätigen. Das aber wird von beiden völlig ignoriert. Statt dessen zeigt sich hier jene Kurzschlüssigkeit, der wir auch auf anderen Gebieten geistiger Auseinandersetzung begegnen. Immer wieder kommt es vor, daß jenen, die von den Nazis mißbraucht wurden, die Verantwortung für diesen Mißbrauch zugeschoben wird. Plakative Kurzschlüssigkeit hat hier Vorrang vor Differenzierungen. Es scheint ein beliebtes Spiel zu sein, »unliebsame« Vorstellungen mit dem antijudaistischen Nazi-Terror in einen Topf zu werfen:

- So werden Mütter, die mehr Recht für sich und Anerkennung ihrer Arbeit fordern, einer faschistoiden Mütterideologie bezichtigt.
- Greifen Frauen auf die uralte Tradition mythischer Kreistänze zurück, so werden sie mit den Führerinnen des BDM[54] gleichgestellt.
- Kehren Frauen kirchlichen Ritualen den Rücken, um eigene Rituale zu feiern, so werden diese mit Nazi-Aufmärschen verglichen.

- Kritisieren feministische Theologinnen das biblisch-patriarchale Gottesbild, so werden sie prompt mit den Nazis auf eine Stufe gestellt, die »den Gott der Juden schlechtgemacht und schließlich das jüdische Volk ermordet haben«.

Mit Hilfe solcher Argumentationsmuster sind kritische Ansätze von Frauen von vornherein antijudaismusverdächtig. Wer aber in der Geschichte des Patriarchats nicht weiter zurückzugehen vermag als bis ins sogenannte Dritte Reich, stellt damit die eigene Ignoranz hinsichtlich wahrer Ursprünge und Hintergründe unter Beweis. Hier liegt Janssen-Jurreit - und mit ihr viele andere - voll im Trend unserer Zeit.

Wenn Bachofens überwiegend berechtigte Interpretation antiker Mythen von Janssen-Jurreit als »unzulängliche Esoterik« eingestuft wird, so hängt das wohl eher mit ihrem mangelnden Mythenverständnis zusammen als mit der Unverständlichkeit seiner Schriften - selbst wenn diese in der Tat nicht immer von der Hand zu weisen ist. Bachofens Begründung dafür, daß er den Mythos ernst nimmt, entbehrt jedoch jedweder »Esoterik«. Sie ist vielmehr von einer bestechenden Logik: »Für das Mutterrecht bietet der Mythos... eine ... Bürgschaft der Echtheit dar. Der Gegensatz desselben zu den Ideen der späteren Zeit ist ein so tiefer und durchgreifender, daß unter der Herrschaft der letzteren eine Erdichtung gynaikokratischer (also: matriarchaler C.M.) Erscheinungen nicht stattfinden konnte.«[55]

Die Frage, inwieweit die »inneren Probleme des Autors«, die »offensichtlich in einer quälerischen Bindung an seine schöne junge Mutter« bestanden,[56] die Grundlage für die Forschungen Bachofens bildeten und diese maßgeblich beeinflußten, bedarf einer gründlicheren Erforschung, als sie von Janssen-Jurreit betrieben wurde. Daß jedoch seine tiefe Liebe zu seiner Mutter ein ihn motivierendes erkenntnisleitendes Interesse gewesen sein mag, sehe ich nicht unbedingt als Manko seiner Arbeiten. Die eigene Betroffenheit von einem Thema kann nicht von vornherein als Hindernis aufgefaßt werden. Schließlich war auch für Sigmund Freud die eigene neurotische Erkrankung ein grundlegendes Motiv für seine Neurose-

Forschung. Das gleiche gilt für seinen langjährigen Partner Carl Gustav Jung auf dem Gebiet der Schizophrenie. Und auch Alfred Adler erkannte das Zusammenspiel von körperlicher Behinderung und Machtanmaßung auf der Grundlage eigener Erfahrungen. Hat sich nicht auch das feministische Forschungsinteresse an den ganz persönlichen Erfahrungen mit dieser Kultur und Gesellschaft entzündet? Und könnte nicht auch Bachofen vor dem Hintergrund seiner großen Mutterliebe insgeheim unter der politischen Ohnmacht von Müttern gelitten haben und so zu seiner Forschung motiviert worden sein?

Fest steht, daß Janssen-Jurreit und Wesel den Erkenntnissen Bachofens auf gar keinen Fall gerecht werden und sie viel zu oberflächlich abhandeln. Beider Kritik liegt eine Einstellung zugrunde, der Bachofens Berücksichtung des Mythos als Erkenntnismittel zutiefst suspekt ist. Sie leugnen die historische Relevanz des Mythos und haben damit die wichtigsten Wurzeln matriarchaler Kulturen bereits im Keime erstickt.

Es gibt jedoch eine Reihe von AutorInnen, die den Mythos in seiner Aussagekraft durchaus als Beweismittel für eine vorpatriarchale und matriarchale Menschheitsepoche anerkennen.[57]

5. Behinderung: Ignorieren der religiösen Dimension

Neben dem fehlenden Mythenverständnis wird die Matriarchatsdiskussion auch noch dadurch behindert, daß viele AutorInnen die grundlegende Bedeutung der Religion in vorpatriarchalen Kulturen unberücksichtigt lassen. Die meisten sozialwissenschaftlich und sozialistisch orientierten AutorInnen vermitteln den Eindruck, als wenn alle Kulturformen ausschließlich auf den Produktionsverhältnissen basierten und die religiösen Anschauungen und Einrichtungen überhaupt keine Rolle spielten. Damit aber verzichten sie auf einen bedeutsamen Aspekt matriarchaler (wie auch patriarchaler) Wirklichkeit. Oftmals sind die politischen und ökonomischen Verhältnisse ohne Kenntnis des ihnen zugrunde liegenden religiösen

Weltbildes nämlich gar nicht zu verstehen. So lehnen es zum Beispiel manche Stämme bis heute ab, den weniger ergiebigen Hackbau aufzugeben und den Pflug einzuführen. Diese ablehnende Haltung begründen sie damit, daß sie ihrer Mutter Erde doch nicht den Leib aufreißen können. Wie könnten sie sonst erwarten, von ihr nach dem Tode wieder aufgenommen zu werden? Religiöse Vorstellungen bestimmen hier eindeutig die ökonomischen Verhältnisse - und nicht etwa umgekehrt. Doch das wird nicht zur Kenntnis genommen.

In einem ethnologischen Bericht erfahren wir lediglich in einem Nebensatz, daß die afrikanischen Kung glauben, daß Krankheiten »von Gauwa, ihrem Schöpfergott, geschickt« werden.[58] Es fehlen jedoch an dieser Stelle jegliche Überlegungen zu der Frage, warum und seit wann das Gottesbild männlich ist oder ob es daneben auch Göttinnen gibt, die verehrt oder gefürchtet werden. Hier ist es das religiöse Desinteresse der ForscherInnen, das für die Ausblendung der religiösen Dimension verantwortlich ist und schließlich dafür sorgt, daß in vielen Matriarchatsdebatten ganz wesentliche Aspekte matriarchaler Kulturen gar nicht erst zur Sprache kommen.[59]

6. Behinderung: Reduziertes Machtverständnis

An der Machtfrage entzündet sich immer wieder die Akzeptanz oder Ablehnung der Vorstellung von einer matriarchalen Kultur. Die einen sehen das Matriarchat als primitive Gemeinschaftsform einer fernen Vergangenheit, als Vorstufe zu einer höheren Kulturstufe männlicher Prägung und patriarchaler Herrschaft, die endlich dem männlichen Geist zu seinem Recht verhilft. Diese Vorstellung wurde bedauerlicherweise auch von Bachofen geprägt und fand viele Sympathisanten, stellt sie doch die sogenannte »Weiberherrschaft« als eine zu überwindende Kulturstufe der Menschheit dar. Sie läßt das Herz der Traditionalisten höher schlagen und bringt viele Feministinnen in Rage. Sie wollen endlich weg vom Herrschaftsdenken, hin zur klassen- und geschlechtslosen Gesellschaft. Als »egalitäre« und »herrschaftsfreie« Kulturform vermögen Matriarchate sie wohl zu interessieren. Ein Machtgefälle darf es allerdings nicht geben, und schon gar nicht zugunsten der Frauen. Denn: Macht ist Macht - egal, wer über sie verfügt.

Dabei wird der Unterschied zwischen patriarchaler Herrschaftsmacht und weiblicher Autorität fast nie beachtet. Das beklagen auch Ilse Lenz und Ute Luig, ohne allerdings für eine ausreichende Klärung hinsichtlich der mit diesen Begriffen verbundenen Vorstellungen und Strukturen zu sorgen. An dieser Klärung liegt jedoch ungemein viel, wie das vorangegangene Kapitel zeigte.

Inzwischen liegen genügend Forschungsergebnisse vor, die erkennen lassen, daß es in matriarchalen oder als nicht-patriarchal bezeichneten Kulturen einen völlig anderen Umgang mit Macht gibt, als wir ihn kennen. Neben den bereits im vorangegangenen Kapitel zitierten sollen hier noch andere Erkenntnisse zu Wort kommen.

Bereits aus dem 18.Jahrhundert liegen Berichte jesuitischer Missionare vor, die bei den kanadischen HuronInnen beobachteten, was auch heute noch in vielen sogenannten »primitiven« Kulturen auffällt, daß nämlich Klanführer keine Machtmittel in der Hand hatten, »um andere zur Befolgung ihrer Entscheidungen zu zwingen oder zu nötigen... Welche Beschlüsse in politischen Gremien auch immer getroffen wurden, es lag an den einzelnen Frauen und Männern, diese in die Tat umzusetzen.«[60] Diese Daten stimmen mit Forschungsergebnissen aus anderen Stämmen überein. Nur am Rande sei jedoch vermerkt, daß auch hier der Klan-Mutter eine größere Autorität zukommt als dem Klan-Führer, was immer wieder übergangen wird.[61]

Wie weitreichend die Machtbefugnisse von Frauen sein konnten, wird aus einer Zusammenstellung ethnologischer Daten über die Irokesinnen von Judith K. Brown ersichtlich. So schrieb der Jesuitenpater Joseph F. Lafitau über diesen Stamm: »Nichts jedoch ist wirklicher als die Überlegenheit der Frauen. Sie bilden eigentlich die Nation; nur durch sie finden Blutsadel, Stammbaum und Familie ihre Kontinuität. Bei ihnen liegt alle wahre Autorität. Das Land, die Felder und die Ernten gehören ihnen. Sie sind die Seelen der

Ratsversammlung, die Schiedsrichterinnen in Krieg und Frieden. Sie verfügen über den öffentlichen Schatz.«[62]

Auch spätere Forschungen ergaben, daß es die Irokesinnen waren, die die wirtschaftliche Organisation ihres Stammes bestimmten.[63] In ihren Händen lag die Beschaffung und Verteilung der Nahrung - auch jener, die Männer erjagt hatten. Mit dieser Macht konnten sie Kriege verhindern, indem sie den Kriegern den Proviant verweigerten. Frauen waren gemeinschaftlich Eigentümerinnen von Grund und Boden, von Häusern und Haushaltsgegenständen. »Im politischen Bereich hatten irokesische Matronen die Macht, die Ältesten zu ernennen und abzusetzen; sie konnten Entscheidungen des Rates beeinflussen und verfügten gelegentlich (? C.M.) über die Macht, Kriegsführung und Vertragsabschlüsse zu bestimmen. Obwohl Frauen nicht im Ältestenrat, dem höchsten Organ der Liga (? C.M.), sitzen konnten (es herrschte strenge Geschlechtertrennung, C.M.), lief die erbliche Qualifikation für ein solches Amt über sie; ebenso wurde die Qualifikation nach Eignung weitgehend von ihnen kontrolliert.« Da sie es waren, die die Ältesten absetzen konnten, wurde das Vorgehen eines neuen Ältesten nach dem Tode seines Vorgängers genauestens beobachtet. »Wich sein Verhalten von den akzeptierten Normen ab, wurde er von der weiblichen Abgeordneten verwarnt. Wenn er sich trotz mehrerer Verwarnungen noch immer nicht konform verhielt, leitete sie eine öffentliche Anklage ein.«[64]

Trotz dieses eindeutigen Machtgefälles meinen Frauen, bei den IrokesInnen »egalitäre« Verhältnisse entdeckt zu haben, nur weil patriarchale Herrschaftsinstanzen sowie ein patriarchales Machtverständnis fehlen. Wie heute existierende Matriarchate noch durchgängig erkennen lassen, haben Frauen ihre Dominanz dazu benutzt, um anti-soziale Machtinteressen abzuwehren oder gar nicht erst entstehen zu lassen. Auf diese Weise sorgen sie in der Tat für ein relatives Gleichgewicht der Gemeinschaft. Daß es jedoch von Frauen nur hergestellt werden kann, wenn sie in der »Über«macht sind, wird von vielen feministischen Forscherinnen leider nicht gesehen. So entgeht ihnen ein völlig anderer Umgang mit Macht, den wir getrost als »typisch weiblich« bezeichnen können.

7. Behinderung: Unsaubere Double-Bind-Argumentationen

In vielen Patriarchatsanalysen von Frauen finden wir die These, die Unterdrückung der Frau sei eine Folge der Arbeitsteilung und somit der sozialen Trennung in Frauenwelten und Männerwelten. Diese These ist zumindest für das Matriarchat unzutreffend, werden hier doch Ursache und Wirkung vertauscht. Matriarchate praktizieren eindeutig eine weitgehende Trennung der Geschlechter, ohne daß es deswegen zur Unterdrückung von Frauen kommt. Der entscheidende Punkt ist demnach nicht das Faktum der Arbeitsteilung als solcher, sondern die mit ihr einhergehende Wertschätzung der Rollen und Aufgabenbereiche. Im Patriarchat werden den Frauen einerseits jene Aufgaben zugewiesen, denen ein geringer Wert beigemessen wird. Andererseits verlieren alle Arbeitsleistungen in dem Moment an Wertschätzung, wo sie von Frauen erbracht werden.

Anders im Matriarchat. Wie bereits erwähnt, genießen hier die weiblichen Tätigkeiten eine etwas höhere Wertschätzung, da ihnen ein höheres Maß an Bedeutung für das Überleben der Gruppe beigemessen wird.

Hinzu kommt, daß die patriarchale Form geschlechtsspezifischer Arbeitsteilung - zumindest teilweise - eine Folge männlicher Herrschaftsmacht ist. Auch das ist in Matriarchaten anders. Hier ergeben sich die weiblichen Aufgabenverteilungen aus den Folgen natürlicher Gegebenheiten. Kein Geschlecht zwingt dem anderen irgendwelche Tätigkeiten auf und hat folglich auch nicht das Gefühl, vom jeweils anderern Geschlecht beherrscht zu werden.

In den Darstellungen von Matriarchaten als »egalitäre« Gesellschaften wird jedoch das Faktum der Geschlechtertrennung und der weitgehenden Arbeitsteilung unterschlagen. Gleichzeitig aber werden dort, wo dieses Faktum beschrieben wird, sofort patriarchale Verhältnisse unterstellt, da die Aufnahmebereitschaft oder -fähigkeit für die hier angeführte Unterscheidung fehlt.

Ähnliches gilt für Hinweise auf das erstaunliche Maß an Friedfertigkeit matriarchaler Kulturen, das regelmäßig Mißtrauen erweckt. Friedlichere Menschen? Unvorstellbar. Da kann doch etwas nicht stimmen! Das Patriarchat bleibt Beurteilungsmaßstab. Was hier nicht vorstellbar ist, kann es dort nicht gegeben haben. Wird dann jedoch eingeräumt, daß matriarchale Menschen selbstverständlich nicht nur friedlich waren, daß sie zwar keine Angriffs- und Eroberungskriege kannten, aber hin und wieder auch Verteidigungskriege führten, so wird dieser Umstand zum Ausgangspunkt weiterer Nivellierungen. Es ergeht der Vorwurf: Alle Kriege würden als Verteidigungskriege deklariert. Mit anderen Worten: Weil im Patriarchat Etikettenschwindel an der Tagesordnung ist, muß es in Matriarchaten ebenso (gewesen) sein.

Bevor überhaupt ein Gesamteindruck von dem entstehen kann, was matriarchale Strukturen wirklich bedeuten, inwiefern sie sich von den unsrigen unterscheiden, wird eine Vielzahl von Wünschen und Befürchtungen, die sich beide aus den Defiziten patriarchaler Verhältnisse ergeben, auf das Matriarchat projiziert. Vermag es diese dem oberflächlichen Anschein nach nicht den eigenen Vorstellungen gemäß zu erfüllen, so besteht kein weiterer Bedarf, sich sachkundig zu machen.

Was die Diskussion um das Matriarchat so erschwert, ist der Umstand, daß die Wissenschaftsgebiete heillos zersplittert sind und sich ForscherInnen nur selten in den entsprechenden Fachgebieten hinlänglich auskennen: Feministische Ethnologinnen kennen sich selten aus im Mythen- und Symbolgebäude der von ihnen untersuchten Kulturen. Statt dessen konzentrieren sie sich einseitig auf politische und ökonomische Zusammenhänge, ohne die religiösen Grundlagen mit zu erforschen. Dasselbe gilt in ähnlicher Weise für RepräsentantInnen der anderen Fachgebiete: Archäologie, Mythologie, Psychologie und Rechtswissenschaft. Nur eine enge Zusammenarbeit auf der Grundlage der Respektierung der Kompetenz der jeweils anderen könnte hier Abhilfe schaffen und eine weibliche Sozialform sichtbar werden lassen, die dem Geschlecht der Frauen die eigenen Fähigkeiten und Stärken vor Augen führen könnte.

Ausblick auf Probleme der Matriarchatsforschung

Die Matriarchatsforschung begann - abgesehen von sporadischen Äußerungen zur Stellung der Frau in anderen Kulturen in Reiseberichten früherer Jahrhunderte - mit der systematischen Mytheninterpretation von Johann Jakob Bachofen. Ihnen folgten Ausgrabungsfunde auf allen Kontinenten, die auf eine hervorgehobene Stellung der Frau hindeuten. Ob in Ägypten oder Griechenland, Mittel- oder Osteuropa, Indien oder China, Nord- oder Südamerika, überall läßt sich der Nachweis erbringen, daß die Stellung der Frauen steigt, je weiter wir in die Vergangenheit zurückschauen.

Zwischenzeitlich häufen sich auch in der ethnologischen Forschung die Beweise dafür, daß Bachofen kein romantischer Träumer und Spinner war, als er die für mutterrechtliche Kulturen bezeichnenden Werte mit »Freiheit, Gleichheit, Brüderlichkeit« beschrieb. Wenn wir den letzten Begriff heute durch »Geschwisterlichkeit« ersetzen, treten damit die weiblichen Angehörigen, die Schwestern einer Sippe, stärker in den Vordergrund, was genau matriarchaler Wirklichkeit entspricht, da die Verwandtschaftslinien über sie laufen. Diese Werte finden EthnologInnen heute durchgängig bei den von ihnen als »nicht-patriarchal« gekennzeichneten Gesellschaften vor, die ich in den meisten Fällen matriarchal nennen würde, da bei ihnen regelmäßig die hervorragende Stellung der Frau ins Auge fällt.

Leider gibt es noch keinen systematischen Vergleich der Forschungsergebnisse dieser Ethnologinnen mit den Erkenntnissen Bachofens. Das liegt daran, daß es noch keine universitäre Matriarchatsforschung gibt, in der Mythologie, Archäologie und Ethnologie gleichermaßen berücksichtigt werden. Sie bilden aber die drei Eckpfeiler einer integralen Matriarchatsforschung, die gegenwärtig im deutschsprachigen Raum wohl nur von Heide Göttner-Abendroth ohne universitäre Unterstützung systematisch betrieben wird.

Bei allen staatlich subventionierten Projekten fällt auf, daß sie in keinem Fall von dem erkenntnisleitenden Interesse getragen sind, die weltweite Existenz matriarchaler Kulturen nachweisen zu wollen. Den staatlich subventionierten ForscherInnen geht es vorrangig darum, deren Existenz in der Frühgeschichte der Menschheit zu widerlegen oder aber die Vorstellung von Matriarchaten ganz aus der Forschung auszuklammern und ihre Existenz mittels anderer Begriffe unkenntlich zu machen. - Das gibt zu denken, zumal die feministische Wissenschaftsanalyse gezeigt hat, daß die sogenannte Objektivität um keinen Preis zu haben ist. Schließlich widerspricht ihr jedes erkenntnisleitende Interesse - besonders aber wohl das unbewußte.

Andererseits kennen wir aus den Naturwissenschaften zahlreiche Beispiele dafür, daß in vielen Fällen nicht die Unvoreingenommenheit der ForscherInnen, nicht das Fehlen eines erkenntnisleitenden Interesses zu neuen wissenschaftlichen Erkenntnissen geführt hat, sondern, ganz im Gegenteil, die Besessenheit von einer Idee, die Intuition oder gar der Traum. »Als Niels Bohr den Nobelpreis erhielt, offenbarte er der Welt, daß ihm seine Träume die Struktur des Atoms gezeigt hatten. Desgleichen wurde der Chemiker August Kekule für die Fortschritte geehrt, die durch seinen Traum von der Struktur des Benzolringes in die Wege geleitet worden waren.«[65]

Wenn aber Gefühl und Intuition - traditionsgemäß das Metier von Frauen - selbst innerhalb der patriarchalen Wissenschaften wichtige Erkenntnismittel darstellen, die die Wahrheit erhellen, weshalb sollten Frauen sich ihrer nicht auch in der Matriarchatsforschung bedienen?

Zudem ist jeder Ansatz mit dem jeweiligen Vorverständnis und Wertgefüge der Forscherinnen aufs engste verbunden. Wie deutlich wurde, spielt dabei auch das eigene Machtverständnis mit den entsprechenden politischen Idealen eine ganz wesentliche Rolle. Durch sie erhalten die Beschreibungen nicht-patriarchaler Kulturen ihre Schwerpunktsetzungen. Hinter dieses Faktum können wir nicht zurück. Das erkenntnisleitende Interesse läßt sich hinter der Befürwortung einer Matriarchatstheorie ebenso ausmachen wie hinter ihrer Leugnung. Es dürfte daher eigentlich kein Grund bestehen, ihre Anhängerinnen zu diffamieren und weiblichen Zusammenhalt zu verhindern.

Nichts spricht dagegen, daß Frauen sich in die Vergangenheit ihres Geschlechts vertiefen. Schließlich begegnen sie dort Formen der Macht, die sie daran erinnern, daß sie auch ihnen zustehen, zumal sie ihren eigenen Vorstellungen und Wünschen recht nahekommen. Dabei erweist sich der Umgang mit matriarchalen Anschauungsmustern als eine Quelle weiblicher Macht, die zu einem neuen Selbstverständnis führt, das Frauen hilft, sich von patriarchalen Definitionen von Weiblichkeit zu distanzieren und etwas Eigenes an ihre Stelle zu setzen.

Nachdem wir jene Probleme und Schwierigkeiten angeschaut haben, denen wir bei unserer Annäherung an weibliche Macht begegnen, soll es im dritten und letzten Teil dieses Buches um eine Klärung der Wurzeln weiblicher Macht gehen.

Teil III

Die Wurzeln weiblicher Macht

Vorbemerkungen

Wenn wir uns mit Matriarchaten beschäftigen, müssen wir uns zuerst der Tatsache bewußt werden, daß wir mit ihnen in eine gänzlich andere Kulturwelt eintauchen. Sie ist in keiner Weise vergleichbar mit unserem patriarchalen Kultur-, Religions- und Weltverständnis. Wie bereits erwähnt, gilt es daher, sich von der gängigen Vorstellung zu lösen, die matriarchale Kultur bedeute eine simple Umkehr patriarchaler Verhältnisse. Wir dürfen also nicht meinen, wir hätten etwas begriffen, wenn wir nunmehr den allmächtigen Vatergott einfach durch eine Muttergöttin ersetzen. Dieser ist eine sehr späte und überwiegend abstrakte Erfindung männlicher Priesterkasten; denn während der längsten Zeit der Geschichte der Menschheit war die Institution biologischer Vaterschaft unbekannt oder auch nur irrelevant. Aus ihr eine allmächtige göttliche Instanz zu machen, wäre matriarchalen Menschen nie in den Sinn gekommen.

Anders die Muttergöttin. Sie hat etwas mit grundlegenden menschlichen Erfahrungen des Geboren-, Genährt- und Getragenwerdens, des Beschützt- und Umsorgtwerdens, des Angesprochen- und Zur-Rechenschaft-Gezogen-Werdens, des Bestraft- und Vernichtetwerdens zu tun. Diese menschlichen Primärerfahrungen wiederholten sich für Menschen frühgeschichtlicher Epochen ihr Leben lang in ihren Erfahrungen mit der Natur. Sie schenkte ihnen Nahrung - war aber auch die Urheberin von Dürreperioden und Hungersnöten. Sie versorgte die Menschen - bedrohte sie aber auch. Sie brachte Leben hervor - und nahm es wieder zurück. All diese Erfahrungen veranlaßten die Menschen, in den Naturzusammenhängen eine weibliche göttliche Kraft am Werk zu sehen. Dem Göttin-Glauben liegen also ganz konkrete Erfahrungen im Umgang mit Kosmos und Mutter Erde zugrunde - dem Gottvaterglauben nicht.

Dieser Erfahrungsschatz einer früheren Menschheit tritt uns heute in archäologischen Funden und mythischen Überlieferungsresten nicht-patriarchaler Völker und in ethnologischen Studien über sie entgegen. Er kann aber nur dann wirklich wahrgenommen werden, wenn wir uns davor hüten, über diese Erfahrungsreste einer uns abhanden gekommenen Weltschau die Folie des zivilisatorischen Überlegenheits- und Fortschrittsdenkens zu legen. Durch sie erscheint uns primitiv, was im Erfahrungsbereich jener Menschen in hohem Maße weise und lebenserhaltend war. Es bedarf folglich eines vorsichtigen Sich-Herantastens an die Überlieferungen in Gestein und Ton, Metall und Stoff, in Bildern und Skulpturen, Gefäßen und Textilien, Märchen und Mythen.

Viel zu häufig geschieht jedoch das genaue Gegenteil. Statt die vielen vorhandenen Mosaikteilchen zusammenzusetzen, werden sie auseinandergerissen und isoliert gedeutet - auf der Grundlage gegenwärtiger Vorstellungsmuster -. Da die Bedeutung eines Gegenstandes oder Sachverhalts aber immer von seiner jeweiligen Deutung abhängt, ist es leicht, Deutungen, die das Bestehende in Frage stellen, als Fehldeutungen abzutun.

Um die Wahrnehmung der grundlegenden Verschiedenheit des patriarchalen und des matriarchalen Systems zu erleichtern, habe ich versucht, ihre wesentlichen Unterschiede in einer Gegenüberstellung zu veranschaulichen (siehe nächste Seite). Ihr liegen zwar Forschungen von mehr als fünfzehn Jahren zugrunde, doch erhebt sie keinen Anspruch auf Vollständigkeit. Ergänzungen und Veränderungen auf der Grundlage weiterer Recherchen sind daher wahrscheinlich. Das Schema will den Zugang zu den Unterschieden beider Welt-Anschauungen erleichtern und nicht etwa ein unhinterfragbares Wissen darstellen. Es soll verhindern, daß vorschnell patriarchale Vorstellungsmuster in die vorpatriarchale Menschheitsepoche zurückprojiziert und damit Annäherungen an ein matriarchales Weltbild von vornherein blockiert werden. Statt dessen möchte es helfen, in eine völlig andere Vorstellungswelt einzutauchen.

Auf die Notwendigkeit einer Loslösung von patriarchalen Vorstellungen und die häufigen Folgen ihres Fehlens habe ich bereits im Kapitel über die Matriarchatsdiskussion hingewiesen. Dennoch werde ich manches bereits Gesagte der Vollständigkeit halber hier wiederholen müssen.

arché: Anfang + Urgrund + Prinzip		
MATRIARCHAT: MUTTERRECHT		**PATRIARCHAT: VATERRECHT**
= **Matrilinear** zur Sippe der Mutter (weibliche Erbfolge)	← Nachkommen → gehören	= **Patrilinear** zur Sippe des Vaters (männliche Erbfolge)
= **Matrilokal** am Ort der Mutter	← Kinder bleiben →	= **Patrilokal** am Ort des Vaters
= **Naturrecht** dem Schutz der Schwachen der Heiligkeit der Blutsbande	← Recht dient →	= **Männliches Gesetz** dem Schutz der Macht des Starken der Heiligkeit der Ehe (Frau + Kind = Besitz des Mannes)
Muttermord	← schwerste Schuld →	**Ungehorsam gegen den Vater(-Gott)** (auch Landesvater und Vater Staat)
Leben + Liebe + Glück	← höchster Wert →	**Gehorsam gegen Autorität/männliches Gesetz**
Die Natur	← Einbettung des → Lebens in	**Gesetze bei gleichzeitiger Beherrschung von Natur und Mensch durch Mann**
Zyklisch	← Weltverständnis →	**Linear**
Polar (sowohl als auch)	← Denken →	**Dualistisch** (entweder - oder)
Mond	← Hauptsymbol →	**Sonne**
Polytheistisch mit weiblicher Hauptgöttin	← Religion →	**Monotheistisch mit einem männlichen Gott**
Einheit in der Vielfalt		**Bekämpfung anderer Religionen**
		Absolutistisch
Beziehung	← Göttin/Gott →	**Absoluter Herrscher**

9. Kapitel

Matriarchales und patriarchales Weltbild

Erläuterung der Begriffe »Matriarchat« und »Patriarchat«

Ausgangspunkt von Mißverständnissen ist immer wieder ein semantischer Irrtum. Bei der Übersetzung der Begriffe »Matriarchat« und »Patriarchat« mit »Mutterherrschaft« und »Vaterherrschaft« findet eine unzulässige Parallelisierung statt, die die Bedeutungsvielfalt des griechischen Wortes »arché«, das den Kern beider Begriffe bildet, außer acht läßt.

Folgen wir der Entstehungsgeschichte dieses Wortes, so gehört die Übersetzung von »arché« mit »Herrschaft« einer relativ späten Epoche an. Sie setzt ein Denken in patriarchalen Kategorien des Herrschens und Beherrschtwerdens voraus, das matriarchalen Menschen noch fremd war. Daher übersetzte Johann Jakob Bachofen »Matriarchat« nicht etwa mit »Mutterherrschaft«, sondern mit »Mutterrecht«. Interressierte ihn als Juristen doch in erster Linie jenes andere Rechtssystem, das aus einer mütterlichen Perspektive entstanden war. Patriarchales Recht dagegen basiert auf einem von Männern zusammengestellten Gesetzeskanon, der im jüdisch-christlichen Patriarchat auf Offenbarungen eines männlichen Gottes zurückgeführt wird.

Die älteste Bedeutung des griechischen Begriffs »arché« ist: Anfang, Urgrund, grundlegendes Prinzip. Dieser Bedeutung begegnen wir auch in dem Wort »Archäologie«, das nicht etwa die Lehre von »Herrschaftsverhältnissen« meint, sondern sich mit den Anfängen der Menschheitsentwicklung befaßt. Der Begriff »Matriarchat« verweist so auf die Tatsache, daß die Menschheit ihre Anfänge über die Mütter verfolgte, die sie als ihre Grundlage erlebte und sich daher maßgeblich von mütterlichen Erfahrungen, Anschauungen und Prinzipien leiten ließ.

Patriarchate sind dagegen nicht Ausdruck väterlicher Erfahrungen im Umgang mit Kindern, auch nicht Ausdruck positiver kindlicher Erfahrungen mit Vätern, wie es uns der Begriff auf dieser Bedeutungsebene suggerieren würde. Sie sind vielmehr Gesellschaftsformen, in denen es primär um die Absicherung männlicher Herrschafts- und Gewaltrechte über Frauen und Kinder ging. Vom Beginn patriarchaler Herrschaft an wurde der Etablierung und Erhaltung männlicher Herrschaftsmacht Priorität vor der Erhaltung und Pflege menschlichen Lebens eingeräumt. Dazu bediente man sich der Umkehrung matriarchaler Vorstellungen. Das zeigt sich in der Patriarchalisierung – also Verkehrung - der grundlegenden Prinzipien matriarchalen Zusammenhalts. Aus einer ursprünglichen Matrilinearität wurde Patrilinearität. Matrilokalität wurde in Patrilokalität verwandelt und so ein Prozeß weiblicher Selbstentfremdung ungeahnten Ausmaßes eingeleitet.

Matrilinearität und Matrilokalität

Hinter diesen beiden Begriffen verbergen sich Verwandtschaftssysteme und Sozialstrukturen, die dem grundlegenden Status der Mutter Rechnung tragen. »Matrilinearität« besagt, daß die Abstammungsgeschichte ausschließlich über die Ahninnen verfolgt wird. Verwandtschaftssysteme und damit auch die primären Sozialbeziehungen regeln sich demgemäß über die Mütter. Biologische Vaterschaft ist entweder unbekannt oder unbedeutend. Sie setzt ja voraus, daß eine Frau ihre sexuellen Kontakte auf einen Mann beschränkt bzw. sich merkt, wann sie zu wem Kontakte hatte - eine wahrlich absurde Vorstellung in einer Zeit, in der monogame Ehen für Frauen als Grundlage der Sozialstruktur noch nicht existierten. Der biologische Vater war demnach ursprünglich unbekannt. Kinder hatten einen sozialen Vater, den Bruder ihrer Mutter. Er war *der* Vertreter der männlichen Welt für Mütter und Kinder. Daher kommt im Matriarchat der Geschwister-Beziehung eine hervorragende Bedeutung zu. Sie wird als *die* Liebesbeziehung schlechthin zwischen Frauen und Männern angesehen.

Davon künden bis heute Märchen und Mythen. Auf diesem Hintergrund wird auch verständlich, weshalb Antigone in der Ödipus-Trilogie des Sophokles ihr Leben opfert, um für ihren toten Bruder das Recht auf ein Begräbnis durchzusetzen. Sie begründet ihren Ungehorsam gegenüber dem Verbot ihres Onkels Kreon, den Bruder zu begraben, damit, daß sie nicht zur Verräterin an den alten Gesetzen werden kann. Diese aber geben der Geschwisterliebe Priorität vor der Liebe zum Gatten, ja sogar zum eigenen Kind; - denn beide sind im Falle ihres Todes ersetzbar. Verstorbene Geschwister dagegen haben keine Nachfolge. Daß ursprünglich unter ihnen dem weiblichen Part eine größere Bedeutung beigemessen wurde, klingt - wie bereits erwähnt - in dem Wort »Geschwister« bis heute noch nach.

Die gemeinsame Mutter begründet Liebe und Zusammengehörigkeit von Geschwistern. Solche Prioritätensetzung folgt - und darauf legt Antigone in der Auseinandersetzung mit ihrem patriarchalen Onkel großen Wert - keiner männlichen Willkür, sondern verwandtschaftlicher Realität, die in matriarchalen Satzungen ihren Niederschlag gefunden hat. Es handelt sich hierbei, wie Antigone erklärt, um wandellose, ungeschriebene göttliche Gebote. »Sie stammen nicht von heute oder gestern. Sie leben immer, keiner weiß, seit wann.«[1]

Die Argumentation der Antigone macht deutlich, daß im matriarchalen Weltbild Verwandtschaftsbeziehungen ganz allgemein als grundlegende Liebesbeziehungen gewertet wurden. Die Erb- und Abstammungsfolge über die weibliche Linie sowie das Heimatrecht am Ort der Mutter - Matrilinearität und Matrilokalität - begründeten die Sozialstrukturen im Matriarchat und boten den Menschen Heimat und unveräußerliche Rechte in der mütterlichen Sippe. Das bedeutete ein Höchstmaß an sozialer Sicherheit.

Da der Grund und Boden den Frauen gemeinsam gehörte, waren sie und ihre Nachkommen ökonomisch abgesichert. Sie kannten keine Abhängigkeit von irgendeinem Mann, der von außen durch Heirat hätte Einfluß nehmen können. Auch wurden Töchter – und nicht etwa Söhne - als Trägerinnen der Zukunft angesehen. Folglich galt die Mutter-Tochter-Beziehung als wichtigste Beziehung überhaupt, war sie doch konstitutiv für die Gemeinschaft. Als primäre Erhalterinnen der Sippe im biologischen, sozialen und ökonomischen Sinne kam Frauen so insgesamt eine größere Bedeutung zu.

Auch der Mann behielt sein lebenslanges Heimatrecht in der Sippe seiner Mutter. Zur Aufnahme sexueller Beziehungen und damit einhergehenden sozialen Bindungen und Verpflichtungen verließ er sie jedoch - wenn auch meist nur vorübergehend -, um einer Frau »anzuhangen« und mit ihr »ein Fleisch« zu werden, wie es im Alten und Neuen Testament in Erinnerung an matriarchale Verhältnisse noch heißt. In der Sippe der Frau hatte der Mann, solange er dort lebte, zwar auch soziale Pflichten, sein eigentliches Zuhause aber blieb die Sippe seiner Mutter und weiblichen Verwandten, denen er zeitlebens verbunden und verpflichtet blieb. Der heterosexuellen Paarbeziehung kam folglich eine geringere Bedeutung zu, als dies in späteren patriarchalen Zusammenhängen - insbesondere für die Frau - der Fall war und ist.

Klappte es in der heterosexuellen Partnerschaft nicht, so konnten sich die Paare problemlos trennen. Fand der Mann keine andere Partnerin innerhalb der Sippe der Frau oder fügte sich nicht ein in die Zusammenarbeit mit den anderen Männern, so mußte er die Sippe verlassen und sich in einer anderen Sippe umschauen. Die Kinder wurden davon in keiner Weise tangiert, denn sie hatten ja ihren (sozialen) Vater im Bruder ihrer Mutter.

Wenn auch dem weiblichen Aufgabenbereich eine größere Bedeutung zugesprochen wurde als dem männlichen, so bedeutete dies – wie wir sahen – weder, daß Söhne unerwünscht und verachtet, noch daß Männer diffamiert und unterdrückt wurden. Menschenverachtende Vorstellungen gehören eindeutig der patriarchalen Epoche an. Männer hatten in matriarchalen Kulturen ebenfalls eine wichtige Funktion für den Schutz der Gemeinschaft und den Abwechslungsreichtum erjagter Nahrung. So bestand in der Gewichtung beider Geschlechter ein gradueller Unterschied, aber kein absoluter Gegensatz, wie dies in späteren patriarchalen Kulturen der Fall ist.

Die relativen Unterschiede zwischen den Geschlechtern, die Frauen eine bedeutendere soziale Stellung zuschrieben, resultierten nicht aus weiblichem Größenwahn oder einem willkürlichen Umgang mit Macht, sondern aus den biologischen Gegebenheiten. Als biologischer, sozialer und geistiger Ursprungsort beider Geschlechter kam Frauen eine vorrangige geistige, seelische und soziale Macht zu, die sie allerdings nicht in Herrschaft im patriarchalen Sinn verwandelten. Aus völkerkundlichen Studien erfahren wir, wie sensibel das ganze Sozialsystem solcher Stämme darauf ausgerichtet ist, individuelle Machtgelüste »leerlaufen« zu lassen.

Patrilinearität und Patrilokalität

Es ist hier nicht der Ort, das Wann und Weshalb des patriarchalen Umbruchs zu diskutieren. Das soll im nächsten Kapitel geschehen. Fest steht jedoch, daß dieser Umbruch stattgefunden hat und sich über mehrere Jahrtausende erstreckte, bis es schließlich gelang, die Frau physisch und psychisch, geistig und emotional, ökonomisch und sozial vom Mann abhängig zu machen. Mit der Verkehrung und Übertragung matriarchaler Prinzipien auf das männliche Geschlecht wurde die primäre weibliche Lebensgemeinschaft zerstört, die verwandtschaftlichen Beziehungen zerrissen, die Mutter-Kind-Beziehung verunsichert und das weibliche Geschlecht seiner gemeinsamen Lebensgrundlage und seines Zusammenhalts beraubt. Mit der Einführung der Patrilinearität und Patrilokalität verlor die Frau ihre Autonomie, während der Mann Herrschaftsrechte über sie gewann.

Zur Einführung der männlichen Erbfolge bedurfte es der Sicherstellung biologischer Vaterschaft. Die aber war nur gegeben, wenn

Frauen einer sicheren Kontrolle unterstellt und ihnen die sexuelle Selbstbestimmung genommen wurde. Die Unterscheidung zwischen »legitimen« und »illegitimen« Kindern ist nur für patriarchale Väter sinnvoll. Frauen - und mit ihnen ihre matriarchalen Brüder - kennen nur »legitime« Kinder. Für den Mann gibt es neben »seinen« Kindern auch noch »Bastarde«. Biologische Väter können sich jedoch einer gewissen Unsicherheit hinsichtlich ihrer Vaterschaft nie ganz entledigen. Aus diesem Umstand erwuchsen ihre Ängste und Projektionen und ein Sicherheits- und Kontrollbedürfnis, das Frauen bis heute in ihrer sexuellen Selbstbestimmung und Unabhängigkeit einschränkt.

Mit der Einführung der Patrilinearität wurden Frauen und ihre Kinder zum Besitz des Vaters erklärt, stand doch der Umschwung zum Patriarchat im engen Zusammenhang mit dem Aufkommen von Privateigentum. Patriarchale Väter wollten Söhne, mit denen sie ihre Eroberungskriege führen und denen sie ihren Besitz vererben konnten. Töchter waren weniger erwünscht und wurden zum Gebären weiterer Söhne abgerichtet.

Wenn Mütter nur durch das Gebären von Söhnen eine Aufwertung erfahren, hat das natürlich Folgen für ihre Einstellung zu Töchtern. Mit der Durchsetzung der männlichen Erbfolge gelang der Einbruch in die einstmals wichtigste Beziehung der Menschen. Die Mutter-Tochter-Beziehung wurde grundlegend gestört und sozial irrelevant. Wußte vormals jede Frau, daß sie mit der Geburt ihrer Tochter sich selbst und folglich ihr eigenes Geschlecht und ihre Sippe erneuerte, so lernte sie in patriarchalen Zusammenhängen, sich der Geburt einer Tochter zu schämen beziehungsweise sie zu bedauern. Mit dieser Umwertung wurde weibliche Solidarität zerstört.

Das geschah aber auch durch das Prinzip der Patrilokalität; denn nunmehr mußte die Frau zwecks Heirat ihre Sippe verlassen und in die Sippe des Mannes übersiedeln. Die Folgen dieser Veränderung liegen auf der Hand. Sie bedeutete für die Frau materielle Enteignung und soziale Entmachtung, die mit ihrer Entwurzelung und Entfremdung einhergingen. Der Verlust ihrer Sippe bedeutete für sie den Verlust ihrer tiefsten Bindungen, was unendliches Leid für Mütter und Töchter zur Folge gehabt haben muß. Anders ist die Entstehung des Mythos von Demeter, der Getreidemutter, der die Tochter geraubt und vom Totengott Hades in die Unterwelt entführt wird, nicht zu erklären. Hier wird eine mythische Kritik an der patriarchalen Ehe formuliert, die den Müttern die Töchter raubte, da sie der Beziehung zum Mann den Vorrang gab. Im Mythos gelingt es der Mutter, ihre Tochter zurückzubekommen, wenn auch nur für zwei Drittel eines Jahres. Damit wird jene Zeit des Übergangs beschrieben, in der sich matriarchale Strukturen und Prinzipien nochmals durchzusetzen vermochten, wenn auch in immer abgeschwächterer Form.

Stellen wir uns einmal vor, was der Wechsel aus der eigenen Sippe in jene des Mannes für ein junges Mädchen bedeutete. Sie kam in eine völlig fremde Umgebung. Ihr ganzes Wissen um sozial-psychologische Zusammenhänge nützte ihr dort nichts mehr. Sie mußte ganz neu das Geflecht menschlicher Schwächen und Stärken, Intrigen und Beziehungen kennenlernen und sich dort irgendwie einfügen. Meist wurde sie bereits in den ersten Monaten ihres Aufenthalts schwanger, womit sich die Sehnsucht nach ihrer gewohnten Umgebung verstärkte - insbesondere dann, wenn ihre neue Verwandtschaft ihr nicht liebevoll begegnete. Gerade in der Zeit von Schwangerschaft und Niederkunft war sie nun ohne den Beistand vertrauter und geliebter Menschen. Statt dessen wurde sie oftmals von der neuen Schwiegermutter als Rivalin in der Gunst und Zuwendung ihres Sohnes gesehen. Die Härten dieses Problems wurden in einigen Gegenden dadurch gemildert, daß junge Frauen kurz vor der Niederkunft in ihre eigenen Sippen zurückkehren und dort einige Monate verbleiben konnten.

Der Umschwung muß, aufs Ganze gesehen, katastrophale Folgen gehabt haben: nicht nur für das Selbstverständnis der Frauen, sondern ebenso für ihr Verhältnis zu ihren Kindern, die nunmehr ihren Status und ihre Abhängigkeit besiegelten. Von nun an erlebten Kinder ihre Mütter als Abhängige, die sich in der Sippe des Vaters als Fremde am unteren Ende der Machthierarchie befanden. Dort war der Vater primäre Bezugsperson des Kindes - im Grunde genommen ein Fremder, der die Verfügungsgewalt über sie und ihre Kinder hatte. Verlor er sein Interesse an ihr oder entdeckte irgendwelche Mängel, so konnte er sie jederzeit zu ihrem Vater zurückschicken. Das aber bedeutete für sie den Verlust ihrer Kinder.

Auf diese Weise entstand ein ungeheurer Anpassungsdruck und mit ihm wiederum ein hohes Maß an Anpassungsbereitschaft seitens der Frauen an männliche Bedürfnisse und Vorstellungen. Mit der Herauslösung aus ihrem vertrauten sozialen Umfeld, die einherging mit dem Verlust sozialer Einflußnahme und ökonomischer Unabhängigkeit, muß ganz zwangsläufig auch das Autonomiegefühl von Frauen stark verletzt worden sein.

Mit dem Mann, der Grund und Boden, aber auch Menschen - insbesondere Frauen und Kinder - zu seinen Besitztümern zählen konnte, wurden die alten Geschlechterbeziehungen völlig zerstört. Aus der geschwisterlichen Liebe wurde ein Machtverhältnis. Väter, Brüder und Ehemänner teilten sich die Herrschaft über die Frau. Damit zerfiel die Geschlechterbeziehung in männliche Herrscher und weibliche Beherrschte. Das hatte selbstverständlich auch Folgen für die Beziehungen der Frauen untereinander. Sie erfuhren eine strenge Hierarchisierung, die sie vorher nicht gekannt hatten, und orientierten sich vorwiegend an männlichen Bedürfnissen. Nur als Handlangerinnen männlich-patriarchaler Interessen erhielten Frauen die Chance, einige Sprossen der Leiter der Macht zu erklimmen und andere Frauen zu beherrschen, was oftmals hieß, sie zu tyrannisieren.

Das in patriarchalen Zusammenhängen konstruierte Machtdefizit konnten Frauen über ihre Kinder kompensieren. Allerdings nur, wenn sie Söhne geboren und großgezogen und sich dabei insbesondere gegenüber den Männern ihrer neuen Familie als treues Sippenmitglied erwiesen hatten. So intensivierte sich die Mutter-Sohn-Beziehung, während sich die Mutter-Tochter-Beziehung radikal verschlechterte.

Töchter befinden sich in patriarchalen Verhältnissen auf der untersten Stufe familialer Machthierarchien. Mit ihrer Geburt können sie sogar den sozialen Status ihrer Mutter verschlechtern. Auch hatte es nunmehr wenig Sinn, intensive Beziehungen zu ihnen aufzubauen. Sie würden eines Tages das Haus verlassen und nichts zur Altersversorgung der Mutter beitragen. Anders die Söhne. Mit ihnen blieb die Mutter oft zeitlebens zusammen und war im Alter auf ihre Hilfe und Versorgung angewiesen.

So wurden auch die Söhne zu »Herren« ihrer Mutter, was wiederum bis in die heutige Zeit Auswirkungen zeigt. Je besser es den Söhnen ging, desto größer war die Chance, daß von dem Glanz ihres Wohlergehens auch ein Strahl auf die Mutter fiel. Diese psychische Struktur hat sich - wenn auch zum Teil ohne materielle Grundlage - bis heute erhalten. Mütter entwickeln wesentlich mehr Stolz im Hinblick auf ihre Söhne als auf ihre Töchter. Ihre Machtbedürfnisse leben sie dagegen - und mit ihnen alle anderen Angehörigen der Familie - auch heute noch verstärkt zu Lasten der Töchter aus. Diese bekommen die ganze Wucht der Folgen weiblicher Entmachtung zu spüren; denn an ihnen halten sich alle schadlos: Mütter, Väter und Brüder oder andere Verwandte.

Die Krönung ihrer Macht erfuhren Mütter in der patriarchalen Sippe mit der Heirat ihrer Söhne, durch die ihrem Herrschaftsbereich mit den Schwiegertöchtern neue Untertaninnen zugeführt wurden. So avancierten sie für diese zur »bösen« Schwiegermutter, die ihr männliches Pendant eines »bösen« Schwiegervaters vergeblich suchte.

Mit der Patriarchalisierung verloren Frauen nicht nur ihre geistige und soziale, sondern auch ihre körperliche Autonomie. Sie wurden dem männlichen Zeugungswahn preisgegeben, denn nun bestimmten nicht mehr sie die Zahl ihrer Kinder, sondern wurden vom Manne zum Nachweis seiner Potenz und Zeugungsfähigkeit benutzt. Es gehört zu den Eigenheiten matriarchaler Kulturen, daß die Bevölkerungszahlen über lange Zeiträume relativ konstant bleiben. Bei ihnen dienen Nachkommen der Erhaltung des Lebens. Im Patriarchat dagegen dienen sie neben dem Nachweis männlicher Potenz der Erhaltung männlicher Machtinteressen. Söhne werden gebraucht, um neue Besitztümer zu erobern und das Eroberte gegen die Widersacher und Feinde zu verteidigen. Die Erbeutung von Besitztümern aber war nur durch die Ausbeutung des weiblichen Körpers möglich. So mußte die Frau ein Kind nach dem anderen gebären, was sie noch mehr schwächte und abhängig machte. Weibliches Wissen über Mittel und Wege der Verhütung und Abtreibung wurde zu Beginn der Neuzeit systematisch ausgerottet durch die Verbrennung unzähliger Frauen auf den Scheiterhaufen Europas. Mit dem Abbruch der innerweiblichen Tradierung der Erkenntnisse, ging auch das Wissen um den eigenen Körper verloren. Das Gefühl für den eigenen Körper folgte diesem Untergang.

Matriarchales und patriarchales Rechts- und Schuldverständnis

Matriarchate kennen kein schriftlich fixiertes Gesetz, dafür jedoch ein tiefes Empfinden für unveräußerliche »Menschenrechte«. Das hatte Bachofen beim Studium der griechischen Mythologie erkannt. Sie war für ihn eine wahre Fundgrube für jene Auseinandersetzungen, die sich beim Zusammenprall matriarchaler und patriarchaler Rechtsauffassungen entzündeten.

Der zuvor erwähnte große Streit zwischen Demeter und Hades, genau wie jener zwischen Antigone und ihrem Onkel Kreon, kann dafür als Beispiel herangezogen werden. Die weiter oben erwähnten Worte Antigones erscheinen geradezu exemplarisch: Lieber will sie sterben, als sich an diesen alten, ewig gültigen Gesetzen zu vergehen, um dem Machtanspruch ihres Onkels genüge zu tun. Diese ungeschriebenen Gesetze besagen, daß *niemand* einem Toten das Recht auf Bestattung verweigern darf. Doch genau das hatte der patriarchale Herrscher Kreon getan. Er hatte sich das Recht angemaßt, dieses alte Gesetz zu ignorieren und die Bestattung des Bruders zu verbieten. Gegen diese Anmaßung läuft Antigone Sturm - und bezahlt ihr Unrechtsempfinden schließlich mit dem Leben.

Die hier zum Ausdruck gebrachte männliche Willkür griff immer weiter um sich und muß matriarchale Menschen zutiefst in Schrekken versetzt haben. Den Nachhall dieses Schreckens können wir noch heute in der griechischen Tragödie miterleben. In ihr wurden Restbestände älterer Mythen verarbeitet, die das letzte Aufbäumen eines matriarchalen Welt- und Rechtsempfindens thematisieren.

Ein weiteres Beispiel hierfür liefert uns der antike Dichter Aischylos in seiner »Orestie«. Er beschreibt einen letzten Versuch, die alten Rechtsvorstellungen zu retten. Als deren Vertreterinnen läßt er die alten Göttinnen auftreten, die Orest, den Muttermörder, jagen und - nach matriarchalen Vorstellungen zu Recht - dessen Bestrafung verlangen. Der junge (= neue, = patriarchale) Gott Apoll hatte ihn zu diesem Mord angestiftet und damit die schlimmste Verletzung des Mutterrechts begangen. Ihm schleudern die alten (= matriarchalen) Göttinnen folgende Worte entgegen:

Ein Hehler bist du, o Sohn des Zeus!
Über greise Göttinnen fährst
Du, Knabe, hinweg, beschützest, der fleht,
Den Frevler, der Eltern Verderben.
Du stielst uns den Mörder der Mutter, ein Gott!
Wer nennt dies gerechtes Verfahren? [2]

Aus solchem Unrecht kann nur weiterer Unfriede folgen, wie die alten Göttinnen bei Aischylos haarscharf erkennen:

Ein neu Gesetz schafft Umsturz, wenn
Des Muttermörders Recht und Verderbnis siegt. [3]

Doch die alten Göttinnen klagen nicht nur Apoll des Unrechts und der Gewalt an, sondern die ganze patriarchale Götterwelt:

So wirkt das jüngere Göttergeschlecht
Und waltet gänzlich über Recht
Auf blutigem Throne. Um den Fuß,
Das Haupt den Nabel der Erde siehst
Du triefen, befleckt
Vom Blute ungeheuerer Schuld.

Mit seines Herdes Greuel entweiht
Der Seher aus eigenem Willen und Drang
Sein Haus, ehrt Menschen wider das Recht
Der Götter und tilgt
Die altgeborenen Mächte.[4]

Matriarchales Recht diente zu allererst dem Schutz der Blutsbande. Sie durften nicht zerstört werden. Damit wurden die tiefsten Bindungen der Menschen und insbesondere die Kinder, die Schwachen also, geschützt. Im patriarchalen Recht geht es hingegen in erster Linie um den Schutz der Mächtigen, der Starken und Reichen - der Täter. Das zeigt noch der biblische Mythos von Kain, der seinen Bruder Abel erschlägt und anschließend von Gott, dem HERRN, geschützt wird vor seinen Verfolgern.[5] Hätte an dieser Stelle eine Frau ihren Mann getötet, Gott, der HERR, hätte nichts zu ihrem Schutz unternommen. An vielen Beispielen läßt sich nachweisen, daß patriarchales Recht in erster Linie dem Schutz des Mannes gilt. Entsprechend haben seine Interessen absolute Priorität.

Da mit Beginn des patriarchalen Rechts Frauen und Kinder allmählich in den Besitz des Mannes übergingen, erhielt der Mann bzw. Vater die volle Verfügungsgewalt über sie. Im Laufe der Jahrtausende wurde dann diese Verfügungsgewalt immer subtiler und daher auf gesellschaftlicher Ebene immer schwerer wahrnehmbar. Doch zeigen sexuelle und andere Gewalt in Ehe und Familie nach wie vor, wie tief sie in der männlichen Vorstellungswelt verankert ist.

Wie die antiken Mythen erkennen lassen, änderte sich mit der Patriarchalisierung des Rechts auch das Verständnis von Schuld. Wird im Mutterrecht der Mord an einem Mitglied der Sippe als schwerste Schuld empfunden, die als einzige mit dem Tode bzw. mit dem Ausschluß aus der Gemeinschaft zu sühnen war, so kann im Patriarchat jede Form von Ungehorsam zum todeswürdigen Verbrechen werden. Ob Fahnenflucht oder Kaiserbeschimpfung, der Diebstahl eines Brotes oder ein falsches Wort, ob Abtreibung oder religiöse Zweifel, aus allem wurde in patriarchalen Zusammenhängen ein todeswürdiges Verbrechen, während gleichzeitig der befohlene Mord zu hohen Ehren gelangte.

Im Patriarchat wird Macht in Recht umgemünzt. Und so verkommen Rechtssysteme zu männlichen Willkürsystemen. Entscheidend ist nicht mehr die Tat als solche, sondern vielmehr, ob sie im Einvernehmen mit den Mächtigen geschieht. Zu deren Erhaltung bedarf es eines unbedingten Gehorsams, der so zum höchsten Wert ordentlicher Staatsbürgerinnen und -bürger und schließlich auch zum wichtigsten Erziehungswert avanciert. So hatten Nazi- und später Stasischergen nicht nur die Logik, sondern auch das Recht auf ihrer Seite, als sie auf die Anklageschriften wegen ihrer Untaten mit einem »Nicht schuldig« reagierten. Die patriarchale Hierarchie lieferte ihnen immer einen Verantwortlichen, der über ihnen stand und folglich ein Anrecht auf ihren Gehorsam hatte.

Wichtiger als alle Menschenrechte ist auch in der Demokratie der Gehorsam gegenüber den Landesvätern bzw. gegenüber Vater Staat. Wenn seine Machtinteressen in Frage gestellt werden, versteht er keinen Spaß. Das sollen zwei Gerichtsentscheide veranschaulichen, die innerhalb von drei Monaten an ein und demselben westdeutschen Gericht gefallen sind.

Erster Fall: Ein 22jähriger Totalverweigerer, der aus moralischen Gründen auch den Zivildienst ablehnt, wird zu fünfzehn Monaten Gefängnis ohne Bewährung verurteilt, obwohl er sich noch nie etwas hatte zuschulden kommen lassen.

Zweiter Fall: Ein 65jähriger Mann hatte seine 60jährige Ehefrau am Tag ihrer Silberhochzeit verprügelt und im Verlauf der Mißhandlungen getötet. Grund: Sie hatte ihrem Sohn aus erster Ehe bei dessen Gratulationsbesuch gegen den Willen des Ehemannes eine zweite Flasche Bier hingestellt. Das Urteil lautete auf achtzehn Monate Gefängnis *mit* Bewährung. Der Mörder verbrachte nicht einen Tag im Gefängnis. Als mildernde Umstände wurde ihm zweierlei angerechnet: zum einen die Tatsache, daß er bereits alkoholisiert war - wie seine Frau übrigens auch - und zum anderen, daß er seine Frau schon vorher des öfteren geschlagen hatte. Dieser Umstand wurde - sicherlich zu Recht - als Beweis dafür genommen, daß die Ehe nicht mehr in Ordnung war. Daß dieses Faktum jedoch dem Mann als strafmildernd zugute gehalten wurde, offenbart nicht nur das eigenartige Rechtsverständnis der Ankläger und Richter, sondern ebenso ihr frauenverachtendes Herrschaftsdenken, nach dem es Sache der Frau ist, für eine gute Ehe zu sorgen.

Von den Männern des Ortes wurde dann auch das entsprechende Fazit aus diesem Urteil gezogen. Es kursierte an den Tresen ihrer Kneipen und lautete: Willst du deine Frau loswerden, so verprügel sie einige Wochen vorher regelmäßig; betrink dich vor der Tat, und bring sie dann um.

Ganz allgemein kann gesagt werden, daß Männer, die ihre Ehefrau ermorden, sich auf wesentlich geringere Strafen verlassen können als Frauen, die ihre Ehemänner töten - was im übrigen auffallend seltener vorkommt, ohne daß sie dafür weniger Gründe hätten...

Ein Vergleich beider Gerichtsurteile macht deutlich, daß die Machtinteressen von Vater Staat auch nach gegenwärtigen Rechtsvorstellungen allemal wichtiger sind als die Lebensinteressen von Frauen.

Von der Wiege bis zur Bahre ist unser Leben eingebettet in einen Paragraphenwald, der neben sozialer Fremdbestimmung einen zusätzlichen Anpassungsdruck schafft. In allen Institutionen wird das Leben in zunehmendem Maße durch Richtlinien und Erlasse reguliert. Überall, gleichgültig ob in Schulen, Kirchen oder Krankenhäusern, sind die Juristen im Vormarsch und treffen letztgültige Entscheidungen. Diese haben längst Vorrang vor allen anderen Entscheidungskriterien menschlicher, pädagogischer, religiöser, medizinischer oder ökonomischer Art.

Nehmen wir nur ein Beispiel aus der Schule:

Vor jedem Wandertag werden Lehrerinnen und Lehrer angehalten, sich den Wandererlaß durchzulesen. Wer sich daran hält, wäre gezwungen, den Kindern jede Freude am freien Spiel zu verderben. Außerdem würde das vorgeschriebene Maß an Sicherheit eine Vielzahl von Aufsichtspersonen erfordern, die selbstverständlich nicht zur Verfügung gestellt werden. Die Einhaltung der Regelungen wird also von vornherein unmöglich gemacht. Dennoch stehen die Lehrkräfte wegen Verletzung ihrer Aufsichtspflicht mit einem Bein im Gefängnis und riskieren ein permanent schlechtes Gewissen, wenn sie den Kindern die Freude nicht verderben wollen.

Parallelen hierzu ließen sich auch aus anderen Bereichen der Schule sowie aus vergleichbaren Institutionen erbringen: Es werden Gesetze und Richtlinien erlassen, die gar nicht einzuhalten sind und folglich ein permanent schlechtes Gewissen verursachen. Es scheint, daß das Bedürfnis, Gesetze zu erlassen, wesentlich größer ist als die Möglichkeit, ihnen Folge zu leisten. Das erweckt den tiefenpsychologischen Verdacht, daß auf seiten der Männer die verdrängte Ungewißheit ihrer biologischen Vaterschaft und damit auch ihrer Lebensaufgabe in ein pathologisches Absicherungsbedürfnis umschlägt, das dann letztlich zur »Sicherheitspolitik« des Rüstungswahns führt.

Matriarchales und patriarchales Weltverständnis

Dem in Gesetze und Paragraphen eingebetteten Leben im Patriarchat stand im Matriarchat ein Leben gegenüber, das in den Kreislauf der Natur eingebettet war. Die von der Natur gesetzten Zeiten und Gesetze galt es zu respektieren. In ihnen wurden die ewigen Gesetze des Lebens gesehen. Folglich bestimmten sie den Verlauf des Lebens und der religiösen Kulte und waren somit bestimmend für die Kultur.

Der ewige Kreislauf der Natur war Grundlage des zyklischen Welt- und Lebensverständnisses. Gebären und Sterben, Fruchtbarkeit und Wiedergeburt waren die großen rituellen Themen, die die Mysterienkulte bestimmten und mit denen die Wandlungen des Lebens gefeiert wurden. Im Zentrum dieser Kulte stand die Große Göttin als Repräsentantin des Kosmos und der Natur. So wie in der menschlichen Gemeinschaft die Frau das Leben hervorbringt und erhält, so wurde auch der Kosmos als eine weibliche, alles Leben umschließende Kraft erfahren.

Diese Vorstellung veranschaulicht sehr schön die ägyptische Göttin Neith, deren Füße und Fingerspitzen die Erde berühren und die so mit ihrem Körper das Himmelszelt bildet. Wie es von ihr heißt, ist sie es, die Sonne und Mond, das Licht des Tages und der Nacht, gebiert und verschlingt. Sie nimmt das von ihr Geborene wieder zurück in ihren Leib. Genauso werden in matriarchalen Beerdigungsritualen die Toten der Mutter Erde, die alles Leben hervorbringt, wieder in den Schoß gelegt. Sie werden weltweit in der bekannten Hockerstellung beigesetzt, also in embryonaler Haltung dem Leib der Mutter Erde wieder anvertraut. Das Ende eines jeden Menschenlebens schließt somit wieder an den Beginn an. Der Kreis hat sich geschlossen.

Das ändert sich in drastischer Weise überall dort, wo patriarchale Männerhorden die matriarchalen Sippen überfallen und in der Folgezeit beherrschen. Es war Marija Gimbutas, die renommierte Archäologin, die auf diese - oft plötzlichen - Veränderungen hingewiesen hat. Was Bachofen auf seinem Studiengebiet der Rechtssysteme erkannte, das teilte sich auch Gimbutas bei ihren archäologischen Forschungen mit. Sie sah, daß es zwei grundlegend unterschiedliche Systeme gab, was ihr als erstes an den so grundlegend unterschiedlichen Grabfunden auffiel. Prunkvolle Bestattungen für fürstliche Männer und vernachlässigte Frauengräber erkannte sie als Merkmale des »patriarchalen Fortschritts«, von dem selbst Bachofen noch überzeugt war. Mit dem Auftreten dieser Gräber, in denen oftmals auch Frauen und Kinder »lebendig« mit ihren verstorbenen Herren bestattet worden waren, verschwindet gleichzeitig in vielen Gebieten die herkömmliche bemalte Keramik zugunsten der Waffenschmieden. Vergessen wir nicht, daß Töpfern einst Frauensache war.

Es gibt berechtigte Zweifel daran, daß es sich bei dem siegreichen Patriarchat wirklich um eine höher entwickelte Kulturstufe handelt. Sie werden allerdings nur selten formuliert. Frauen formulieren ihre Zweifel an diesem Vorurteil zunehmend klarer. So zum Beispiel Gerda Weiler, Heide Göttner-Abendroth und Doris Wolf, denen ich mich anschließe.

Sie stehen jedoch nicht allein mit ihrem Urteil. Für Sumer, dem heutigen Irak, beschreibt der Sumer-Forscher Samuel Noah Kramer[6] den Umschwung »am Ende des 4. oder zu Beginn des 3. Jahrtausends mit dem Eindringen primitiver sumerischer Kriegshorden, die in Folge einer Völkerwanderung in das Land einfallen und die ältere Bevölkerung unterwerfen, deren »Kultur weit fortgeschrittener war, als die der Sumerer«.[7] Doris Wolf fährt fort: »In diesen Jahrhunderten, die in dem sumerischen Heldenzeitalter gipfelten, waren es die kulturell unreifen und psychologisch unstabilen sumerischen Kriegsherren mit ihrer individualistischen und raubgierigen Veranlagung, welche die geplünderten Städte und niedergebrannten Dörfer des besiegten mesopotamischen Reiches beherrschten.«[8]

Das zyklische Weltbild matriarchaler Kulturen kommt nicht nur in ihren Bestattungsbräuchen zum Ausdruck. Auch zelebriert es keinesfalls nur die »Wiederkehr des ewig Gleichen«, wie patriarchale Denker und Verfechter eines linearen Weltbildes immer wieder behaupten, indem sie die Langlebigkeit matriarchaler Bräuche und Errungenschaft als »Stagnation und Unbeweglichkeit« dieser Kulturen - wenn sie überhaupt diesen Namen vergeben - darstellen. Diese meine Vermutung wird unterstützt durch die herausragende Bedeutung des Spiralmotivs, dem wir im Matriarchat auf Schritt und Tritt begegnen.

Die Spirale ist *das* Symbol für Entwicklung schlechthin. Sie erscheint als Spiralnebel im Universum, als Strudel in der Tiefe des Meeres, als Windbewegung auf der Erde und als DNS-Spirale im menschlichen Körper. Das Spiralmotiv ziert Tempel und Häuserwände matriarchaler Kulturen und kehrt auch in der vielfältigen Schlangensymbolik häufig wieder. Die sich um den Baum windende Schlange ist bis heute das Symbol eines paradiesischen Zustandes, in dem der Mann seine Erkenntnis von der Frau bezieht und sie folglich das Maß an geistiger Entwicklung bestimmt.

Mit dem Vorwurf einer stagnierenden Wirkung des zyklischen Denkens wird suggeriert, daß es erst mit Auftreten der patriarchalen Ordnung im Verbund mit einem linearen Weltbild so etwas wie Entwicklung und damit Geschichte gegeben habe. Alles andere wird zur »Vor-«Geschichte, also Nicht-Geschichte. In Wirklichkeit läßt sich sehr wohl eine innermatriarchale Entwicklung feststellen; so unterscheidet Heide Göttner-Abendroth zwischen einem einfachen und einem entwickelten Matriarchat.[9]

Auch unsere psychische Entwicklung verläuft eher spiralförmig als linear - anders als es das patriarchale Denken suggeriert. Das lehrt uns die psychotherapeutische Erfahrung. Sie hat gezeigt, wie wichtig es für unsere seelische Entwicklung ist, immer wieder in die Vergangenheit zurückzukehren, um frühere Erlebnisse noch einmal spüren und damit auch aufarbeiten zu können. Solche »Regressionen«, Rückführungen in die Kindheit, sind Voraussetzung für Progressionen, Fortschritte in der seelischen Entwicklung. Das bedeutet aber, um im Bild der Spirale zu bleiben, daß wir uns mit der Rückkehr in die Vergangenheit gleichzeitig auch vorwärtsbewegen. Nur so können wir bestimmte Entwicklungsstufen hinter uns lassen und immer höhere (oder tiefere) Erkenntnisebenen erreichen.

Für das lineare patriarchale Denken gibt es nur Regression oder Fortschritt - ein Vorstellungsmuster, das jeder Realität und Vernunft widerspricht und damit echte Entwicklung verhindert. Hier wird das Wesen einer patriarchalen Weltsicht deutlich, die sich nicht an den Gegebenheiten orientiert, sondern an männlichen Ideen und Projektionen, die weibliche Vorstellungen ausschließen. So wird im linearen christlichen Weltverständnis die vorpatriarchale Menschheitsepoche auf ein Minimum reduziert - auf einige Tage im Paradies. Diese Zeit wurde - so will es die traditionelle Lehre - durch den Erkenntnisdrang der Frau abrupt beendet. Als Folge dieses Ereignisses symbolisiert die Frau bis heute die Sünde, das Böse, das Verkehrte.

Mit der Entwicklung eines linearen Weltverständnisses wird das matriarchale Weltbild der Göttinreligion als Irrtum einer primitiven Entwicklungsstufe und damit als »falsch« hingestellt. Es ist ein Merkmal linearen Denkens, daß es Eingrenzungen aller Art vornimmt, mögen sie nun zeitlicher oder räumlicher, geistiger oder seelischer Art sein. Mit Hilfe von Ein-, Aus- und Abgrenzungen entsteht unüberprüfbares Wissen neben unüberprüfbaren Rechten. Bei der

Abfassung und Deutung der Menschheitsgeschichte werden zeitliche Grenzen recht willkürlich gesetzt und entsprechend auch beliebig verschoben. Dabei wird das zeitlich begrenzte Phänomen des Patriarchats beispielsweise als die einzige Gesellschaftsform proklamiert, die es je gegeben hat. Der Beginn des Umbruchs, die Entstehung des Patriarchats, wird als »Weltentstehung« ausgegeben. Darin sind sich alle patriarchalen Mythen einig. Noch heute wird in bestimmten christlichen Gemeinschaften der Glaube gepflegt, daß die Welt nicht älter als sechstausend Jahre und in sechs Tagen erschaffen sei. Noch in der zweiten Hälfte dieses Jahrhunderts fand in den USA ein Prozeß statt, in dem gegen die Leugnung dieser Sicht mit Hilfe der Evolutionslehre in den Schulen geklagt wurde.

Aber nicht nur der Anfang, auch das Ende der Welt ist im linearen Weltbild eine von Männern beschlossene Sache. Mehrere Generationen männlicher Geistesgrößen haben definitive Berechnungen darüber angestellt - genau wie über den Anfang, der von einem irischen Mönch auf das Jahr 40004 vor Christus festgelegt wurde. Inzwischen begnügen Männer sich allerdings nicht mehr mit Berechnungen. Seit Jahrzehnten sind sie eifrig dabei, das Ende selbst voranzutreiben. Konnten sie ihrem Schöpfer schon nicht bei der Erschaffung von Mutter Erde behilflich sein, so wollen sie ihren Beitrag zu ihrem Ende auf keinen Fall versäumen. Nichts soll offenbleiben, das ist die Devise des linearen, geschlossenen Weltbildes, das auf dem dualistischen Entweder-Oder-Denken basiert.

In diesem Weltentwurf werden - wie erwähnt - Chaos und Kosmos, Dunkel und Licht, Materie bzw. Natur und Geist, Teufel und Gott, Tod und Leben, böse und gut, weiblich und männlich als absolute, sich bekämpfende Prinzipien einander entgegengestellt, wobei der Mann die Ordnung, das Licht, den Geist, das Göttliche, das Leben und das Gute als »männlich« reklamierte und dem Weiblichen das Chaos, das Dunkel, die Natur, das Böse und den Tod überließ. Mit dieser Sichtweise wurden Kampf und Krieg zum Motor der Geschichte, zu göttlich legitimierten und von Priestern gesegneten männlichen Handlungen, die auch mit staatlich verordneter Verehrung einhergingen.

Matriarchale Vorstellungsmuster basieren dagegen auf polarem Sowohl-Als-Auch-Denken. Was im patriarchalen Weltbild in Gegensätze auseinandergerissen wird, bildet hier eine polare Einheit: Das Chaos gebiert den Kosmos wie das Dunkel das Licht und das Weibliche das Männliche. Und auch der Tod gebiert letztlich das Leben; denn er wird nicht lediglich als Ende des Lebens verstanden, sondern als Durchgangsstadium zu neuem Leben. Die Vorstellung von einer »toten« Materie gibt es ebenfalls nicht. Sie gilt als beseelt und durchgeistigt und in höchstem Maße lebendig, was eigentlich schon der Begriff »Materie«, der sich von »mater« (Mutter) ableitet, erkennen läßt. Hier offenbart sich möglicherweise ein männliches Wunschdenken, das den eigenen Ursprung aus der Mutter - individuell wie auch kollektiv - immer wieder verdrängen muß, um die eigenen Omnipotenzphantasien nicht zu gefährden.

In der neueren Wissenschaft konnte die Vorstellung von der »toten« Materie nicht aufrechterhalten werden. Überhaupt zeigt sich in zunehmendem Maße, daß das dualistische Denken außer Kraft gesetzt und auf mythisch-matriarchale Vorstellungsbilder zurückgegriffen wird, da sie in viel größerem Maße die Erklärung der Wirklichkeit ermöglichen.[10]

Nicht nur das Aufspalten zusammengehöriger Pole der Wirklichkeit in einander bekämpfende Gegensätze kennzeichnet das dualistisch-patriarchale Denken, sondern auch die Zuordnung dieser Gegensätze zu moralischen Kategorien des »Gut« und »Böse«. Diese männliche Moral eroberte jeden Flecken der Erde und schaffte die ihr eigenen Maßstäbe für Wert und Unwert. Solche Festlegungen gibt es im matriarchalen Weltbild nicht. Hier ist es die Natur selbst, die Grenzen setzt. Alles ist gut, was zur rechten Zeit geschieht, was im Einklang steht mit der Natur und ihr Gleichgewicht nicht stört.

»Denn alles Geschehen unter dem Himmel hat seine Zeit«, heißt es in Restbeständen des matriarchalen Weltbildes im weisheitlichen Text von Prediger 3: »Geboren werden und sterben, lieben und hassen, zerreißen und zusammennähen, sammeln und zerstreuen, säen und ernten hat seine Zeit.« Hier geht es um das Erfassen des rechten Augenblicks und des rechten Maßes. Unterschieden wird daher nicht so sehr zwischen »gut« und »böse« als vielmehr zwischen »weise« und »töricht«. Daneben finden wir auch noch die Unterscheidung von »gut« und »besser«.[11] Selbst in der Bedeutung des hebräischen »tov« (gut) ist - wie bereits erwähnt - noch das matriarchale Wertemuster enthalten; denn es bedeutet soviel wie: mit der eigenen Bestimmung identisch sein; mit dem schöpferischen Seinsauftrag in Einklang leben; wohingegen »ra« (schlecht, böse) bedeutet: von diesem Seinsauftrag entfremdet leben und handeln.

Matriarchales und patriarchales Religionsverständnis

Eines der Hauptsymbole des matriarchalen Weltbildes ist der Mond. Bei ihm handelt es sich - anders als bei der Sonne - um ein Ganzheitssymbol, vermag er doch, das Lichte und das Dunkle darzustellen, bedeutet er doch Werden und Vergehen, Ebbe und Flut. Der Mond ist das Wandlungssymbol par excellence, da er die beiden Pole des Seins vereinigt. Er beschränkt sich in seinen vielfältigen Erscheinungsformen nicht auf die Nacht, sondern kann auch am Tage scheinen. Nur daß er am Tage fast überflüssig erscheint und erst in der Nacht seine tiefste Bedeutung erfüllt: Er macht das Dunkel durchschaubar, ohne es zu vernichten.

Für das matriarchale Bewußtein ist die Nacht von größerer Bedeutung als der Tag, finden doch die wichtigsten kultischen Feste bei Nacht statt. Sie sollen in erster Linie das Nachtbewußtsein der Menschen ansprechen. Im späten Matriarchat wird der Heros, der Begleiter der Göttin bzw. der Priesterin, mit dem Mond und der Vegetation identifiziert, die beide in gleicher Weise das »Stirb und Werde« allen Lebens versinnbildlichen. Wie die Himmelsgestirne und die Vegetation aus dem Leib der Großen Göttin hervorgehen, so der Mensch aus der Frau. Er ist ihr Geschöpf. Sie ist die Schöpferin beider Geschlechter. Folglich veranschaulicht nur das Weibliche das Ewige, wohingegen das Männliche Symbol des dem ewigen Kreislauf der Vergänglichkeit Unterworfene ist.

Ursprünglich wurde auch Jesus als matriarchaler Heros und Mondgott verehrt; denn auch von ihm hieß es einst: »Am dritten Tage auferstanden von den Toten.« Das war die kultische Formel für die Neumondfeier, bei der das Wiedererscheinen oder die »Auferstehung« des Mondes nach drei Tagen des »Todes« freudig begangen wurde. Erst viel später verwandelte sich Jesus in eine »Sonne der Gerechtigkeit«, wie er in Kirchenliedern besungen wird. Mit anderen Worten: Hier wurde der ältere matriarchale Mondkult zugunsten des jüngeren patriarchalen Sonnenkults vertauscht, der seinen Siegeszug rund um die Welt antrat.

In matriarchalen Jahreszeitenfesten wurde die winterliche Sonnenwendfeier als jährliche Wiedergeburt des männlichen Begleiters der Göttin gefeiert. Im Laufe der Jahrhunderte wurde daraus der Geburtstag Jesu. Mit zunehmender Patriarchalisierung fielen die Mondfeste in Ungnade und wurden verboten - und zugleich wurden die Verehrerinnen und Verehrer der Göttin und ihres Begleiters verfolgt. Vielen der anschließend verbrannten Hexen wurde in den Verhören vorgeworfen, an solchen Kulten teilgenommen zu haben. Nach patriarchaler Auffassung haftete ihnen etwas Okkultes und Böses an, das es unbedingt auszurotten galt. Hier war nur noch Raum für die kultische Verehrung der Sonne, was aber gleichzeitig geleugnet wurde. Schließlich durfte nur noch der HERR verehrt werden.

Die Sonne wurde zu *dem* Symbol des patriarchalen Kults. Sie versinnbildlicht als patriarchales Symbol ein dualistisches Weltverständnis. Anders als der Mond repräsentiert sie in hervorragender Weise das patriarchale Entweder-Oder. Gehörten Tag und Nacht im matriarchalen Weltbild als einander ablösende Phänomene einst zusammen, so wurden sie nun als feindliche Gegensätze behandelt, die einander bekämpfen. Aus dieser Perspektive, in der nicht mehr die Geburt das grundlegende Ereignis ist, sondern der Kampf, wurde die Sonne, die im Orient als männlich gedeutet wird, zum Vernichter der (weiblichen) Nacht. Das war deswegen möglich, weil sie - anders als der Mond - keinen Anteil hat an der Nacht, welche ihr zwangsläufig fremd ist, da sie sie durch ihren Aufgang vernichtet.

Es ist also nicht mehr die Nacht, die die Sonne gebiert, sondern die Sonne, die die Nacht tötet. Diese Vorstellung wird in folgendem Lied, das ich in meiner Kindheit auswendig lernen mußte, auf den Morgen übertragen:

Von allen blauen Hügeln
reitet der Tag ins Land.
Er reitet mit wehenden Zügeln,
er reitet mit weiter Hand.

Er rücket stolz zu Felde
und schlägt die Nacht entzwei,
er nimmt sie ganz gefangen
und macht die Erde frei.

Er jagt die Nebelschwaden
und macht den Himmel weit.
Die Hügel gehören dem Morgen,
die Hügel zu allere Zeit.

Nun stößt seine blitzende Klinge
der Morgen ins Firmament,
entfaltet sein blaues Banner,
darinnen die Sonne brennt.

Die Nacht wird bekämpft und dem Reich des Bösen zugeschlagen, während der Sonnenkult siegt und mit ihm die Sonnenkönige sowie das Sonnenbewußtsein, das Aufklärung aller Geheimnisse verheißt, in Wirklichkeit aber doch nur verdrängt, was das Dunkel liebt.

Vom Kampf zwischen dem Sonnen- und Mondbewußtsein weiß auch das Märchen »Dornröschen« offensichtlich noch einiges. Es thematisiert genau diesen Verdrängungsprozeß: Der König ist nur noch im Besitz von zwölf goldenen Tellern und weigert sich daher, auch die dreizehnte Fee als Repräsentantin des Mondbewußtseins zur Feier der Geburt seiner Tochter einzuladen. Als Ausgeladene aber, als Verdrängte, wird sie zur »bösen« Fee. Die Teller stehen für die zwölf Monate des Sonnenjahres. Der König weigert sich demnach, den älteren Mondkalender und mit ihm das Mondbewußtsein anzuerkennen, für das die dreizehnte Fee steht, verbleibt doch bei der Rechnung nach Monden immer ein Rest für den angefangenen dreizehnten Monat. Mit dem Sieg des Sonnenbewußtseins wird im patriarchalen Weltbild mit dem Mond auch die einst heilige Zahl Dreizehn entwertet. Sie wird zur »bösen« Dreizehn, zur Unglückszahl, die wir bis heute als Zimmernummer in den meisten Hotels vergeblich suchen.

Die Tabuisierung einst heiliger Zahlen und Symbole der matriarchalen Epoche ist ein vielfach nachweisbares Phänomen, dem wir im Patriarchat auf Schritt und Tritt begegnen. So wurde zum Beispiel das Schwein, insbesondere die Sau, noch im antiken Griechenland als heiliges Tier der Göttin Demeter geweiht. Ähnliches gilt für Malta, wo sie im Tempel der Göttin die Wände ziert. Welche Bedeutung sie für matriarchale Kulturen einnimmt, hat Jutta Voss in ihrem »Schwarzmondtabu« beschrieben. Im Patriarchat wird das Schwein dann kultisch für »unrein« erklärt und ist Gott, dem Herrn, ein Greuel. Heute ist es zum Schimpfwort geworden - ein Symbol der Verachtung und des Schmutzes. Daß es dennoch auch für Glück stehen kann, mag als Gegenreaktion aufgefaßt werden, mit der an seine frühere Heiligkeit erinnert werden sollte. Wir können jedoch ganz allgemein davon ausgehen, daß Eigenschaften, Tätigkeiten und Symbole, die heutzutage negativ besetzt sind, einst besondere Verehrung genossen; denn das patriarchale Bewußtsein stellt überwiegend eine Umwertung der voraufgegangenen matriarchalen Vorstellungs- und Wertemuster dar. Das zeigt sich nirgends so deutlich wie im Religionsverständnis beider Kulturen.

Auf ein Alter von rund dreißigtausend Jahren werden die frühesten auffindbaren Idole datiert. Sie werden als weibliche Gottheiten gedeutet, als Symbole der Erhaltung der Lebenskräfte, die im Zusammenhang stehen mit Leben, Tod und Erneuerung. Die Wandlungskraft der Göttin wurde viele Jahrtausende hindurch auch anhand von Tieren und Pflanzen versinnbildlicht: Bienen, Schmetterlinge, Schlangen oder Kröten finden wir ebenso als Bild der Göttin wie Bäume, Blumen oder Früchte. Der Vielfalt der Symbolik scheinen keine Grenzen gesetzt. So konnte jedes dieser Tiere und jede der Pflanzen auch alleine die Göttin repräsentieren nach dem Motto: pars pro toto, nach dem ein Teil auch für das Ganze stehen kann. Die Große Göttin stellte Einheit in der Vielfalt dar. Sie hatte unendlich viele Namen und war doch gleichzeitig die Eine und Ewig-Namenlose. In ihrem Reich scheint Konkurrenz unbekannt gewesen zu sein, stoßen wir hier doch auf eine überwältigende Vorstellungsvielfalt. Miteinander konkurrierende Götter gehören eindeutig in spätere patriarchale Zusammenhänge. Die Große Göttin der »Vorzeit« war allumfassend. Sie war der Ursprung und Urgrund allen Lebens und wurde folglich auch nicht als ausschließlich weiblich gesehen. Anders ausgedrückt: Auch das Männliche war ein Teil ihrer selbst, hatte sie es doch hervorgebracht. So könnte sie auch als androgyn oder gynandrisch bezeichnet werden. Erst im Laufe des sechsten vorchristlichen Jahrtausends begann ein Prozeß der Ablösung von ihren männlichen Attributen.[12]

Im Laufe der Jahrtausende nahm dann der männliche Part immer mehr Raum ein, bis er sich schließlich im Monotheismus alle Göttinmacht aneignete und die »Gebärerin aller Götter« fast gänzlich auslöschte. Das Alte Testament beschreibt zahllose Kämpfe, die gegen die Göttinmacht geführt wurden und die bis heute innerhalb und außerhalb der Kirchen stattfinden. Göttlichkeit und Männlichkeit sind im HERRN zu einer ununterscheidbaren Einheit verschmolzen. Weiblichkeit aber soll bis heute kein Synonym für das Göttliche sein, das auf männliche Bilder und Worte reduziert bleiben muß, wenn männliche Macht sich erhalten soll.

Wohl war die Göttin in der Lage, Männliches zu integrieren und glaubhaft darzustellen. Doch war es umgekehrt dem jüdisch-christlichen Patriarchatsgott nicht möglich, Gleiches zu vollbringen. Sein Wesen ist konkurrent, und so rivalisierte er mit der Göttin, bis er sie schließlich in den Untergrund gedrängt hatte. Nur so konnte er zum alleinigen Herrscher avancieren, zum All-Einen, der kein weibliches Pendant neben sich duldet. Bis heute ist es ihm nicht gelungen, göttliche Ganzheit zu versinnbildlichen, sonst hätte er, oder besser: seine Priesterschaft, es nicht nötig, den Göttinglauben dermaßen zu bekämpfen.

Das patriarchale monotheistische Religionsverständnis ist von Grund auf absolutistisch. Es grenzt unliebsame Vorstellungen aus und behandelt einen kleineren Teil (das Männliche) als das Ganze. Das ist etwas völlig anderes als das matriarchale »pars pro toto«, bei dem ein Teil repräsentativ für das Ganze stehen kann. Im monotheistischen Gottesverständnis wäre es beispielsweise unmöglich, daß ein weibliches Wesen den Gott symbolisiert, was einem Mann dagegen sehr wohl zugestanden wird. Immerhin stellt sich dieser Gott als ein eifersüchtiger Gott vor, der keine anderen Gottheiten neben sich duldet. Aufgrund dieser Aussagen fragten frühchristliche (gnostische) Schreiber außerbiblischer Texte bereits vor zweitausend Jahren recht zynisch an, worauf er denn eifersüchtig sei, wenn es außer ihm doch gar keine anderen Gottheiten gebe. Und so werteten sie diese Selbstaussage als Beweis dafür, daß dieser Gott sehr wohl wisse, daß er nicht der erste und einzige Gott des Erdenrunds ist...

Es liegt auf der Hand, wie sehr sich das matriarchale vom patriarchalen Göttin- und Gottesverständnis unterscheidet. Der patriarchale Männergott ist ein absoluter Herrscher außerhalb von Welt und Kosmos, der alle erdenkliche Macht in Händen hält. Er wird verehrt als einer, der aus dem Nichts erschafft und folglich auch in seiner Schöpfung nicht gegenwärtig ist, wird er doch als von Mensch und Natur radikal getrennt verkündet. Nur im Gehorsam ihm gegenüber, das heißt in seiner alleinigen Verehrung und im Glauben an das, was seine Priester und Propheten über ihn verkünden, kann der Mensch auf sein Erbarmen hoffen. Das aber gilt es, um jeden Preis zu erlangen. Andernfalls ist ewige Verdammnis sicher.

Nichts von alledem trifft für das matriarchale Göttin- und Gottesverständnis zu. Die Göttin ist keine Macht jenseits der Natur und außerhalb des Kosmos. Vielmehr durchwaltet sie diese, wie wir es in weisheitlichen Texten nachlesen können. Sie ist jene Kraft, die alles in Bewegung hält. Sie ist der Kosmos, der die Gestirne hervorbringt. Sie ist die Weite des Himmels, die Tiefe des Meeres und der Erde. Sie ist der Urgrund des Lebens und des Sterbens, jener Kräfte also, mit denen die Menschen fortwährend verbunden sind. Die Beziehung zur Göttin können die Menschen unmöglich verlassen, doch können sie ihre Qualität bestimmen - oder sie vergessen.

Letzteres tat der Mann gründlich. Ersteres tat er auf die denkbar schlechteste und fatalste Art: Bis heute werden von ihm die Tiefen der Erde ausgeplündert, die Meere verschmutzt, die Natur geschunden, vergewaltigt und zerstört. Gleichzeitig leugnet er die Existenz der Göttin auf blasphemische Weise, ohne seinem Herrgott wirklich die Treue zu halten. Auch ihn wird das Schicksal des Vergessenseins ereilen. Denn inzwischen hat der patriarchale Mann seine Hand längst nach jenen Machtbereichen ausgestreckt, die einst seinem HERRN vorbehalten waren...

Schlußbemerkungen

Vielleicht haben diese Ausführungen deutlich gemacht, wie weitreichend und erhellend es für das Verständnis unserer gegenwärtigen Lage sein kann, wenn wir uns mit dem Weltbild unserer Ahninnen beschäftigen. Gerade für uns Frauen ergeben sich hier völlig neue Perspektiven im Hinblick auf unser Weiblichkeitsverständnis sowie unser Welt- und Menschenbild. Gleichzeitig wird in Verbindung mit moderner Forschung deutlich, wie sehr matriarchale Anschauungen den patriarchalen Vorstellungen überlegen sind und in vielfacher Hinsicht ihre Gültigkeit bis heute noch nicht eingebüßt haben, ja, diese sogar auf vielfältige Art und Weise bestätigt werden.

10. Kapitel

Zur Bedeutung matriarchaler Wirklichkeit für Frauen heute

Einführende Gedanken

Wenn sich Frauen heute mit der Erforschung matriarchaler Kulturen befassen, geraten sie immer wieder unter einen Legitimationsdruck, der ihnen signalisiert, daß mit diesem Thema etwas nicht stimmt. Oftmals wird ihnen vorgeworfen, sie betrieben »rückwärtsgewandte Nostalgie« und würden das Matriarchat zurückholen wollen. Diesem Vorwurf liegt eine recht eigenartige Logik zugrunde. Sie kann in etwa verglichen werden mit der Behauptung, AggressionsforscherInnen wollten die Aggressionen verstärken, KinderpsychologInnen die Kindheit zurückholen oder Atomphysiker die Welt zerstören. Niemand käme auf die Idee, solche Vorwürfe zu erheben. Geschähe es dennoch, würden sich die Betroffenen zu Recht dagegen verwahren.

Während es jedoch durchaus möglich ist, Aggressionen zu verstärken oder gar die Welt zu zerstören, so wäre es ein absurdes Unterfangen, matriarchale Strukturen als Gesellschaftsform wiedereinführen zu wollen. Die herrschenden patriarchalen Strukturen, die verantwortlich sind für den katastrophalen Zustand unserer Erde, können niemals als Ausgangspunkt oder gar Grundlage eines zu errichtenden matriarchalen Systems genommen werden. Das Patriarchat würde sich eher selbst zerstören als sich an der allmählichen Umwandlung in ein Matriarchat zu beteiligen. – Dennoch wäre es wünschenswert, Frauen würden endlich ihre Ansprüche auf ein ihren Vorstellungen entsprechendes Recht einfordern.

Die Rückkehr zu matriarchalen Sozialformen ist also keineswegs ein zwangsläufiges Motiv bei der Erforschung matriarchaler Zusammenhänge und Strukturen. So einfach können es sich die GegenerInnen dieses Forschungsbereichs jedenfalls nicht machen.

Doch lassen solche Vermutungen und Vorwürfe erkennen, daß wir hier vorgegebene Grenzen einer geistigen und kulturellen Welt überschreiten und dabei den Boden patriarchaler Kategorien verlassen. Frauen begeben sich in ein Weltbild, in dem sie selbst zwar noch nicht zu Hause sind, das aber dennoch einen Hauch des Vertrauten und Ersehnten in sich birgt.

Der Sinneswandel, den der allmähliche Wechsel in das matriarchale Weltbild mit sich bringt, läßt sich von dem sozialen Umfeld der meisten Frauen nur selten nachvollziehen. Die Frauen stoßen hier überwiegend auf Unverständnis, denn es kann durchaus geschehen, daß sie nun nicht mehr so funktionieren wie bisher und die Grenzen jener Erwartungshaltungen sprengen, die sie bislang auf die Bedürfnisse anderer reduzierten. Die Beschäftigung mit matriarchalen Strukturen stärkt Frauen ungemein, führt sie ihnen doch ur-eigenste Wahrheiten vor Augen, die in patriarchalen Räumen tabuisiert werden und die ihnen dort schmerzlich gefehlt haben.

Anhand von zehn Punkten werde ich nachfolgend wichtige Aspekte des Zugewinns an Bewußtheit beschreiben.

Die Erinnerung an die Bedeutung des Erinnerns

a.) Erinnern als existentielle Notwendigkeit

Seit Männer philosophieren und theologisieren, suchen sie eine Antwort auf die Fragen:
- Woher kommen wir?
- Woher kommt die Welt?
- Wohin gehen wir?
- Was erwarten wir?
- Was erwartet uns?
- Wer sind wir?

Diese Fragen wurden immer als zusammengehörig verstanden, da sie sich nicht isoliert beantworten lassen - auch wenn dies hin und wieder versucht wurde. Die Antworten, die wir in Mythen und Märchen, in Philosophien, Theologien und Wissenschaften erhalten, fallen recht unterschiedlich aus.

Den neuesten Versuch einer kindgerechten Antwort, hat uns Jostein Gaarder mit seinem Buch »Sofies Welt« beschert. Darin legt er seinem Welt-Schöpfer die Worte in den Mund: »Wenn wir nicht wissen, wohin wir gehen, kann es sinnvoll sein zu wissen, woher wir kommen.«[13]

Hierbei handelt es sich um eine uralte Wahrheit, die für jede Generation neu formuliert werden muß. Angesichts ihrer ungeheuren Bedeutung formulierten jüdische WeisheitslehrerInnen den alten Weisheitsspruch: Vergessen verlängert das Exil (oder: die Heimatlosigkeit, C.M.); doch das Geheimnis der Erlösung heißt Erinnerung.

Zu allen Zeiten müssen Menschen um die grundlegende Bedeutung des Erinnerns gewußt haben; denn in Griechenland galt Mnemosyne, die Erinnerung, als Tochter von Erde und Himmel - von Gaia und Uranos. Sie ging jeder menschlichen Existenz voraus, war also deren Vorbedingung.

In der Edda begegenen wir ihr in der heiligen Quelle »Mimir«. Aus ihr wässern die Nornen regelmäßig den kosmischen Weltenbaum. Gleichzeitig heißt es von Odin, daß er immer wieder zu dieser Quelle (des Erinnerns) zurückkehren muß, um seine Weisheit aufzufrischen und zu vervollständigen.

Beide Mythenkreise siedeln die Macht des Erinnerns im Bereich des Weiblichen an. Liegt hier möglicherweise ein ganz wesentlicher Grund männlicher Angst vor dem weiblichen Geschlecht? Es verfügt über ein verdrängtes Wissen - und dazu gehört auch jene Macht des Erinnerns, mit der es das männliche System in Frage stellen und ad absurdum führen kann. Nicht umsonst ermordete die Kirche Jahrhunderte hindurch mit den Frauen auch jene Erinnerungen, die das patriarchale Glaubenssystem - und mit ihm den Machtanspruch der Kirche - in Frage stellen und unterlaufen konnten.

Wenn auch nach jüdischen Vorstellungen das Geheimnis der Erlösung in der Erinnerung liegt, so wurde dennoch gerade in der jüdischen - und in ihrem Gefolge auch in der christlichen – Tradition alles Erdenkliche getan, um Erinnerungen an die matriarchale Menschheitsepoche zu zerstören. Statt dessen wurde ein Vorstellungssystem geschaffen, das diese automatisch ausblendet, diffamiert oder auch bewußt leugnet. Daß Restbestände dieser Menschheitsepoche dennoch wie ein dünnes Rinnsal auch durch die jüdische Tradition fließen, verdanken wir der Tatsache, daß es daneben immer auch noch andere Bestrebungen gegeben hat, wie sie zum Beispiel in der jüdischen Weisheitstradition zutage treten, die eine Fülle matriarchalen Gedankenguts enthält.

An die Stelle der erlösenden Erinnerung traten in den jüdisch-christlichen Religionssystemen Erlösungsideen: das Warten auf den Messias und der christliche Glaube an das Kreuz und seine erlösende Kraft. Das Wissen um den Wert des Erinnerns wurde lediglich patriarchatsstabilisierend angewandt auf Ereignisse, die das Patriarchat um keinen Preis vergessen wollte. So zum Beispiel die Erinnerung an die Kreuzigung Jesu, die bis heute den Nachweis ihrer erlösenden Wirkung schuldig geblieben ist.

Nie aber durfte das Wissen um die Bedeutung des Erinnerns auf die Infragestellung patriarchaler Systeme angewandt werden. Nie durfte es Frauen stärken.

Genau das geschieht heutzutage, wenn Frauen sich mit Matriarchatsforschung befassen. Sie ist der weibliche Aufstand gegen Verdrängungstaktiken und Vergeßlichkeit, gegen patriarchalen Größenwahn und kulturelle Verabsolutierung männlicher Fähigkeiten und Eigenschaften. Sie gibt uns Frauen neue und dennoch uralte Antworten auf existentielle Fragen, wie wir sie bei Philosophen und Theologen vergeblich suchen. Gleichzeitig macht sie die alten Antworten verständlicher, die Mythen und Märchen enthalten.

In der Bewußtmachung ihres Rechts auf eine eigene Erinnerung liegt eine ausgesprochene Brisanz für Frauen. Es könnte sie veranlassen, die sie manipulierenden Verdrängungsmuster zu durchschauen und aufzulösen. Das aber geschieht nach meiner Erfahrung am grundlegendsten in der Auseinandersetzung mit matriarchalen Strukturen und Formen des Zusammenlebens, durch Erinnerungen, die unseren Fort-Schritt - fort von uns selbst – aufzuhalten vermögen.

Daß wir dazu der Erinnerung bedürfen, ist manchen auch in unserer Zeit durchaus bewußt. So dem Kulturphilosophen Heinz Friedrich, der schreibt: »...es kann kein Konzept für die Zukunft geben ohne die Kenntnis und Erkenntnis des Vergangenen. Ein Fortschritt, der sich von der Erfahrung der Vergangenheit emanzipiert und sich damit von der Vergangenheit trennt, kann nur ein Fortschritt des Menschen von sich selbst sein.«[14]

Um diesen Fort-Schritt aufzuhalten, bedürfen Frauen und Männer - so meine These - verschiedener grundlegender Erinnerungen, da sie veranlaßt wurden, recht Unterschiedliches zu verdrängen: Frauen brauchen die Erinnerung an ihre Kultur, Männer die Erinnerung an ihre Natur. Bei letzteren wurde die Anbindung an die Natur verdrängt, bei Frauen dagegen das Bewußtsein ihrer kulturschöpferischen Fähigkeiten und Leistungen. Sie lernen in keiner Bildungseinrichtung, daß die Erschaffung jeglicher Grundlagen von Kultur eindeutig auf ihr Geschlecht zurückgeht. Daß es Frauen waren, die die grundlegenden Kulturtechniken entwickelt haben: Kinderaufzucht und die Schaffung sozialen Zusammenhalts, Akkerbau und Vorratshaltung, Töpfern und Textilherstellung, die Erfindung des Rades ebenso wie die der Bilderschrift und Malerei – und schließlich den Kultus nicht zu vergessen - den grundlegendsten Ausdruck von Kultur.

Für Männer gilt dementsprechend, daß sie ihre natürlichen Grundlagen besser kennenlernen müßten, um die darin enthaltenen Aufforderungen und Beschränkungen respektieren zu lernen. So sind sie keineswegs »von der Natur« dazu auserkoren, zu herrschen oder gar selbst Leben zu schaffen und müssen ihre diesbezügliche Beschränkung anerkennen. Statt dessen müßten sie lernen, sich mit ihrer Rolle als Miterzeuger zu begnügen und sich nicht mit Hilfe der Reproduktionstechnologie doch noch Zugang zu diesem Gebiet zu verschaffen, um so auch noch das neue Leben ihren eigenen Vorstellungen sowie ihrem Produktionswahn zu unterwerfen.

Für Frauen und Männer geht es also um eine recht unterschiedliche Erinnerungsarbeit. Frauen müßten sich ihrer geistigen und psychischen, sozialen und physischen Möglichkeiten und Fähigkeiten bewußt werden, um sich ihrer effektiver bedienen zu können, statt sie unbewußt und wahllos jedermann zur Verfügung zu stellen. Da ich an dieser Stelle keine Appelle an Männer richten möchte, müßten sich Frauen umgekehrt jener Beschränkungen und Grenzüberschreitungen bewußt werden, die von Männern ausgehen. Das beängstigende Ausmaß unseres Realitätsverlusts im Hinblick auf weibliche und männliche Gegebenheiten läßt sich nur reduzieren, wenn wir Frauen soviel wie möglich von unserer Wirklichkeit in den Blick bekommen und gleichzeitig realistischer werden in der Einschätzung des Mannes.[15]

Die Erinnerung an die Bedeutung des Erinnerns

b.) Erinnern an verlorene Dimensionen von Weiblichkeit

Mit der Verdrängung des Wissens um das Weibliche als grundlegender Kraft des Lebens ging auch die Erinnerung an das Weibliche als Grundlage jeglicher Form von Transzendenz, Kultur und Gesellschaftsordnung verloren. An die Stelle dieses alten Wissens traten einerseits männlicher Verstand (und damit auch männliche Dummheit) sowie andererseits männliche Muskelkraft (und damit auch Tötungsmacht), die nun die Grundlage des Anspruchs männlicher Priorität bilden. Mit der Tilgung der Erinnerung an weibliche Kulturschöpfungen entstand ein zunehmendes Vakuum an jener weiblichen Geisteskraft, die aus dem Leben kommt und ins Leben zurückfließt. Statt dessen kam es zu einer immer stärker werdenden Verlagerung echter Bedürfnisse auf lebensvernichtende Ersatzbedürfnisse.

Was die Menschheit mit dem Verlust matriarchaler Kultur und Weltanschauung wirklich entbehrt und verloren hat, können wir gar nicht in vollem Umfang ermessen. Es läßt sich aber am Zustand dieser Welt ablesen oder in etwa erahnen. Doris Wolf formuliert einen grundlegenden Aspekt dieses Verlustes, wenn sie schreibt: »Mit der Bekämpfung der matriarchalen Religion und, damit verbunden, der Aufgabe der tröstlichen Idee einer Heimkehr und Wiedergeburt aus dem Schoß der Großen Muttergöttin, inkarniert in der Frau, war der Verlust des Urvertrauens in die ewige Erneuerung verbunden.«[16] Alles, was der patriarchalen Religion einfiel, war, »Abrahams Schoß« an ihre Stelle zu rücken.[17] Der damit einhergehende Verlust echter Religiosität und spiritueller Wahrnehmung steigerte sich mit der Patriarchalisierung dieser Welt, die immer mit der Tötung von Echtem einhergeht und an dessen Stelle ihre Substitute setzt. Dieser Prozeß wird allerdings von AutorInnen beiderlei Geschlechts beklagt, meist jedoch, ohne die wahren Ursachen aufzuzeigen. So heißt es bei dem Kulturphilosophen Heinz Friedrich: »Die Menschheit betäubt den Verlust ihrer Weltfrömmigkeit und die daraus entspringende Angst vor dem Dasein durch eine Fortschrittsraserei, die letztlich die Agonie beschleunigt.«[18]

»Verlust des Urvertrauens«, »Verlust der Weltfrömmigkeit«, »Verlust eines tragenden Weltgefühls«, das sind die immer wiederkehrenden Formulierungen, die den Preis beschreiben, den wir für eine männliche Weltsicht und Lebenspraxis zu zahlen haben, für das Vergessen weiblicher Dimensionen. Diese Einschätzung finden wir auch in der feministischen Kulturkritik Irmtraud Morgners: »Je rationaler die Weltsicht, desto irrationaler das Weltgefühl.«[19] Wie Morgner schreibt, haben die rationalen Wissenschaften uns wenig Zugewinn an Weisheit gebracht und den religiösen Glauben durch einen »platten Wunderglauben an die Medizin und andere Wissenschaften ersetzt«. Mit ihrer Hilfe sind jene weisen poetischen »Gebäude zur Integration des Todes in das Ereignis Leben« abgerissen worden, Gebäude, die Morgner als »Vorsorgeeinrichtungen für seelische Gesundheit« bezeichnet. Tragischerweise haben Männer sie jedoch mehr und mehr in Vorsorgeeinrichtungen ihrer Herrschaftsmacht verwandelt, die zur Entmachtung von Frauen geradezu herausfordert. Diese Aufgabe übernahmen später die Wissenschaftler – und erhielten begeisterten Applaus. Doch folgten auch sie letztlich denselben Gesetzen männlicher Machtanmaßung, die die Religion einst vorgezeichnet hatte. Wer aber besorgt ihre Entmachtung?

Auf diese Notwendigkeit verweist Irmtraud Morgner ebenfalls, wenn sie den männlichen Helden ihres Hexenromans sagen läßt: »Ich habe meine Wissenschaft entthront. Die Geschichte ist keine Königin. Sie ist eine Horde Könige in Gestalt von Apokalyptischen Reitern, die mit Krieg, Hunger, Krankheit und Tod seit Jahrtausenden die Menschheit martern. Die Fortsetzung dieser Tradition, Meinungsverschiedenheiten mit Gewalt zu lösen, heißt: Atomkrieg. Die Geschichte bietet keine andere Tradition, die im Denken und Handeln beistehen könnte, ihn abzuwenden. Deshalb habe ich die Königshorde entthront und die Vorgeschichte als Königin inthronisiert. Denn die Zeit ist nahe...«[20]

Hier also, in der matriarchalen Vorgeschichte, stößt der Held Morgners offensichtlich auf jene Werte und Vorstellungsbilder, mit deren Hilfe die falschen Mächte entmachtet werden können. Sie sind ein kollektiver Ausdruck uralter Weiblichkeit, die vielen Frauen die sie stärkende Erfahrung vermittelt, daß sie in ihnen ureigenstes zum Klingen bringen und wiederentdecken lassen.

Wie sehr Frauen des Umgangs mit weiblichen Dimensionen in Mythos und Geschichte bedürfen, um seelisch gesund zu werden, hat ja Inge Stephan in ihrem Buch »Das Schicksal der begabten Frau im Schatten berühmter Männer« dargelegt. Eigentlich hatte sie nach guten Partnerschaftsbeziehungen unter gleichermaßen gebildeten Paaren gesucht, nach »dialogischen Strukturen, ... in denen sich die Begabungen von Frauen und Männern gleichermaßen produktiv weiterentwickelt haben«. Was sie fand, war allerdings enttäuschend. Bei ihrer Durchforstung der Lebensbilder gebildeter Frauen, »die ausgeprägte künstlerische oder wissenschaftliche Interessen in die Beziehung zu Männern einbrachten, ihnen als Musikerin, Malerin, Bildhauerin, Schriftstellerin, als Mathematikerin, Historikerin oder Theologin häufig gleichrangig, manchmal überlegen waren,« mußte sie zu ihrer Verwunderung feststellen, daß die gebrochene Frau überwiegt. So berichtet die Autorin enttäuscht: »Gefunden habe ich etwas anderes: die Ausbeutung und die Zerstörung weiblicher Begabung durch die jeweiligen männlichen Partner und die Marginalisierung und Verdrängung der kreativen weiblichen Anteile an den Werken der Männer in der späteren historischen Wahrnehmung. Nur in Ausnahmefällen, wenn die Männer »rechtzeitig« starben oder sich die Beziehung früh löste, blieb den Frauen die Chance, ihre schöpferischen Möglichkeiten wenigstens im Alter für sich selbst zu nutzen.«[21] Heilung aber, so entdeckte Inge Stephan bei ihren Recherchen, fanden die Frauen dort, wo sie aufhörten, sich primär geistig auf den Mann zu beziehen, sich statt dessen in ihre eigene Tradition und Vergangenheit vertieften und »sich dem abgelehnten, verdrängten »mütterlichen Erbe« annähern« konnten.[22]

Das »verdrängte mütterliche Erbe« tritt nirgends sonst so klar zutage wie in der Matriarchatsforschung, die uns die kulturschaffende Macht des weiblichen Kollektivs vor Augen führt. Durch sie erfahren Frauen etwas über ihre Ahninnen aus grauer »Vor«-Zeit, wie diese die Welt erlebten und mit ihr umgingen, was sie geliebt und gewollt, gefürchtet und abgelehnt haben. Frauen beginnen so etwas wie eine Verwurzelung zu spüren in ihrer ansonsten so bruchstückhaften Vergangenheit. Sie entdecken eine Art Entstehungsgeschichte ihres Seins, durch die sie sich und ihr eigenes Geschlecht besser verstehen und schätzen lernen. Dabei entwickeln sie einen Sinn für weibliche Würde sowie die eigene Verpflichtung gegenüber dem Geschenk, das uns unsere Ahninnen mit ihren Leistungen und Werten gemacht haben. Das Bewußtsein der Verwurzelung in einer matriarchalen Vergangenheit schützt sie vor psychischer Spaltung und Abspaltung.

Im Unterschied zu Männern verfügen Frauen im Patriarchat nur selten über eine Ahninnenfolge, die ihnen zeigt, woher sie kommen. Ihre Erinnerungen an eine verwandtschaftliche Linie wurden immer wieder abgeschnitten. Mit der Übernahme männlicher Namen, sei es nun des Vaters oder Ehemanns, verloren sie ihre weibliche Kontinuität - und damit ein Stück ihrer selbst.

Wissen zu wollen, woher wir kommen, in unser eigenes Geschlecht »einzutauchen« und so einen Ersatz für fehlende Genealogien zu schaffen, hat - besonders für Frauen - etwas Subversives. Es berührt jenes Tabu, auf dem das patriarchale System gründet: das Wissen um unseren weiblichen Ursprung, biologisch wie auch kulturell. Matriarchate eröffnen uns tiefere Schichten der menschlichen Kultur, geschichtete weibliche Dimensionen einer verdrängten Geschichte, auf die wir stolz sein können.

Unser verdrängtes Erbe ins Bewußtsein zu überführen, läßt uns psychische Energien zufließen, die zuvor für die recht energieaufwendigen Verdrängungen benötigt wurden. So strömen uns nunmehr Kräfte aus unserem eigenen Kontinuum zu.

Die Erinnerung an die Bedeutung des Erinnerns

c.) Erinnern im Hinblick auf weibliche Ganzheit

Eine wesentliche Schwächung des weiblichen Geschlechts liegt in dem patriarchalen Frauenbild, das sie zu einer »Hälfte« erklärt, wenn auch berechtigterweise und nichtsdestoweniger fadenscheinig zur »besseren«. Dazu gesellt sich die Behauptung, erst der Mann mache die Frau zur Frau. Diese Botschaft hat sich bei vielen Frauen in reale Gefühle umgesetzt, so daß sie sich ohne männliche Begleitung in der Tat nur »halb« vorkommen. So sind sie bereit, alles zu tun, um den Mann zu halten und eigene Bedürfnisse solange zu leugnen, bis sie sie gar nicht mehr kennen.

Die Beschäftigung mit matriarchaler Weiblichkeit lehrt Frauen etwas anderes. In Skulpturen und Mythen begegnen sie machtvollen und ganzheitlichen weiblichen Gestalten, die eindeutig signalisieren, daß sie vom Mann weder abhängig noch auf ihn angewiesen sind, ja, solche Positionen nicht einmal kennen und nie bereit wären, sie hinzunehmen. Ganz offensichtlich ist es der matriarchale Zusammenhalt von Frauen, der sie stark macht und schützt.

In der matriarchalen Welt begegnen uns Formen des Frauseins auf der Grundlage weiblicher Solidarität, die gleichzeitig die Basis weiblicher Realität bildet. So waren die Frauen, die vor einiger Zeit die matriarchalen Moso in China besuchten, ganz erstaunt, als ihnen die Moso-Frauen zum Abschied ihr tiefstes Bedauern darüber aussprachen, daß sie nicht in einer Gemeinschaft mit anderen Frauen leben können. Weiblicher Realitätsbezug und weibliche Stärke können sich nur im Zusammenleben und in der Solidarität mit dem eigenen Geschlecht entfalten, die daher bis heute verhindert werden.

Solch weiblicher Zusammenhalt in matriarchalen Kulturen basiert nicht etwa auf individuellen Anstrengungen, sondern ist von vornherein in der Sozialstruktur angelegt. Mit anderen Worten: Individuelle weibliche Ganzheit wurzelt in der Ganzheit des weiblichen Kollektivs. In der Vereinzelung erfahren wir eine Reduzierung. Aus diesem Wissen erwachsen Anregungen für gemeinsame Lebensentwürfe von Frauen heute.

Aber noch in einer anderen Hinsicht fördert die Erforschung matriarchaler Epochen weibliche Ganzheit. Da matriarchale Gesellschaften keine Schrift in unserem Sinne kennen, gibt es von ihnen keine unmittelbare schriftliche Überlieferung. Sie offenbaren sich uns heute fast ausschließlich in ihrer bedeutungsstarken Symbolik, die uns in Gegenständen und Bildern ebenso wie in bildhaften Erzählungen gegenübertritt. Um die matriarchale Art der Selbstdarstellung und Überlieferung zu verstehen, müssen wir unser Symbolverständnis entwickeln und damit unser Gespür für Sinn. Auf diesem Wege aber verstärkt sich der Gebrauch unserer sogenannten »weiblichen« rechten Hemisphäre.

Heute wird allgemein anerkannt, daß mit der zunehmenden Vermännlichung - sei es nun in Form von Patriarchalisierung, Industrialisierung oder Verwissenschaftlichung - eine Stärkung der linken Hemisphäre zu Lasten der rechten einhergeht. Auf diese Weise wurde ein natürliches Ordnungssystem zerstört. Doch das erkennen nur wenige.

Die rechte Hemisphäre birgt das Bild- und Symbolhafte, die gefühlte Wahrheit und mit ihr die Fähigkeit der Sinnfindung und des Erfassens von Bedeutungen und Beziehungen. Im Bild ist unsere Erfahrung mit dem Sichtbaren enthalten. Folglich gilt es auch als Grundlage aller Weisheit; denn immer geht das Bild dem Wort voraus. Das Wort wiederum wird um so leichter verstanden, je mehr es sich des Bildes bedient und an das Symbolhafte anknüpft. So ist das Bild auch der Ursprung, die Grundlage des Wortes.

Im Patriarchat wurde diese Zusammengehörigkeit von Wort und Bild auseinandergerissen und dem Bild der Kampf erklärt. Die Prioritäten wurden verkehrt, und fortan bekämpfte das »göttliche« Wort das »heidnische« Bild, das zum Götzen erklärt, ja, sogar verboten wurde. – Hier folgte später der Protestantismus dem Judentum, während sich der Katholizismus der Macht des Bildes weiterhin sehr effektiv bediente. –

Der Kampf gegen das Bild war ursprünglich ein Kampf gegen das Weibliche. Auf geistiger Ebene begann er damit, daß Kosmos und Erde als sichtbare Bilder der einen Großen Göttin voneinander getrennt und in einen himmlischen Geistes-Gott und eine ihm (im wahrsten Sinne des Wortes) unterlegene »chthonische«, ihrer Geistigkeit beraubte Mutter Erde aufgespalten wurden. Später verlor auch der männliche Gott seine ursprüngliche Bildhaftigkeit. Seine anfängliche Darstellung als Stier wurde untersagt.

Mit Aristoteles verflüchtete sich dann auch der Gottesbegriff endgültig zu einer Abstraktion. Das patriarchale Vorstellungsgebäude trat in einen endgültigen Gegensatz zum matriarchalen Weltbild. Aristoteles gehörte nicht mehr zu den Freunden der Weisheit, als welche sich die Philosophen der Antike verstanden hatten, sondern war nurmehr ein Freund der Abstraktion. Die Angst vor dem »Pantheismus«, der Materie und Geist als Einheit versteht und in der Materie ein Bild des Geistes sieht, ist verständlicherweise dort am größten, wo die Welt des Bild- und Symbolhaften am gründlichsten zerstört und verdrängt wurde: im Protestantismus.

Reste eines matriarchalen Weltbildes auf der Grundlage bildhaften Denkens der rechten Hemisphäre finden wir noch bei den Vor-Sokratikern: Thales von Milet verglich das Ewige mit dem Wasser, Anaximander mit dem Feuer. Für sie offenbart sich das Göttliche noch in der Natur. Schließlich war es Heraklit, der die weibliche Weisheit vereinnahmte, um seinen Logosbegriff zu entwickeln.[23] Er transformierte die Kategorien der Voraussicht, Lehre und Erkenntnis, die er der alten Weisheitsgöttin als der Welt

»innewohnenden Ordnung« entlehnte, in den patriarchalen Logos. Dieser aber verdankt sich dem analytischen Verstand - der linken Hemisphäre. Im Laufe der patriarchalen Bewußtseinsentwicklung wurde der Logos zum Prinzip des männlichen Geistes, dem die Frau - und mit ihr die rechte Hemisphäre - unterworfen wurde, weil er ihr und sie ihm in dieser Führungsposition fremd war.

Mit dem matriarchalen Weltbild tritt die weibliche Symbolkraft erneut in Erscheinung. Uralte Skulpturen und Wandreliefs ebenso wie Märchen und Mythen breiten jene Wahrheit vor uns aus, die uns die Grenzen patriarchaler Wirklichkeit überschreiten - transzendieren - läßt. Symbolhafte Gestaltungen des weiblichen Körpers, Göttinnen- und Tierfiguren werden zum Spiegel weiblichen Seins. Sie versorgen unsere Seele mit dem Ur-Eigenen, so daß wir darin bestärkt werden, vieles vom Fremden, uns Aufgezwungenen, abzustoßen und auf diese Weise unsere eigentlichen Fähigkeiten, Werte und Stärken Stück für Stück zurückzugewinnen. Am Ende werden wir in die Lage versetzt, das ganze Leben unter den Vorzeichen der rechten Hemisphäre, dem Sinn für Sinnhaftigkeit, neu bewerten zu können - eine grundlegende Voraussetzung für den vielzitierten Paradigmenwechsel.

Diese Wiedergewinnung der rechten Hemisphäre bedeutet den wohl entscheidendsten Schritt zu jener Ganzheitlichkeit, die es nicht mehr nötig hat, Gefühl und Vernunft, Bauch und Kopf als Gegensätze oder gar als Feinde zu betrachten. Es bleibt die Aufgabe der Vernunft, die bereits im Bild vorhandene Wirklichkeit in Worte zu fassen, um sie so mitteilbar zu machen.

Aufhebung von Realitätsverlust und geistiger Verdummung

Die Matriarchatsforschung vermittelt uns die Erkenntnis, daß es sich bei der Kultur, in der wir leben, nicht etwa um ein System handelt, dem »natürliche« Bedürfnisse »des Menschen« zugrunde liegen, sondern um ein durch männliche Gewalt erzwungenes System von

Interessen und Institutionen - um den »gewaltigen« Niederschlag einer männlichen Ideenwelt. Erst wenn wir das durchschaut haben, erlangen wir die Fähigkeit, das ungeheure Ausmaß männlicher Anmaßung, männlichen Betrugs und Machtmißbrauchs zu erkennen, zu benennen und immer weniger darauf hereinzufallen.

In der Auseinandersetzung mit matriarchalen Werten und Bildern lernen wir zu begreifen, daß unsere Vorstellungen vom Frau- und Mannsein nicht unseren eigenen Erfahrungen entstammen, sondern vom Mann geschaffen wurden, und zwar in der Weise, daß sie seinen Bedürfnissen entgegenkommen und ihm und seinem System dienen. So hilft uns die Annäherung an ein matriarchales Weltbild, das wahre Ausmaß unserer Verdummung und Entfremdung im Hinblick auf »unsere« Wahrheit und Wirklichkeit zu erkennen. Allmählich lernen wir zu begreifen, was unseren Lebenswerten dient, aber auch das zu formulieren, was wir als wahr und richtig empfinden. Bis es uns schließlich gelingt, auch noch unser Leben so einzurichten, daß es unseren wirklichen Interessen dient und nicht jenen des Mannes und seines zerstörerischen Systems, - in das wir dennoch bis zum letzten Atemzug mehr oder weniger integriert bleiben werden.

Mit der Entdeckung matriarchaler Formen von Weiblichkeit, die einst auf der Grundlage des Bewußtseins weiblicher Macht entstanden, lernen wir, jene falschen Alternativen zu durchschauen, die uns suggerieren wollen, unsere Emanzipation sei unweigerlich mit unserer Bereitschaft verbunden, uns an bestehende Strukturen anzupassen.

Wir erkennen immer klarer, wie sehr unsere Weiblichkeitserziehung darauf ausgerichtet war und ist, der Solidarität mit dem Mann die Solidarität mit dem eigenen Geschlecht zu opfern. Wir werden dazu verpflichtet, unsere Lebensentwürfe so einzurichten, daß wir lebenslang jenen Männerkult zelebrieren, der »eine über viele Generationen dauernde Transfusion weiblicher Energien auf den Mann bewirkt, die er als Sohn, Bruder, Ehemann und Vater und - in anderen Formen - als Chef, Politiker, Priester oder Bischof von einzelnen und vielen Frauen empfängt.«[24] Dieses Absaugen weiblicher Energien durch den Mann bewirkt dessen Aufwertung, die wiederum mit der Abwertung des Weiblichen und der Entsolidarisierung der Frauen verknüpft ist.

Selbstwert und Solidarität der Frauen aber bilden die Grundlagen jener Wahrheit, »die uns unbedingt angeht«, da es uns nur möglich ist, das als wahr zu erkennen und anzuerkennen, was unserer gemeinsamen Lebenserfahrung entspringt. Beim Verbleib in der Patriarchatsgeschichte, die nur wenig mit uns und unseren Interessen zu tun hat, da sie nicht unser Wissen widerspiegelt, kann uns immer nur der Verlust unserer eigentlichen Bestimmung vor Augen geführt werden. In der Begegnung mit matriarchalen Kulturen und Mythen nähern wir uns jedoch unserem eigenen Geschlecht, unserer eigenen Geschichte sowie dem Wissen und Urteil unserer Ahninnen.

»Priesterin des Heiligen zu sein ist unsere ureigenste Bestimmung«, schreibt Hildegunde Wöller in dem bereits zitierten Buch. Das aber würde bedeuten, daß Frauen sich nicht länger ihre religiöse Kompetenz absprechen lassen dürfen. Daß sie aufhören müssen, allein das als »heilige Wahrheit« zu verehren, was ihnen die Männer-Kirchen als solche vorsetzen. Im Umgang mit dem matriarchalen Weltbild lernen wir, die Mystifizierungen männlichen Denkens und Handelns als Machtanmaßung zu erkennen. Wesentliche Hilfe erhalten wir dabei durch Märchen und Mythen. Viele Frauen sind über die Matriarchatsforschung auch zu einem neuen Verständnis des Mythos und mit ihm zu einer neuen Einschätzung der Realität gelangt. Dabei wurde die Trennung zwischen Mythos und Historie ebenso hinfällig wie jene zwischen Mythos und Wahrheit. Erst mit der Etablierung patriarchaler Strukturen verwandelte sich der Mythos in ein Instrument im Dienste männlicher Propaganda. Zur »Lügengeschichte« verkam er erst im Rahmen des kulturellen Wandels, als er ganz oder in Teilen zur Mystifizierung männlicher Ideologien und Ausdrucksmittel mißbraucht wurde. Unter der Regie männlicher Priester und Despoten mußte er der Legitimierung männlicher Herrschaftsmacht sowie der alleinigen Vergöttlichung des Männlichen dienen.

Ursprünglich enthielen Mythen eine phänomenologische Welterklärung und -beschreibung. Sie gaben Antwort auf jene Fragen, die die Menschen bewegten. Natürliche und kulturelle Gegebenheiten wurden im Mythos nacherzählt, im Kult- oder Mysterienspiel nachvollzogen und so dem Gedächtnis eingeprägt. Für den Zusammenhalt der Sippe, für den Erhalt der Gemeinschaft wie auch zum Verständnis der Grundlagen der sozialen Gruppe erwies sich der Mythos so von entscheidender Bedeutung.

Es sind Männer, die uns heute darauf hinweisen, daß die hauptsächliche Problematik, mit der sich patriarchale Politik und mit ihr patriarchaler Glaube seit Jahrtausenden herumschlagen, in der Frage liegt: »Wer wird befehlen und manipulieren?«[25] Wo diese Frage zum Zentrum der Realität wird, bleibt den Beherrschten nur noch die bange Frage, welches Ziel denn wohl die jeweiligen Machthaber verfolgen. Das bedeutet, daß die Beherrschten auf diese Weise von sich selbst und ihren ureigensten Interessen und Bedürfnissen abgelenkt werden. Der Realitätsverlust ist damit besiegelt.

Wenn wir das matriarchale Weltbild in erster Linie als Anerkennung der Geburt als grundlegendes Ereignis - nicht nur für soziale Zugehörigkeit, sondern auch für kosmische und natürliche Vorgänge - verstehen, so findet diese Realität heute ihre Bestätigung in jener Wissenschaft, die das Ende patriarchaler Dogmen bedeutet. Schon seit einiger Zeit wird der Kosmos dort als lebender Organismus begriffen - eine matriarchale Selbstverständlichkeit. Nun scheint sich aber auch noch herauszustellen, daß auch dieser »Leib der Göttin« offensichtlich eine Mutter hat. So wurde vor kurzem gemeldet, daß neue Messungen die Theorie von der »Geburt des Weltalls« untermauern[26], die matriarchale Mythen bereits vor Jahrtausenden thematisierten. Im Hinblick auf die patriarchale Verdrängung weiblicher Schöpfungsmacht und männlicher Ignoranz legt Irmtraud Morgner ihrer männlichen Romanfigur folgende Sätze in den Mund:

»Wissenschaft und Technik haben bisher nichts Annäherndes von der Größenordnung hervorgebracht, das in zwanzig Tagen in einem befruchteten Hühnerei sich heranbildet. Wahr, wahr, wahr, eine

Stimme wie von einer Posaune – keiner hört. Denn da wir wissen, wie blaß wir aussehen bei einem Vergleich mit der Natur, sehen wir über sie hinweg. Wir müssen die Wunder der Natur gering achten, um die Erfindungen der Wissenschaft und Technik als Wunder anbeten zu können. Nicht die Schöpfungen der Natur, sondern Nachschöpfungen, in denen der Mensch versucht, erkannten Naturgesetzen folgend nachzubauen, werden verehrt. Angebetet und gehegt wird nicht das den Menschen natürlich Geschenkte, sondern das von ihnen mit ungeheurem Aufwand künstlich Geschaffene. Eine raffinierte Methode der Selbstanbetung, die teuer zu stehen kommt. Eine gerissen ausgedachte Weise, Minderwertigkeitsgefühle in Überwertigkeitsgefühle zu modeln. Denn wie steht ein Mann da gegenüber einem Menschen, der Menschen gebären kann? Arm steht unsereiner da unter den Frauen, von denen jede, dumm oder gescheit, häßlich oder schön, klein oder groß, Schöpferin sein kann. Jede ist fähig, Einmaliges aller Welt sichtbar hervorzubringen. Ich dagegen? Die Männer mußten die Natur als Hure und schwangere Frauen als befleckt verteufeln, um von Ohnmachtsempfindungen in Übermacht zu gelangen. Diese Übermacht konnte nur errungen und gesichert werden, wenn hinfort einzig Künstliches als menschliche Schöpfung hochgeachtet wurde. Urgrund aller männlichen Wissenschaft: Gebärersatz.«[27]

Der Mythos von der Erschaffung der Frau aus der Rippe des Mannes ist eines der zahllosen Beispiele für Doris Wolffs Vermutung, daß mit der »patriarchalen Machtnahme, ... die systematische Verdummung der Menschheit (begann). »Du sollst nicht wissen« war das politische und religiös legitimierte Credo der neuen Herrscher, die den Menschen von nun an unter Androhung von Strafe und Höllenqualen befahlen, den falschen Autoritäten zu glauben, statt selber zu denken und sich auf die eigene, an der Realität überprüfbare Wahrnehmung und den eigenen Verstand zu verlassen.«

Und die Autorin fährt fort zu beschreiben, wie mit den matriarchalen Denkbausteinen neue Denkmodelle errichtet wurden und welche Täuschungen damit verbunden waren: »Das weiblich-schöpferische Element und die geistigen und seelischen Qualitäten der

Frauen, die eine friedliche und wahrscheinlich gerechtere Welt für alle Menschen während Zehntausenden von Jahren gewährleistet hatten, mußten den Menschen als Täuschung und Verkennung der »wahren« Tatsachen aufgeschwatzt werden. Ein schwieriges Unterfangen: Menschen, die jahrtausendelang im Vertrauen auf ihre Wahrnehmung gelebt, ihren eigenen Augen und ihrem Verstand vertraut und daraus ihre Religion abgeleitet hatten, mußten davon überzeugt werden, daß sie sich getäuscht hatten und die »wahren« Schöpfer männlich seien. Den Menschen wurde mit Mythen, Märchen, Legenden und »Offenbarungen« beigebracht, den patriarchalen Lügen zu glauben, statt selber zu denken. Nicht mehr der mütterliche Schoß sollte die Quelle des Lebens sein, sondern männlicher »Geist« und männliche Götter: Mit List und Lug erfanden die Propheten der neuen männlichen Götter raffinierte Geschichten, in denen die alten Glaubensüberlieferungen umgedeutet wurden, durch die die Menschen von der »männlichen« Schöpfungs- und Gebärfähigkeit und einem Ur-Gott überzeugt werden sollten, der das Universum erschuf.«[28] Und auch der Dichter Eugene O'Neill sieht – bis auf seine verharmlosende Vorstellung eines »Irrtums« statt einer »Lüge« - ganz richtig, wenn er schreibt: »Der Irrtum fing damit an, daß man sich Gott als Mann vorstellte... Das macht das Leben so widersinnig und den Tod so unnatürlich.«[29]

Um der Realität der relativen Überflüssigkeit des männlichen Geschlechts nicht ins Antlitz schauen zu müssen, so die Matriarchatsforscherin Gerda Weiler, wird im Patriarchat die Frage nach dem Ursprung anders gestellt. Mann bedient sich der Abstraktion, der Flucht ins Unanschauliche.[30] Denn - so der patriarchale Männergott: »Du sollst dir kein Bildnis machen.« Dies Verbot stellt einen weiteren Beweis männlicher Realitätsferne dar, bedeutet es doch zuallererst eine Vergewaltigung der menschlichen Seele. Schließlich kann sie gar nicht anders, als ihr Welt-Bild aus der konkreten Anschauung zu schöpfen, besteht doch ihre grundlegende Tätigkeit in der Bereitstellung von Bildern. Das läßt ihre allnächtliche Traumtätigkeit unschwer erkennen.

Der männliche Realitätsverlust ist bis heute auffallend umfassender als jener von Frauen. Dabei handelt es sich selbstverständlich um eine Verallgemeinerung, die nicht individualisiert werden darf. In meinem Buch »Natürlich weiblich« habe ich die Entstehungsgeschichte dieses Realitätsverlusts beim Mann beschrieben, der bereits in seiner frühkindlichen Erziehung angelegt ist. Der kollektiven und individuellen Verdrängung seiner eigenen grundlegenden Weiblichkeit entspricht die kollektive Verdrängung matriarchaler Kulturen als Grundlage sozialer Strukturen. Sie ans Tageslicht zu fördern bedeutet, die stärkste Verdrängung unserer Kultur aufzulösen.

Infragestellung der geistigen Grundlagen patriarchaler Machtverhältnisse

Es gibt viele Anzeichen dafür, daß matriarchale Kulturen in erster Linie männlicher Gewalt zum Opfer fielen. Wenn Gewalt auch die eigentliche Grundlage patriarchaler Strukturen ist, so hätte sich allein mit ihrer Hilfe das patriarchale Vorstellungsgebäude nicht in die Seelen der Menschen einprägen können. Gewalt und männliche Gottesbilder arbeiteten hier Hand in Hand. Sie gingen eine recht unheilige Allianz ein und unterstützten sich gegenseitig.

Natürlich wird es uns Frauen nicht möglich sein, das patriarchale System als solches aus den Angeln zu heben. Wer dies glaubt, verharmlost patriarchale Strukturen. Dennoch sind wir in der Lage, das Patriarchat in uns zu bearbeiten. Wir können die Macht des Männlichen, die uns beherrscht, solange wir ihr dienen, abbauen und an ihrer Stelle weibliche Seinsmacht aufbauen, die dem Leben dient. Der transzendente Urgrund, der von Eltern, Kirche und Umwelt mit Hilfe von Gott, dem HERRN, in uns gelegt wurde, ist unwiderruflich männlich.

Dies Faktum haben die Frauen des Mailänder Buchladens analysiert und dem Mann vorgeworfen, daß er Machtmißbrauch betrieben hat, indem er die Vorstellung schuf, weibliche *Immanenz* und männliche *Transzendenz* seien ein *Oppositionspaar*. Daher fordern sie, daß Frauen diesem Mißbrauch ihre Transzendenz entgegensetzen müssen. »Philosophen sahen die Transzendenz in der Herausbildung von Macht bestätigt, d.h. sie gingen von der Ohn-Macht der Frauen in der patriarchalischen Gesellschaft aus, um nicht eine andere Art von Transzendenz zu sehen, die von der Frau ausgeht, aber unterdrückt worden ist. Der Kultur der Menschheit wie der Freiheit der Frauen fehlt der Ausdruck weiblicher Transzendenz, das Mehr an Existenz, das wir gewinnen, wenn wir die Grenzen der individuellen Erfahrung und der Konkretheit des Lebens symbolisch überschreiten.[31]

In der Konfrontation mit Matriarchaten und Göttinnenkulturen begegnen Frauen weiblicher Transzendenzerfahrung früherer Menschheitsepochen. Nur dort wird weibliche Urmacht thematisiert, die zum einen die Gehorsamsforderungen eines Schöpfers und HERRN der Welt als männliche Anmaßung entlarvt, zum anderen aber auch der äußeren Realität gerechter wird als ein männlicher Schöpfergott und der mit ihm verbundene Monotheismus.

Ich habe darauf hingewiesen, daß sich der Vermännlichungsprozeß des Göttlichen mit Hilfe der Abstraktion ereignete. Die Philosophin Annegret Stopzcyk zeigt auf, daß sich das abstrakte Denken unserer westlichen Zivilisation »in den Kämpfen für das Vaterrecht und gegen die Beibehaltung der mutterzentrierten Gesellschaften« zu formen begann. »Die Philosophie entstand während dieser Zeit als eine Form, mittels derer sich Männer als Erkennende gegen die Erkenntniskräfte der Frauen abgrenzen können. Darum war es damals wie heute auch selbstverständlich, daß Philosophie nur etwas für Männer ist, denn Männer haben das Philosophieren für Männer erfunden.«[32]

In Ägypten läßt sich eine ähnliche Hinwendung zum abstrakten Denken nachweisen. So machen ÄgyptologInnen darauf aufmerksam, daß Priester in der Zeit, als sie das Privileg der Forschung für sich beanspruchten, die ägyptische Göttin der Weisheit in einen *gedanklich konstruierten Begriff* verwandelten. Fortan *diente* der König nicht mehr der Weisheit, sondern wurde zum *Herrn* der Ma'at. Die innewohnende Ordnung der Weisheitsgöttin Ma'at wurde zur *aufgesetzten Ordnung* männlicher Gesetzgebung und zu einem Herrschaftsinstrument. Ma'at wurde zur Tochter eines männlichen Gottes.[33]

Der Abbau patriarchaler Macht geschieht folglich auf dem umgekehrten Wege: Von der Abstraktion männlicher Denkgebäude, Normen und Gesetze hin zum Bild weiblicher Transzendenz in ihrer vielfältigen Ausgestaltung. Solche Bilder führen uns fort von lebensfeindlichen patriarchalen Normen und hin zu den Gesetzen des Lebens. Zudem verweist uns das Bild einer Weisheitsgöttin auf weibliche Erkenntnismacht, auf das weibliche Geschlecht als wertsetzende und lehrende Instanz. Im Paradiesmythos wird davon noch etwas gewußt; denn Eva läßt sich von den Symbolen dieser Weisheitsgöttin - Schlange, Baum, Frucht - in ihrem Handeln leiten und verstößt damit gleichzeitig gegen das Verbot des HERRN.

So wie Adam jedoch einst die Frucht weiblicher Erkenntnis von Gut und Böse aus der Hand der Frau entgegennahm, so war auch der Philosoph ursprünglich kein abstrakter Denker, sondern ein Freund der Weisheit - ein Mann, der weibliche Weisheit liebte und folglich bereit war, von ihr zu lernen. Mit anderen Worten: ein matriarchaler Mann, der sich der wertsetzenden Instanz des Weiblichen verpflichtet wußte.

Die Frau, die ihre Wahrheit dem Mann verkündet, hat selbst an verschiedenen Stellen Eingang ins Neue Testament gefunden. So zum Beispiel mit jenen Frauen, die den Jüngern ihr Ostererlebnis verkünden - die uralte matriarchale Botschaft, daß der Tod nicht das letzte Wort hat. Die Frau aber, die sich weigert, sich die Botschaften des Mannes anzueigen und die statt dessen darauf beharrt, daß er sich *ihre* Erkenntnis zu eigen macht, bedeutet das Ende männlich-patriarchaler Macht.

Eröffnung entwicklungspsychologischer Möglichkeiten

Wenn es stimmt, was Hoimar von Ditfurth schreibt, daß wir noch dabei sind, zum Bewußtsein zu erwachen und Mensch zu werden[34], dann brauchen wir als relativ instinktfreie Wesen eine Art »Zielvorstellung«, die uns ein Bild vermittelt von unserem Entwicklungsziel, vom »wahren Menschentum« oder dem »zukünftigen Menschsein«.

Dazu aber gehört auch das Wissen, wie wir zu dem geworden sind, was wir sind.

Durch die Beschäftigung mit matriarchalen Kulturen werden lebensdienlichere psychosoziale wie auch religiöse Strukturen und Möglichkeiten sichtbar, die in patriarchalen Zusammenhängen keinen Raum haben. So zum Beispiel: weiblicher Zusammenhalt. Er bildet in Matriarchaten die Grundlage der Kultur und wird in seiner überlebensfördernden Eigenschaft auch von den Männern der Gruppe anerkannt. Bei uns dagegen wird er - auch von Frauen übrigens - als »extremistisch« anmutender »Separatismus« abgetan, wie auch Frauenbeziehungen insgesamt dem Bereich des psychologisch Unterentwickelten, des Infantilen, wenn nicht gar Pathologischen zugewiesen werden.

Die Tatsache, daß Frauen und ihren Tätigkeiten im Matriarchat eine primäre Bedeutung zukommt, zwingt uns, unsere Werthaltungen zu überprüfen und für unsere eigene Entwicklung neue Maßstäbe zu finden. Das gilt zum Beispiel für eine Weiterentwicklung der Beziehung zwischen Mutter und Tochter, die nach patriarchalen Vorstellungen mit der Heirat der Tochter abbricht und die Mutter zur »bösen« Schwiegermutter degradiert. Dabei könnte diese Beziehung in Wirklichkeit eine ungemeine Stärkung beider bedeuten, wenn sie eine Chance hätte, sich auch nach der Eheschließung noch weiter zu entwickeln. Mit einer sie stärkenden Mutter an ihrer Seite wären Frauen ihren Ehemännern längst nicht in dem Maße ausgeliefert, wie sie es heute oft sind. Auch wäre es für alternde Mütter wichtig, nach der Heirat ihrer Töchter nicht »ausgebootet« zu werden und das Gefühl zu haben, überflüssig zu sein. Leider gehen psychologische Bestrebungen in eine andere Richtung.

Erziehungsziele und Lebensentwürfe, Wertemuster und Glaubensgebäude, verinnerlichte Zwänge und Anschauungen können im Lichte matriarchaler Wirklichkeit nicht länger als »selbstverständlich«, »natürlich« oder gar »gottgewollt« erfahren oder hingestellt werden. Sie müssen nunmehr neu reflektiert, möglicherweise in Frage gestellt, auf jeden Fall jedoch auf die eine oder andere Art und Weise verändert werden. Desgleichen können Beziehungen zwischen Frauen - in welcher Form auch immer - endlich in ihrer wahren Bedeutung erkannt werden. Sie brauchen anderen – etwa jenen zum Mann – weder unter- oder nachgeordnet noch gleichgestellt zu werden und erscheinen als das, was sie in Wirklichkeit sind: eine unverzichtbare Dimension weiblicher Selbstfindung, Reifung - und Macht.

Schaffung eines weiblichen Selbstwertgefühls

»Ob wir Frauen eine Vergangenheit haben, unsere Geschichte und unsere matriarchale Religion wiederentdecken, beeinflußt unser Selbstbewußtsein, unsere Befindlichkeit in dieser Welt hier und heute«, schreibt Gerda Weiler gewiß nicht zu Unrecht.[35]

Wie wir gesehen haben, wurde das Nicht-Wissen um unsere Vergangenheit gezielt von männlichen Priestern und Wissenschaftlern herbeigeführt. Es schwächt bis heute unser Selbstwert- und Lebensgefühl wie auch unsere Macht als Frauen. Gleichzeitig vermittelt es Männern den Nimbus des Ursprünglichen, Eigentlichen, Normativen und stattet sie so mit einer ungebührlichen Macht aus. »Die fundamentalistischen »Es war schon immer so«-Mythen manipulieren das Bewußtsein der Menschen bis heute«, stellt daher Doris Wolf zu Recht fest.[36]

Das kollektive Wissen um die reale Bedeutung matriarchaler Lebensformen müßte demnach geeignet sein, Frauen neu zu verwurzeln und damit eine Erneuerung ihrer kulturellen Basis zu fördern, durch die weibliches Selbstwertgefühl gestärkt wird.

Dazu möchte ich noch einmal ausdrücklich betonen, daß sich einst der besondere Wert der Frauen nicht allein aus ihrer biologischen Mutterschaft ableitete, sondern insbesondere aus der mit ihrer Gebär- und Nährmacht zusammenhängenden Erkenntnisfähigkeit. Auf ihr gründete die Vormachtstellung von Frauen; denn sie wußten besser als Männer, worauf es für den Erhalt des Lebens in der Gruppe ankam. Diese Vormachtstellung aufgrund weiblicher Erkenntnismacht scheint selbst im Eva-Mythos noch durch, ebenso wie es in der patriarchalen Version des Mythos eindeutig darum geht, diese

Erkenntnismacht zu brechen, zum Beispiel durch ein »göttliches« Erkenntnisverbot. Erst durch die Schwächung weiblicher Erkenntnismacht war es ein Leichtes, die Gebär- und Nährfähigkeit der Frau im Interesse männlicher Macht auszubeuten.

Weibliche Erkenntnismacht wurde vernichtet und tabuisiert, damit das Patriarchat neben seinem kriegerischen auch noch seinen geistigen Siegeszug antreten konnte.

So ist es für Frauen wichtig zu begreifen, daß weibliche Minderwertigkeit auch mit Hilfe der Verdrängung jenes Wissens um die Existenz matriarchaler Kulturen konstruiert wurde. Mit diesem Wissen ausgestattet, haben wir es heute jedoch in der Hand, bestimmte Prozesse geistiger Enteignung, Entwertung und Entmachtung zumindest unter uns wieder rückgängig zu machen. Das Wissen, daß wir ein Recht auf *unsere* Kultur und Geschichte, auf *unsere* Transzendenz und Macht, auf *unser* Welt- und Seinsverständnis haben, stärkt unser Selbstbewußtsein ungemein und stellt unser Unbehagen an dieser Kultur auf eine solide Grundlage.

Abbau inflationärer Männlichkeit

Bereits im Knabenalter haben männliche Wesen - kulturell gesteuert - die Tendenz, sich als wichtiger, klüger und stärker zu geben als sie in Wirklichkeit sind. Sie sind überwiegend lauter und raumgreifender, grenzüberschreitender und selbstbezogener als weibliche Wesen in ihrem Alter. Dadurch wird ihnen auch von der Außenwelt jenes Übermaß an Bedeutung zugesprochen, das ihnen eigentlich gar nicht zusteht und das sich meist auf Kosten der Mädchen äußert. Da Knaben in der Lage sind, mehr Aufmerksamkeit auf sich zu lenken, steigt ihre soziale Bedeutung automatisch. So wird der männliche Bluff zum Kult erhoben. Seinen inflationären Betrug erläutert der US-amerikanische Zoologe N.J. Berril in seinem Artikel »Frauen sollten die Welt regieren«. Er schreibt: »Männer und Knaben sind enorme Störfaktoren, doch weil sie größer, stärker und lauter sind als das weibliche Geschlecht, ist es ihnen gelungen, den größten Bluff mit Erfolg durchzusetzen, den die Welt gesehen hat.«[37]

Bei der Sozialisation der Knaben rückt offensichtlich die Förderung sozial-ethischer Maximen, die einen menschenfreundlichen Umgang miteinander garantieren, an eine nachgeordnete Stelle. Für das weibliche Geschlecht hingegen bilden sie weiterhin den Mittelpunkt sozialen Anspruchs. Verstoßen Mädchen und Frauen gegen sie - was wesentlich seltener vorkommt -, so wird dies deutlich stärker mißbilligt als bei Knaben und Männern, bei denen Leistungs- und Durchsetzungsfähigkeit im Mittelpunkt pädagogischen Interesses stehen, das sich folglich weniger mit sozial-ethischen Korrekturen aufhält. Mit dieser Prioritätensetzung wird die Selbstdarstellung und Erhaltung patriarchaler Männlichkeit garantiert; denn im Zentrum von Lehrplänen steht die Verherrlichung männlichen Intellekts und Forschergeistes. Das menschliche Miteinander bleibt dabei nur allzu häufig auf der Strecke - und mit ihm weibliche Interessen, die im Rahmen einer koedukativen, gemeinsamen Erziehung von Mädchen und Knaben, untergehen.

In der Begegnung mit matriarchalen Kulturen – wie neuerdings auch in der Human-Biologie – wird immer wieder auf die Priorität des Weiblichen hingewiesen. Frauen und Kinder, d.h. ihre Bedürfnisse und Interessen, Werte und Anschauungen bilden das Zentrum der Gemeinschaft. Das Männliche muß sich den weiblichen Sozialwerten anpassen - nicht umgekehrt. In der weiblichen Sippe finden Männer nur dann eine Bleibe, wenn sie zur Anerkennung derselben bereit sind. Wenn nicht, müssen sie die Sippe verlassen. Ihre Lebensalternative lautet: Entweder ein relatives Randgruppendasein innerhalb der weiblichen Sippe, in der der primäre Schutz den Schwachen gilt, oder aber ein Leben in reinen Männerhorden, in denen das Gesetz des Stärkeren herrscht.

Den sexuellen Zugang zu Frauen erlangte der Mann demnach über seine Bereitschaft, sich weiblichen Werten anzupassen, während bis heute in patriarchalen Zusammenhängen der Zugang zu Frauen erzwungen und nicht mehr durch soziale Anpassung »(v)erdient« wird. Es war eine außerordentliche kulturelle Leistung der Frauen, die sexuelle Befriedigung des Mannes von seiner sozialen Anpassung abhängig zu machen bzw. sie an lebensdienliches Verhalten zu binden. Der patriarchale Fort-Schritt der Frau von sich selbst bestand nun darin, daß sie sich dem Mann anpaßte und nach ihrem Unterdrücker auch noch Verlangen hatte – oder zumindest haben sollte. So jedenfalls sah es der Paradiesmythos für sie vor.

Heute können Frauen es sich möglicherweise zum ersten Mal in einer langen Unterdrückungsgeschichte auf breiter Ebene leisten, sich von Männern abzuwenden, die ihnen und ihren Kindern - wie auch dem Leben insgesamt - nicht den nötigen Respekt entgegenbringen, weil sie selbst auf Männlichkeit reduziert sind. Der Abbau inflationärer Männlichkeit scheint wesentlich stärker durch die Ablehnung solcher Männer durch Frauen zu gelingen, als den meisten von ihnen bewußt ist.

Matriarchatsforschung als Wegweiserin zur Neudefinition von Weiblichkeit

Mit dem Abbau inflationärer Männlichkeit und patriarchaler Männermacht in ihrem Leben würden Frauen dafür sorgen, daß die gegenwärtige Definition der Geschlechterdifferenz überholt wäre. Das gilt für jene beiden Ansätze, die sich allgemeiner Anerkennung erfreuen:

1. Der ewig-gestrigen Auffassung vom Männlichen als dem stärkeren und implizit auch besseren Geschlecht, dem folglich auch Priorität zusteht. Wenn dieser Ansatz heute nicht mehr ganz so häufig formuliert wird wie noch vor wenigen Jahrzehnten, so ist er doch unausgesprochen nach wie vor stets gegenwärtig und beeinflußt mehr oder weniger weitreichend das Verhalten beider Geschlechter.
2. Die Lösung des Problems scheint für viele in der Vorstellung zu liegen, es gäbe keine nennenswerten Unterschiede zwischen den Geschlechtern, da Frau und Mann im Grunde genommen gleich seien. Zahllose Untersuchungen werden zitiert, die alle darauf hinauslaufen, die Vergleichbarkeit und damit »Ebenbürtigkeit« weiblicher und männlicher Fähigkeiten und Verhaltensweisen

> unter Beweis zu stellen. Vielfach werden sie als Begründung für die Forderung nach gleichen Rechten verstanden, nach dem Motto: Wer dem Manne gleich ist, darf auch gleiche Rechte fordern. Im Umkehrschluß hieße das: Unterschieden Frauen sich von Männern, so stünden ihnen diese Rechte nicht zu.

Beide Ansätze gehen somit zu Lasten des weiblichen Geschlechts, liegt beiden doch das Männliche als Norm zugrunde. Der Wirklichkeit weiblicher Priorität, wie sie bereits beschrieben wurde, werden sie daher nicht gerecht.

Hier schärft die Matriarchatsforschung unseren Blick für das, was uns eigentlich zustünde - selbst auf der Grundlage der uns regierenden demokratischen Prinzipien; denn Frauen und Kinder stellen - wie bereits erwähnt - einen Anteil von rund siebzig Prozent der Bevölkerung. Sie verfügen jedoch nur über Bruchteile polititischer Macht. Diese ist nach wie vor überwiegend und in erster Linie auf männliche Interessen ausgerichtet und überrollt allzu häufig jene der Frauen und Kinder in oft rücksichtsloser Weise. Gleichheitsvorstellungen helfen da nicht weiter, da sie nicht geeignet sind, weibliche Bedürfnisse im Unterschied zu männlichen zu thematisieren. Sie helfen eher, diese hinter männlichen Interessen unsichtbar werden zu lassen; denn schließlich sind sie ja angeblich immer mitgemeint. Auch werden bloße Gleichstellungen dem Faktum nicht gerecht, daß es nun einmal Frauen sind, die sich überwiegend um die Belange von Kindern und Jugendlichen kümmern und folglich auch die politische Macht brauchen, um deren Bedürfnisse durchsetzen zu können.

Die hier geforderte Priorität des Weiblichen hat nichts mit weiblicher Machtanmaßung zu tun, sondern ist Ausdruck realer Gegebenheiten. Die Auseinandersetzung mit matriarchalen Vorstellungsmustern könnte viel mehr Frauen davon abhalten, allzu bescheiden zu sein. Auch liefert sie uns eine Grundlage zur Ablehnung männlicher Denkgebäude und Definitionsmacht, die immer zu Lasten von Frauen gehen, da sie keine Vorstellungsmuster für weibliche Macht, Stärke und Solidarität enthalten. Sich weiterhin der männlichen Definitionsmacht zu beugen und sie anzuerkennen, würde bedeuten, daß Frauen ihre eigenen Erfahrungen und Erkenntnisse nicht ernst genug nehmen, um sie in Worte zu fassen und durchzusetzen. Männliche Definitionsmacht führt aber dazu, daß die typisch weiblichen Minderwertigkeits- und Schuldgefühle konserviert werden. Schließlich resultieren diese nicht aus tatsächlicher Minderwertigkeit und Schuld, sondern aus:

- einem Weltbild, das Frauen und Weiblichkeit in massiver Weise abwertet;
- einem Mythos, der der Frau unterstellt, als zweite geboren zu sein und als erste gesündigt zu haben;
- einem Gottesbild, das Weiblichkeit nicht kennt;
- einer kirchlichen Hierarchie, die Frauen auf die untersten Ränge jenseits der Macht verweist, obwohl sie gerade hier eine überwältigende Mehrheit bilden;
- einer Politik, die Frauen auffallend häufig die Position der Bittstellerin und Almosenempfängerin zumutet;
- einer Psychologie, die in der Frau ein penisloses Mängelwesen sieht, wobei sie ihre Stärken und Fähigkeiten in Schwächen und Defizite umwandelt;
- einer Wissenschaft, die männliche Denkmuster und Wertungen als objektive Wahrheit ausgibt und weibliche Sichtweisen ignoriert oder als falsch verwirft.

Immer wieder zweifeln Frauen an ihrem Verstand und ihrer Normalität, weil das, was sie als wahr und wichtig, als gut und richtig, als schön und sinnvoll empfinden, von dem abweicht, was sie durch ihre Umwelt gelernt haben. So viele Frauen glaubten, vom Teufel besessen zu sein, weil sie immer wieder Gedanken hatten, die sie eigentlich - nach männlichen Vorstellungen – gar nicht hätten haben dürfen. Das gilt insbesondere für Vorstellungen und Empfindungen, die ihnen heilig und gut, richtig und wichtig sind, für die es oftmals keine angemessenen Ausdrucksformen gibt, um lebendige Wirklichkeit wahrzunehmen und zu beschreiben, zu erhalten und zu vermitteln.

Für Frauen gibt es keinen Grund, das patriarchale Welt-, Gottes- und Menschenbild mit den dazugehörigen Glaubensinhalten weiterhin zu unterstützen. Die Matriarchatsforschung versetzt uns in die Lage, nicht-patriarchale, von Frauen geschaffene und erlebte Bilder von Weiblichkeit und Männlichkeit zu entdecken. Sie gibt uns die Kraft, alte Geschlechtsklischees zurückzuweisen und neue Vorstellungen an ihre Stelle zu setzen.

Welche Wirkung matriarchale Frauenbilder heute auf Frauen ausüben können, zeigte sich mir immer wieder auf den Bildungsreisen, die ich als Dozentin in die Türkei begleitet habe. Hierzu nachfolgend der Bericht einer Teilnehmerin:

> *»Habe mich während eines Ausfluges von der Gruppe abgesetzt, weil ich ganz allein sein will. Sitze in einer kleinen Felsenhöhle und blicke über die karge Steinlandschaft Kappadokiens. Hier ist der richtige Platz, meinen Gedanken und Gefühlen freien Lauf zu lassen. Fast ist die Reise beendet, in vier Tagen sind wir wieder in Deutschland. Es erfüllt mich eine tiefe Traurigkeit. Möchte die Zeit anhalten, alles festhalten, das Gesehene und Erlebte.*
> *Mein bisher gelebtes Frauenleben zieht an mir vorbei. Frausein war für mich mit Selbstverachtung, Unterwürfigkeit und Schwäche verbunden. Diese Gefühle haben mein Leben bestimmt. Ehe, Schwangerschaft, die Jahre als Mutter und Hausfrau, ich habe mich gehaßt. Keinen Tropfen Milch gönnte ich meinen Kindern aus meiner Brust. Es war einfach keine da. Mein Körper war eine Qual, viel zu rund, nicht der Mode entsprechend, trotz vieler Diäten. Er wurde nur wichtig, wenn ich wieder einen Knoten in meiner Brust ertastete oder der Gewebeabstrich am Muttermund zweifelhaft war. Als wenn etwas in mir darauf gewartet hatte, mich so doch noch selbst zu zerstören. Mit 35 Jahren, fast am Ende meines Lebens angelangt, begann ich meine Therapie, die mehrere Jahre dauerte und mich langsam ins Leben zurückführte. Nach Abschluß der Therapie löste ich meine Ehe, fand eine Arbeit, die mir gefällt und mich ernährt. Es ging mir gut, und mein Lebensziel war Unabhängigkeit. Auf der Suche nach neuen Vorbildern begab ich mich auf die Reise.*

In Ankara sehe ich sie zum ersten Mal. Meine Göttin. Sie sitzt auf einem Thron, hat einen massigen Körper. Tränen füllen meine Augen, dort thront mein ungelebtes Leben. In der Therapie mühsam ertrauert, hier offenbart es mir die Göttin auf einen Blick. Sie verkörpert für mich Stolz, Macht, Wissen, Erotik, Selbstliebe, Freiheit und Verbundenheit. Gefühle und Gedanken, schwer zu formulieren, erfüllen meinen ganzen Körper. Es ist Angst, Glück und Freude zugleich. Es fasziniert mich, mit welcher raumgreifenden Selbstverständlichkeit sie dort sitzt. Mir mit anderen Frauen Raum schaffen, mich wichtig nehmen. Eine neue, große Kraft erfüllt mich. Jetzt schaue ich sie an und weiß, dieses ist ein neuer Anfang.
Nun sitze ich hier in dieser Höhle und erinnere mich, weine um meine Vergangenheit und empfinde eine tiefe Demut vor meiner Zukunft.
Einige Zeit später. Ende der Reise. Abschiedstränen, Trauer, so fing es an. Der Wunsch nach Zärtlichkeit und Nähe hat mich auf der Reise immer begleitet. Nun finde ich mich wieder, in zwei Frauenarmen, die mich streicheln. Wunderschön warm und weich ruhe ich in ihren Armen. Alle Spannung fällt von mir ab. Zu Hause angekommen, eine neue Vertrautheit. Frauenliebe! Wie mag mein weiteres Leben aussehen? Freude und Neugier werden mich begleiten, alles ist offen.
Dieses aufzuschreiben und in fremde Hände zu geben, fällt mir schwer ... Es sind sehr persönliche Gedanken, auch unvollständig, meine Bestandsaufnahme. Mit der Göttin habe ich mich selbst entdeckt, und ihre für mich befreiende göttliche Kraft erschließt mir neue Dimensionen des Frauseins.
Danke Göttin...«[38]

Erschließung geistig-kultureller Zusammenhänge, die erst auf der Grundlage der Matriarchatsforschung Sinn ergeben

Wir kennen die Bibel einerseits als Dokument männlicher Machtanmaßung und Zerstörungsgewalt. Doch birgt sie ebenfalls Inhalte, die uns bei unserer Suche nach weiblicher Transzendenz und matriarchalen Spuren äußerst wichtiges Material liefern. Wir stoßen auf Bilder und Formulierungen, die den jüdisch-christlichen Monotheismus in Frage stellen und erkennen lassen, daß es ihn auf breiter Ebene in biblischen Zeiten nie gegeben hat. Das bestätigt auch die Archäologie. Sie fördert Göttinnenstatuen an den Tempelmauern von Jerusalem zutage und vermutet, daß noch zur Zeit Jesu der spät-matriarchale Kult der Heiligen Hochzeit zu Ehren der Göttin in vielen Höhlen gefeiert wurde. Daneben bestätigen auch biblische Texte die Existenz eines viel älteren Weltbildes, wie die bereits zitierten Weisheitstexte klar erkennen lassen. Gerda Weiler hat in ihrem Buch »Das Matriarchat im Alten Israel« eine Fülle solcher Texten ausfindig gemacht, die erst auf der Grundlage der Matriarchatsforschung ihre eigentliche Bedeutung wiederbekommen.

Dazu gehört auch die weibliche Gestalt der Weisheit. Wie kommt diese Göttin in die patriarchale Bibel? In ihrer Unabhängigkeit von Gott, dem HERRN, die manchen Theologen Rätsel aufgibt, wird sie gar nicht gern gesehen und daher ignoriert. Statt dessen werden jene Stellen hervorgehoben, in denen sie bereits von Bibelschreibern und -redakteuren zu einer Partnerin, manchmal auch nur zu einem Anhängsel des HERRN gemacht wurde. Völlig unkenntlich wird ihre Unabhängigkeit und Stärke jedoch, wenn sie lediglich als eine »didaktische Hilfskonstruktion«[39] gedeutet wird und bestenfalls als eine der vielen Eigenschaften des HERRN, die sich erst im Laufe der Zeit verselbständigt hat. - Womit wieder einmal die Fakten auf den Kopf gestellt werden.

Hinter solchen theologischen Deutungen erkennen wir das gängige Muster der Priorität alles Männlichen. Daß es sich hierbei jedoch um eine Verkehrung der Tatsachen handelt, hat Renate Laut in einer religionswissenschaftlichen Studie zur biblischen Weisheit herausgearbeitet. Sie gelangt zu dem Fazit, daß es sich bei ihr um eines der vielen Erscheinungsbilder der Großen Göttin handelt. Diese konnten, ohne Anstoß zu erregen, nur weiterbestehen, indem sie dem HERRN an die Seite gestellt und nachträglich mit ihm verbunden wurden. Aus der einst unabhängigen Großen Göttin, die heute noch an vielen Stellen erkennbar ist, wurde so im Laufe der Zeit an anderen Stellen eine dem Herrn unterstellte Kraft.[40]

Hier einige Zeilen, in denen ihre Unabhängigkeit sichtbar wird:

Strahlend und unvergänglich ist die Weisheit.
Machtvoll entfaltet sie ihre Kraft,
von einem Ende zum andern durchwaltet sie das All.
Und mühelos wird sie erschaut von denen, die sie lieben,
und gefunden von denen, die sie suchen.[41]

Sie ist nur eine und vermag doch alles;
ohne sich zu ändern, erneuert sie alles.
Von Geschlecht zu Geschlecht
tritt sie in heilige Seelen ein
und schafft Freunde des Heiligen.[42]

Als kosmische Kraft und Urmutter allen Lebens straft diese Weisheitsgöttin das einseitig männliche Gottesbild mit seiner angemaßten Schöpfer-Allmacht Lügen und entlarvt es als männlichen Größenwahn, der weit davon entfernt ist, göttliche Wirklichkeit widerzuspiegeln. In vielen weisheitlichen Texten ist noch das Wissen enthalten, daß Gott, der HERR, eben nicht der alleinige »Schöpfer des Himmels und der Erden« ist. Dort heißt es nämlich, daß er ihrer bedurfte, sich ihrer erst bewußt werden mußte, bevor er durch sie schöpferisch tätig sein konnte.[43]

Diese biblische Aussage entspricht, nebenbei bemerkt, einer angemessenen Beschreibung der Wirklichkeit; denn um schöpferisch tätig sein zu können, bedarf das Männliche nun einmal des Weiblichen in viel stärkerem Umfang, als dies umgekehrt der Fall ist. Diese Tatsache verschweigen die Schöpfungsberichte jedoch, und unsere religiöse Erziehung hat alles darangesetzt, sie als die einzig legitimen Vorstellungen von Schöpfung erscheinen zu lassen. Die weisheitlichen Texte können uns da eines Besseren belehren. Sie aber wurden uns vorenthalten. In ihnen entdecken wir nicht nur die verdrängte Dimension weiblicher Transzendenz, sondern auch die Grundlagen eines matriarchalen Weltbildes sowie weibliche Werte und Vorstellungsmuster.

Die Weisheit als unvergängliche Kraft, die im Anfang den Kosmos durchwaltet und aller Schöpfung vorausgeht, stellt jenen männlichen Logos in Frage, von dem die Bibel an anderer Stelle behauptet, er sei am Anfang der Schöpfung gewesen. Im Anfang war eben nicht das Wort, wie der Schreiber des Johannesevangeliums uns glauben machen will, sondern die Weisheit, die den Logos aussandte. Diese Vorstellung fügt sich nahtlos in ein matriarchales Weltbild, das wir in der Bibel häufig antreffen, das dort aber gleichzeitig an zahllosen Stellen bekämpft wird. Konnte sich aber die Vorstellung vom Weiblichen als dem Anfangsprinzip selbst hier noch erhalten, so läßt dies erkennen, welche Kraft ihr wirklich innewohnt und welche Bedeutung ihr einst zukam.

Wenn aber diese Texte so lebendig und machtvoll waren, daß jene, die den biblischen Kanon zusammenstellten, nicht auf sie verzichten konnten, dann wird auch die Stärke des Widerstandes gegen Gott, den HERRN, als alleinigen Weltenschöpfer sichtbar. In der Konfrontation mit matriarchalen Vorstellungen schmilzt das patriarchale monotheistische Lehrgebäude mit einem HERRN als einzig legitimer Darstellungsform des Göttlichen wie Schnee an der Sonne. Es handelt sich hier von Anfang an um ein Kunstprodukt, ersonnen in den Köpfen einiger Priester, die ihre Machtgelüste an den Himmel projizierten. Mit den konkreten Erfahrungen der meisten Menschen aber hatte es ebensowenig zu tun wie mit der natürlichen Ordnung der Welt. Diese wird weit eher von einer Madonna mit Kind dargestellt, ohne die auch das Christentum nicht auskam und sich wohl kaum zu einer Weltreligion hätte ausbreiten können. Für die meisten Menschen überragt nun einmal die Bedeutung der Mutter jene des Vaters um ein Vielfaches. Sie reicht bis weit vor unsere Erinnerung zurück, so daß die Madonna wesentlich tiefere Seelenschichten anzusprechen vermag als der patriarchale Vatergott.

Erst in der Begegnung mit matriarchalen Vorstellungen und Werten wird deutlich, wie sehr nicht nur weisheitliche Texte, sondern auch die ethischen Lehren Jesu aus einer matriarchalen Vergangenheit schöpfen. Diese These habe ich in meinem Jesus-Buch ausführlich dargelegt und verzichte daher auf nähere Ausführungen.

Bei genauerem Hinsehen wird deutlich, daß in den Weisheitstexten (ebenso wie in den Evangelien) nicht nur klare Verbote mit Strafandrohungen völlig fehlen, sondern ebenso Hinweise auf die Bedeutung des männlichen Jahwekults. Statt dessen steht hier im Mittelpunkt die Sorge um das Wohlergehen der Menschen, um das alltägliche Tun und Lassen bis hin zur Verletzlichkeit der Seele. Dazu folgender Text:

So erlauschet sorgsam meine Stimme!
Wohl denen, die in meinen Wegen wandeln!
Alle, die mich finden, finden das Leben,
die an mir vorübergehen, verletzen ihre Seele.
Alle, die mich hassen, lieben den Tod.[44]

Solche Worte stehen zwar einerseits bereits mitten im Patriarchat, liegt ihnen doch die Erfahrung zugrunde, daß Menschen nicht mehr auf die Stimme der Weisheit hören und ihren Wegen nicht mehr folgen. Immerhin ist in ihnen aber auch noch ein Wissen vorhanden, daß die Menschen sich auf diese Weise selbst verletzen, da sie lieber ihr Leben riskieren als ihr Handeln an der Weisheit auszurichten. Die Schreiberin weiß noch um jenes andere Wertgefüge jenseits der patriarchalen Welt. Ihr ist bekannt, daß die menschliche Seele - auch die männliche – an weiblicher Weisheit ausgerichtet ist. An ihre Stelle treten in patriarchalen Zusammenhängen männliche Bedürfnisse und Vorstellungen. Im Text wird deutlich, daß der Mensch der Weisheit bedarf, um nicht seelisch verletzt zu werden. So ist es durchaus möglich, daß unsere vielfältigen seelischen Verletzungen zu einem großen Teil daher rühren, daß wir uns nicht oder zuwenig an weiblicher Weisheit ausrichten, sondern unsere innere Aufmerksamkeit zu stark auf die Bedürfnisse des patriarchalen Systems und seiner Repräsentanten richten.

Das Verletzen der eigenen Seele als Kategorie falschen Handelns suchen wir im patriarchalen Werte- und Normengebäude vergeblich. Hier wurden Jahrtausende hindurch die Seelen und Körper der Menschen gefoltert und verstümmelt, wenn nicht gar vernichtet. Wir haben es hier also eindeutig mit matriarchalen Kategorien zu tun, die sich auch heute noch im Hinblick auf weibliche Verhaltensmuster bestätigen. Frauen schrecken wesentlich stärker davor zurück, andere zu verletzen, als Männer. Dasselbe gilt für ethische und religiöse Vorstellungen. Jene von Frauen lassen sich selbst heute noch wesentlich leichter als männliche in ein matriarchales oder auch weisheitliches Wertemuster einfügen.

Auch haben Frauen ein viel geringeres Bedürfnis, ein Lehr- und Dogmengebäude - und damit auch das Gute und Böse - ein für allemal festzuschreiben. Sie verstehen ihr religiöses Handeln als Angebot zur Hilfe für andere, als Dienst am Nächsten. Folglich sind sie - auch bei Chancengleichheit - mehrheitlich nicht dort zu finden, wo es um theoretische Erörterungen von Glaubensfragen und theologischen Meinungen, sondern dort, wo es um Dienstleistungen geht. In der ehrenamtlichen Mitarbeit der Kirchen sind Männer mit rund 15 Prozent eine absolute Minderheit. Auf theologischen Kongressen und kirchlichen Synoden stellen Frauen dagegen nach wie vor eine Minderheit dar.

Sie lassen sich aber auch kaum dazu verführen zu glauben, daß neue Regeln und Gesetze genügen, um bestimmte Probleme zu lösen. Ihre Verhaltensmaßstäbe entstammen nicht so sehr dem Bereich der Regeln und Gesetze, sondern vielmehr dem Bereich zwischenmenschlicher Beziehungen. Sie versuchen, alles zu tun, was diesen Beziehungen dienlich ist, was sie schützt und fördert. Und sie sind bereit, alles zu unterlassen, was sie behindern oder gar zerstören könnte. Die meisten Frauen beziehen den Beziehungsschmerz, der die Seele anderer verletzen könnte, in ihre Entscheidungen mit ein und versuchen, ihn zu vermeiden. Ihr Ziel ist es demnach, weise zu handeln.

Problematisch ist nur, daß sie sich dabei ziemlich einseitig auf Beziehungen zum Mann ausrichten und ihnen gegenüber andere Beziehungen - einschließlich jener zu sich selbst - vernachlässigen. Dennoch passen sie mit ihrer Prioritätensetzung wesentlich besser in den weisheitlich-matriarchalen Vorstellungsrahmen.

In weisheitlichen Texten werden Menschen in anderer Weise angesprochen als in jenen, die Gott, den HERRN, zur einzig »legitimen« metaphysischen Gestalt erhoben haben. In der Weisheitsgöttin begegnen wir als Repräsentantin matriarchaler Wertvorstellungen einer transzendenten Gestalt, die den Menschen nicht befiehlt, sondern sie umwirbt und veranlaßt, die Gesetze des Lebens zu erforschen und zu beachten. Ihr geht es nicht um blinden Gehorsam, sondern um das Hinhören der Menschen auf ihre Stimme: in der Natur, im Kosmos, in ihnen selbst. Sie ist nicht Vertreterin eines bestimmten religiösen Glaubens, und sie kennt folglich auch keine Dogmen. Statt dessen will sie zum bewußten Umgang mit Erfahrungen und Erkenntnissen führen. Ganz folgerichtig droht sie auch nicht mit Strafen für den Fall, daß Menschen nicht auf sie hören, sondern führt ihnen lediglich die positiven oder negativen Konsequenzen vor Augen, die bestimmte Haltungen und Verhaltensweisen nun einmal nach sich ziehen.

Dieser weisheitliche Vermittlungs- und Erziehungsstil einschließlich seiner Inhalte und Ziele gilt ganz allgemein auch heute noch als typisch weiblich und gibt zugleich das Wesen matriarchaler Kulturen wieder. Er verhilft zu tieferer Einsichtsfähigkeit und zur Herausbildung von Eigenverantwortlichkeit. Dagegen ist der männliche Erziehungsstil - und mit ihm der biblische HERR - eher autoritär und verlangt bedingungslosen Glauben und Gehorsam, was in unmündige Abhängigkeit führt.

Hier schließt sich der Kreis, wenn wir uns matriarchale Kulturen anschauen. In ihnen sieht Murray Bookchin Gemeinschaften, die eine intensive Solidarität nach innen und mit der Natur außen pflegen und folglich als »organische« Gesellschaften beschrieben werden. Im matriarchalen Weltbild werden Dinge, Menschen und Beziehungen in ihrer Einmaligkeit gesehen und nicht in ihrer Über-

oder Unterlegenheit. Jedes wird für sich selbst geschätzt, für seine einzigartigen Züge. Individualität ist hier eine Frage gegenseitiger Beziehungsabhängigkeit, während sie im patriarchalen Welt- und Menschenbild der Inbegriff eines Abgrenzungs- und Unabhängigkeitsbedürfnisses ist.[45]

In Gesellschaften, denen dieses Weltbild zugrunde liegt, existieren nach Murray Bookchins Beobachtung Begriffe wie »Freiheit« oder »Gleichheit« nicht. Sie sind diesem Weltbild selbst immanent und lassen sich schon deshalb nicht definieren, weil sie nicht in Gegensatz zu den Begriffen der »Ungleichheit« und »Unfreiheit« treten.[46] Herrschaft und Zwang tauchen im Wertesystem organisch-matriarchaler Kulturen nicht auf. Zudem beschreiben matriarchale Frauen das, was wir in Besitzkategorien ausdrücken, wie: ich habe eine Schwester, als: zusammenleben mit. Sie gebrauchen diesen Ausdruck für alles, was sie achten, so daß von einem Mann die Rede sein kann, der mit seinem Bruder und seinen Pfeilen zusammenlebt. Zusätzlich existiert ein ausgeprägtes Gefühl der Verantwortung für die Gemeinschaft.

Auf dem Hintergrund von Jahrzehnten anthropologischer Erfahrung, Feldarbeit und Forschung bemerkte Paul Radin einmal: »Bäte man mich, die positiven Grundzüge primitiver Kulturen kurz und bündig zusammenzufassen, so würde ich für meinen Teil ohne zu zögern antworten, daß es deren drei gibt: Achtung vor dem Individuum, ohne Rücksicht auf Alter und Geschlecht, einen erstaunlichen Grad sozialer und politischer Geschlossenheit und das Vorhandensein einer Konzeption persönlicher Sicherheit, die über alle Regierungsformen und alle Stammes- und Gruppeninteressen und -konflikte hinausgeht.«[47]

Die Vorstellung vom Matriarchat als infantiler Phantasie oder illusionärer Flucht aus der rauhen Wirklichkeit will nicht so recht greifen, wenn wir dieses Fazit anschauen, das bei jenen, die sich mit matriarchalen Kulturen beschäftigt haben, immer wieder ähnlich lautet. So auch bei Murray Bookchin, die schreibt: »Überall stoßen wir auf die intensive Solidarität innerhalb der matriarchalen Gemeinschaft und mit der Welt des Lebens... Als ihr Niedergang begann, fing auch die Welt um sie herum an zu verfallen - und ab da setzte der lange Winter von Herrschaft und Unterdrückung ein, den wir gemeinhin »Zivilisation« nennen.«[48]

Zur grundlegenden Bedeutung der Mutter-Tochter-Beziehung

Mit den Müttern gewinnen im Zuge der Auseinandersetzung mit Matriarchaten auch die Töchter stärker an Bedeutung. Die Bedeutung ihrer Beziehung zueinander ist im Patriarchat auf niedrigstem Niveau angesiedelt. Soziale Beachtung und religiöse Weihe werden ausschließlich den Beziehungen zum Sohne zuteil. Sie werden in zahllosen Kirchenliedern besungen und in unzähligen Skulpturen und Darstellungen verehrt. Bis auf das vereinzelte Auftreten der Anna Selbdritt im katholischen Bereich, mit der die Beziehung von Großmutter, Tochter und Sohn veranschaulicht wird, fehlt der Mutter-Tochter-Beziehung jegliche religiöse Weihe und Repräsentanz.

In matriarchalen Kulturen galt sie ja als wichtigste Beziehung überhaupt, war sie doch das Abbild des Beziehungsverhältnisses von Frauen zur weiblichen Transzendenz einer Mutter Erde bzw. einer himmlischen Weisheitsgöttin. Es ging also nicht nur um die individuelle Beziehung zwischen Mutter und Tochter, sondern um die Symbolisierung einer weiblichen Genealogie, um die Erb- und Ahninnenfolge über die weibliche Linie. So wurden Mutter und Tochter zu repräsentativen Bildern eines natürlichen und sozialen Modells.[49]

»Diese Beziehung, die fruchtbarste unter dem Gesichtspunkt der friedlichen Erhaltung des Lebens, ist zerstört worden, um einer (patriarchalen) Ordnung zu weichen.«[50] Diese Zerstörung, die bis heute jede individuelle Mutter-Tochter-Beziehung belastet, wird nicht nur im griechischen Demeter-Kore-Mythos, sondern ebenfalls im biblischen Eva-Mythos beschrieben. Doch das können wir erst dann erkennen, wenn wir die patriarchalen Rahmenbedingungen des Erkennens hinter uns gelassen und das Wesen einer matriarchalen Weltsicht erfaßt haben.

Die Schlange, die im Rahmen eines patriarchalen Glaubensverständnisses zum Symbol des Bösen und Hinterhältigen degradiert wurde, wird in gleicher Weise wie der Baum der Erkenntnis vor dem Hintergrund eines matriarchalen Weltbildes als Repräsentantin der Weisheitsgöttin und symbolische Ahnin Evas erkennbar. Sie, die auf die Schlange hörte und dem Verbot des männlichen Gottes widersteht, ist als solche die Tochter der Weisheit und damit die Unterweiserin, Sinnstifterin und Urmutter der Menschheit. Im patriarchalen Zusammenhang tritt an die Stelle der göttlichen Mutter, die ihrer irdischen Tochter ihre Weisheit immer wieder anbietet, der verbietende Herrgott und Vater im Himmel, der nicht nur einen Keil treibt zwischen Mutter und Tochter, sondern auch zwischen Frau und Mann. Aus der Frau als Führerin des Mannes zur Weisheit wird nunmehr die Frau als Verführte des Teufels und Verführerin des Mannes zum Bösen. Auf diese Weise wird die Frau zur Feindin des Mannes gemacht.

Verstehen wir Evas Griff nach der Frucht der Erkenntnis nicht länger als Ur-Sünde, sondern vielmehr als Ur-Sprung weiblicher Macht, so gibt Eva sich uns heute erneut als Tochter der Weisheit zu erkennen, der die Weisungen der Mutter allemal wichtiger waren als das Verbot des »göttlichen Vaters«.

Nach meiner These bildet die patriarchale Verwandlung Evas, die aus der ursprünglich machtvollen Tochter der Weisheit eine ohnmächtige Tochter des HERRN und der Sünde machte, die Grundlage jener Störung der Mutter-Tochter-Beziehung, die erst mit Hilfe der Matriarchatsforschung im Verbund mit feministischer Psychologie sichtbar wurde: Die »Unterdrückung der Frau ist der eigentliche und gewöhnlich verborgene Grund dafür, daß die Tochter von ihrer Mutter enttäuscht ist, und er verstärkt den Wunsch der Tochter, sich abzulösen und anders als ihre Mutter zu werden. Wenn die Verachtung der Tochter nicht in diesem großen Zusammenhang betrachtet wird, kann es so aussehen, als ob der Konflikt zwischen Mutter und Tochter geschlechtsbedingt und eine Lösung nicht möglich sei. Das ist der Fehler, den Freud gemacht hat.«[51]

Vor diesem Erkenntnishintergrund könnte sich auch das Verhältnis zu unseren konkreten Müttern wandeln, ohne diese zu überfor-

11. Kapitel

Mythen und Märchen – ein Vermächtnis unserer Ahninnen

Die subversive Kraft echter Märchen

Nicht nur Mythen und religiöse Texte überliefern uns noch etwas von jenem Weltbild, das weibliche Werte und Dimensionen in den Mittelpunkt des Lebens rückt. Auch Märchen enthalten noch jenes Wissen um den Wert des Weiblichen, das das gegenwärtige System männlicher Macht radikal in Frage stellt.

Wir sehen heute in Märchen durchgängig harmlose Gute-Nacht-Geschichten für kleine Kinder. Das war nicht immer so. Noch vor wenigen Jahrhunderten, als Frauen in den Spinnstuben ihre Arbeit verrichteten, erzählten sie einander Märchen - möglicherweise ohne das Bewußtsein, daß sie damit Reste ihrer eigenen Vergangenheit tradierten. Sehen wir in den echten Märchen der Gebrüder Grimm die letzten Ausläufer eines jahrtausendealten Überlieferungsstrangs matriarchaler Weisheit, so wird verständlich, weshalb sich patriarchale Herrscher gegen sie zur Wehr setzten. Sie müssen die subversive Kraft der Märchen noch gekannt haben, denn sie versuchten, der weiblichen Erzähltradition in den Spinnstuben ein Ende zu bereiten, indem sie das Erzählen von Märchen verboten.

Aus der Tatsache, daß sich die Repräsentanten der Macht offensichtlich durch Märchen bedroht fühlten, können wir schließen, daß die Patriarchalisierung von Frauen immer noch nicht abgeschlossen war und wohl noch Probleme bereitete. Auf jeden Fall müssen die Herren geahnt haben - bewußt oder unbewußt -, daß dern. Weder unsere töchterlichen Ressentiments hinsichtlich ihrer Ohnmacht und patriarchalen Deformierung noch unser Bedürfnis nach Zuwendung und Anerkennung, nach Bestätigung und weiblicher Seinsmacht, würden sich dann ausschließlich auf sie konzentrieren - und dementsprechend weniger enttäuscht werden. Der gemeinsame Bezug von Mutter und Tochter auf eine weibliche Vergangenheit und Transzendenz könnte vielmehr zur Quelle von Frauenmacht und -zusammenhalt werden, die nun nicht mehr ausschließlich aus der individuellen Beziehung zur Mutter gespeist würde, ja, diese vielmehr entlasten könnte.

Mit der Wiederentdeckung der vorrangigen Bedeutung der Beziehungen zwischen Müttern und Töchtern tritt auch die elementare Bedeutung des Zusammenhalts zwischen den Generationen der Mütter und Töchter wieder in unser Blickfeld. Dieser Zusammenhalt darf um keinen Preis der Solidarität mit dem anderen Geschlecht geopfert werden, von der sich viele Frauen einen Machtzuwachs versprechen. Das mag zwar kurzfristig der Fall sein. Doch langfristig untergräbt dieses Verhalten die Macht des eigenen Geschlechts. Sie erwuchs ursprünglich auf der Grundlage von Frauensolidarität, ohne die weibliche Macht keinen Bestand hat. Um beide zu fördern, rät Luce Irigaray, an allen öffentlichen Stellen Mütter-Töchter-Bilder anzubringen und so der Achtung vor den Begründerinnen der sozialen Ordnung Ausdruck zu verleihen.[52]

All jenen, die meinen, daß mit dem Bewußtwerden der Bedeutung der Mutter-Tochter-Beziehung sowie ihrer Stabilisierung der Mann verletzt wird oder zu kurz kommt, legt Irigaray die Frage vor, ob Männer einst durch die matriarchale Sozialstruktur benachteiligt waren. Und sie beantwortet ihre Frage mit: »Nein. In dieser Achtung vor dem Leben, der Liebe, der Natur wurde keines der Geschlechter durch das andere zerstört. Die beiden Geschlechter liebten einander ohne die Institution der Ehe, ohne Verpflichtung, Kinder zu gebären - was nie die Fortpflanzung verhindert hat - ohne Zensur des Geschlechts und des Körpers.«[53]

Kein Wunder also, wenn selbst patriarchale Religionen diese Zeit matriarchalen Miteinanders als »Paradies« erinnern und beschreiben.

in vielen Märchen eine besondere Affinität zum Weiblichen besteht, durch die Frauen in einer ihnen unliebsamen Weise gestärkt wurden. Zu Recht mißtrauten sie der angeblichen Harmlosigkeit jener Märchen, die zu der ältesten erhalten gebliebenen Frauenliteratur gehören, sind sie doch das Vermächtnis einer untergegangenen Frauenkultur und Menschheit. Kein Wunder also, wenn Märchen ihre Wirkung bei Frauen durch viele Jahrhunderte nicht verfehlten und so manche von uns auch heute noch zu faszinieren vermögen.

Kindern wurden die Märchen erst erzählt, nachdem die Erwachsenen sich so sehr von ihrer eigenen Vergangenheit entfremdet hatten, daß ihnen dadurch der Sinn für die Bedeutung der Märchen - und damit für ihr eigenes Selbstverständnis - abhanden gekommen war. Die Tradition weiblichen Märchenerzählens scheint also dahin zu sein. Wohl tauchen Märchen noch hier und dort zu bestimmten Anlässen auf. Einen festen Platz aber haben sie nicht einmal mehr in den Kinderstuben. »Progressive« Geister halten sie sogar für schädlich, da sie Kinder angeblich ängstigen, sie Grausamkeiten lehren und ihnen falsche Vorbilder anbieten.

Allen Diffamierungen zum Trotz haben PsychologInnen Märchen jedoch als Therapeutikum entdeckt und machen mit ihrer Hilfe Seelenprobleme bewußt. So tragen Märchen noch heute zur Heilung der Seele bei. Daß sie dabei oft mißbraucht und regelmäßig recht kurzschlüssig interpretiert werden, tut in diesem Zusammenhang wenig zur Sache, solange die Erinnerung an sie nicht verlorengeht.

Schließlich enthalten echte Märchen wichtige Botschaften unserer Ahninnen. Sie klären uns nicht nur über unsere Vergangenheit auf, sondern stellen auch unser gegenwärtiges Weltbild in Frage und beraten uns im Hinblick auf unsere Zukunft. So begegnen wir in den echten Märchen im wesentlichen drei wiederkehrenden Themen, die in den unterschiedlichsten Variationen behandelt werden:

1. dem Untergang der matriarchalen Göttin-Kultur,
2. der Allgegenwart der Göttin und
3. dem Heilsweg der Frau (des Mannes).

Der Untergang des Matriarchats in Märchen und Mythos

Anhand von drei Beispielen möchte ich aufzeigen, was wir in Märchen und Mythen über den Verlust der alten matriarchalen Ordnung erfahren. Ich beginne mit dem Märchen **Rotkäppchen**: Es beschreibt die Gefährdung eines jungen Mädchens (griech.: Kore) auf ihrem Gang zur Großmutter oder alten Weisen.

In diesen beiden Gestalten begegnen wir Personifizierungen der Großen Göttin: dem jugendlichen ersten Aspekt in Rotkäppchen und dem dritten Aspekt der alten Weisen in der Großmutter. Dem zweiten Aspekt, der Fruchtbarkeit, begegnen wir in der Mutter. Sie ist es, die ihre Tochter auf den Initiations- oder Einweihungsweg schickt, damit diese in die Geheimnisse des Lebens eingeweiht wird. Für das rituelle Mahl gibt sie Rotkäppchen Brot und Wein mit auf den Weg - Gaben der Großen Göttin.

Wie es am Anfang des Märchens heißt, ist die Großmutter krank und soll von ihrer Enkelin besucht werden. Das Märchen führt uns demnach in eine Zeit, in der die drei Aspekte der Großen Göttin bereits stark auseinandergefallen sind. Der Zuständigkeitsbereich der alten Weisen - bzw. der Todesaspekt der Göttin - ist stark gestört.

Von einer solchen Störung weiß auch der **griechische Mythos** zu berichten. Dort hat **Hades** den dritten Aspekt der Großen Göttin, Persephone, verdrängt und sich selbst an ihre Stelle gesetzt. Er ist zum Herrn des Todes und der Unterwelt geworden. So wurde aus der ursprünglichen Tödin der Tod.

Diese Vermännlichung des Todes hängt sicherlich damit zusammen, daß er mit zunehmender Patriarchalisierung nicht mehr allein mit dem Sterben am Ende eines Lebens eintrat. Immer stärker griff das Getötetwerden um sich, ist doch der Sieg des Patriarchats in letzter Konsequenz ein Sieg männlicher Tötungsmacht über weibliche Weisheit und Gebärmacht. Die alte Weise, die den Lebensfaden durchschnitt, wenn die Zeit gekommen war, hatte ihre Macht an männliche Krieger und Potentaten abtreten müssen. Von ihnen wurden die Menschen des siegreichen Patriarchats durch gewaltsame

Todesarten in den Tod hineingerissen. Auf diese Weise kam es zur Vermännlichung des Todes - und mit ihm zur allmählichen Vernichtung der Großen Göttin. Ist ein Aspekt der Göttin in Gefahr, so sind es die anderen beiden selbstverständlich auch; denn schließlich bilden die drei eine Einheit.

Um diese Gefährdung geht es in unserem Märchen. Auf dem Weg zur kranken Großmutter bringt Rotkäppchen diese und sich selbst durch ihre Vertrauensseligkeit und Offenheit in Lebensgefahr. Doch davon merkt sie nichts. Wohl hatte die Mutter sie gewarnt, vom Wege abzugehen, doch nach der uns vorliegenden Fassung nur, damit sie die Weinflasche nicht zerbricht.

Auf den Wolf hatte sie das Mädchen nicht vorbereitet. Er hat mit ihr ein leichtes Spiel. Er ist der erste Nutznießer der mütterlichen Belehrungen in Sachen Höflichkeit: »Und wenn du in die Stube der Großmutter kommst, so vergiß nicht, guten Morgen zu sagen...« Nach dieser Lektion erwidert sie artig den Gruß des Wolfes, der sie anschließend in ein Gespräch verwickelt, in dessen Verlauf er wichtige Informationen erhält. Er versteht es, das Mädchen systematisch auszuhorchen: Wohin so früh? Was trägst du unter deiner Schürze? Wo wohnt die Großmutter? Freimütig teilt sie ihr Wissen mit dem Wolf und ahnt nicht, welche Folgen das für sie und die Großmutter haben wird. Der Wolf hat nur einen Gedanken: sie und die Alte zu verschlingen. Er steht eindeutig für das patriarchale Männliche, das in der Tat den ersten und dritten Aspekt der Großen Göttin zuerst vernichtete. Die Muttergöttin konnte so am längsten überleben. Selbst das Christentum mochte nicht auf sie verzichten und erweckte sie in der Mutter Maria zu neuem Leben.[54]

Um sich einen Vorsprung zu verschaffen und zuerst die Großmutter in aller Ruhe verspeisen zu können, lenkt der Wolf Rotkäppchen ab und unterstellt ihr, sie achte gar nicht auf die prachtvolle Natur. Er verweist auf die wunderschönen Blumen und das Gezwitscher der Vögel, die ihm beide herzlich gleichgültig sind. Doch gelingt es ihm, sie damit auszutricksen; denn die Blumen gehören nun einmal wesensmäßig zum Typus des jungen Mädchens. Sie sind sozusagen ihr eigener Aspekt, von dem sie folglich nach dem Resonanzprinzip besonders angezogen wird. So kann sie gar nicht anders, als für die Großmutter einen Blumenstrauß zu pflücken.

Auch hier fällt wieder die große Ähnlichkeit mit dem griechischen Mythos auf. Dort ist es die junge Kore, der die wunderschönen Narzissen zum Verhängnis werden. Mit ihrer Hilfe lockt Hades, der Gott der Unterwelt, der das junge Mädchen begehrt, sie von ihren Gespielinnen fort und macht sie sich zur leichten Beute. Als weit und breit niemand mehr zu sehen ist, fährt Hades aus der Unterwelt herauf und raubt die Tochter der Demeter. Im Totenreich vergewaltigt er sie und macht sie zu seiner Frau.

Mythos und Märchen erzählen uns also gleichermaßen von der Einverleibung der jungen Generation der Töchter durch das patriarchale Männliche. Dieser Vorgang wird auch bei Rotkäppchen recht plastisch beschrieben. Dort verschlingt der Wolf zuerst die Großmutter. In ihrer Krankheit und Schwachheit ist sie ihm eine leichte Beute. Nachdem er sie verschlungen hat, legt er sich in ihr Bett und wartet auf Rotkäppchen, die dasselbe Schicksal ereilt wie ihre Großmutter.

Wenn hier in Mythos und Märchen das patriarchale Männliche als verschlingend beschrieben wird, erinnert dies noch an eine dritte Erzählung. Der **griechische Mythos** erzählt vom Göttervater **Zeus**, er habe die alte Weisheit Metis verschlungen. Fortan war es ihr nicht mehr möglich, sich mit ihrer Weisheit direkt an die Menschen zu wenden. Statt dessen meldete sie sich nur noch aus dem Bauche des Zeus, der sich nun des öfteren auf sie berufen konnte. Mit anderen Worten: Nach der Vernichtung der alten Kulte der Weisheitsgöttin maßten sich männliche Zeus-Priester an, in ihrem Namen zu sprechen.

Solche mythischen Erzählungen kommen nicht von ungefähr. Ihnen liegen entsprechende Erfahrungen zugrunde: Weltweit wurde die ursprüngliche Frauenkultur von dem aufstrebenden Patriarchat buchstäblich verschlungen. - Ein Jahrtausende währender Akt, der gleichzeitig verdrängt wurde. Da aber alles Verdrängte in irgendeiner Form wiederkehrt, erfanden männliche Psychologen die verschlingende Mutter. Sie setzen alles daran, uns glauben zu machen, es handle sich hierbei um etwas »typisch« Weibliches. Auf diese Weise kamen der verschlingende Vater und sein System nie zur Sprache. Noch heute warnen Psychologen und Theologen vor der verschlingenden Mutter, die die ihr anvertrauten Kinder lieber vernichtet als sie der sozialen Umwelt anzuvertrauen. Viele Psychologinnen plappern ihnen nach, ohne zu erkennen, daß es sich hier um eine Projektion verdrängten männlichen Verhaltens handelt.

Dem Männlich-Verschlingenden steht in beiden Erzählungen die Utopie des Männlich-Erlösenden gegenüber - mit recht bedeutsamen Unterschieden allerdings. Im Märchen heißt es, daß der Jäger - er ist hier Symbol des matriarchalen Männlichen - am Hause der Großmutter vorbeikommt und das laute Schnarchen des Wolfes hört. Er spürt wohl, daß dort etwas nicht stimmt, und will nach dem Rechten sehen.

Im Jäger begegnen wir einem Mann, der auf seine Gefühle achtet und auf seine innere Stimme hört. Statt den Wolf einfach nur zu töten, folgt er seiner Intuition, schneidet ihm den Bauch auf und befreit damit Rotkäppchen und die Großmutter. Beide waren für den Wolf offensichtlich unverdaulich.

Mit dem Auftreten des Jägers aber verlassen die Erzählerinnen die Ebene patriarchaler Realität und wechseln über in die Prophetie. Sie verheißen, das matriarchale Männliche, das nicht vom Patriarchat verschlungen wurde, werde in der Lage sein, die alte Ordnung wiederherzustellen. Wie berechtigt eine solche Hoffnung ist, müßte diskutiert werden. Ich vermag mich ihr nach Lage der Dinge im Augenblick noch nicht anzuschließen.

Wenn uns das Märchen erzählt, dem Wolf wurde der Bauch aufgeschnitten, um Rotkäppchen und die Großmutter zu befreien, so werden wir wiederum an den griechischen Mythos erinnert. Hier heißt es von Zeus, ihm mußte der Schädel gespalten werden, da er mit seiner Tochter Athene schwanger ging, nachdem er deren Mutter, die bereits erwähnte Weisheitsgöttin Metis, verschlungen hatte. Da es ihm jedoch an Gebärorganen mangelte, mußte er von Athene aus dem Kopf entbunden werden.

In beiden Erzählungen klingt das Dilemma männlicher Unfruchtbarkeit an und mit ihr des männlichen Gebärneides. In beiden Erzählungen ist das Männliche nicht in der Lage, etwas Eigenes zu schaffen. Es kann lediglich wieder freigeben, was es sich zuvor einverleibt hat. Übertragen hieße dies: In patriarchalen Systemen wird kein eigener Beitrag zur Erneuerung des Lebens geleistet, sondern lediglich vorhandenes Leben absorbiert, das daraufhin der Erlösung bedarf. Neues Leben schaffen aber kann nur das Weibliche.

In der prophetischen Vision des Märchens »Rotkäppchen« wird die patriarchale Epoche weiblichen Verschlungenseins durch das Männliche relativ rasch beendet. Die zeitlichen Dimensionen werden zugunsten des dritten Äons, der Wiederkehr der Religion der Göttin, verschoben. Nicht die Gegenwart des Patriarchats steht hier im Mittelpunkt, sondern Untergang und Wiederkehr matriarchaler Verhältnisse.

Das ist im Zeus-Mythos anders. Zu nahe ist er noch am historischen Geschehen des patriarchalen Umbruchs, für den er Partei ergreift. Seine Erzähler gehen davon aus, daß die Generation der Töchter, die Zeus als Kopfgeburt hervorgebracht hat, von ihrer matriarchalen Bindung an die mütterliche Sippe »befreit« und in die Welt der Väter hinein »erlöst« wurde. Für diese Welt patrilinearer Abstammung setzt sich nunmehr die nachfolgende Tochtergeneration vom Schlage Athenes dankbar ein und verhilft damit dem Patriarchat zum endgültigen Sieg.

Anders im Mythos von Kore und ihrer Mutter Demeter: Der patriarchale »Putschversuch« des Hades, der nur seinen eigenen Bedürfnissen folgt und Kore gegen ihren Willen in eine Ehe mit ihm zwingt, wird - wenn auch nur partiell - zurückgeschlagen. Hades muß die geraubte Kore an die Mutter herausgeben, bekommt sie aber dennoch für ein Drittel des Jahres immer wieder zurück.

Diese - wenn auch eingeschränkte - Befreiung verdankt Kore dem Zorn und der Trauer ihrer Mutter Demeter, die sich der Erde verweigert, ihre fruchtbringenden Kräfte von ihr zurückgezogen und damit die aufstrebenden patriarchalen Kräfte zum Nachgeben gezwungen hatte. Da die Macht der Fruchtbarkeit offensichtlich noch ganz in den Händen der Frauen lag und Männer sich diesen

Machtbereich noch nicht angeeignet hatten, waren sie zum Einlenken gezwungen. Diese Einsicht veranlaßte nun Zeus, Kore aus der Unterwelt heraufholen zu lassen, sie der Mutter zurückzugeben und so - wenn auch wider Willen – zum Befreier des weiblichen Geschlechts zu werden.

In allen drei Erzählungen geht es um die Beschreibung der Einverleibung des Weiblichen durch das Männliche. Im Märchen »Rotkäppchen« wird zuerst die Großmutter und danach die Tochter verschlungen. Mit anderen Worten: Der Todesaspekt der Göttin wurde zuerst vernichtet, dann der jungfräuliche. Die gleiche Reihenfolge überliefert uns der Mythos von Kore und Demeter, nur daß dort das Verschlungenwerden des Todesaspektes der Göttin als bereits geschehen vorausgesetzt und nur noch die Einverleibung der Tochtergeneration beschrieben wird. Im Zeus-Mythos wird dagegen die gelungene Einverleibung der fruchtbaren Mutter Metis beschrieben. Stolz berichtet er von der patriarchalen Neugeburt der Töchter aus dem Männlichen.

Ganz offensichtlich kommt in den beiden Mythen noch ein Wissen um die immense Bedeutung weiblicher Fruchtbarkeit zum Ausdruck. Sie war der Dreh- und Angelpunkt und vermochte einst über Sieg und Niederlage des Patriarchats zu entscheiden. An ihr prallte einerseits die patriarchale Macht ab; denn Demeter verfügte noch eigenmächtig über ihre Fruchtbarkeit und setzte sie gegen die aufstrebenden patriarchalen Götter ein, indem sie sie verweigerte.

Im Zeus-Mythos gelingt es jedoch, weibliche Fruchtbarkeit zu vereinnahmen. Die schwangere Metis verlor ihre Freiheit durch zuviel Bereitwilligkeit Zeus gegenüber, hatte er sie doch nur deshalb verschlingen können, weil sie bereit war, sich ganz klein zu machen und in eine Fliege zu verwandeln. - Ein warnendes Beispiel für nachfolgende Frauengenerationen, das allerdings nichts fruchtete; denn schließlich vereinnahmte Zeus mit der Mutter auch noch ihre Tochter, die nunmehr ihre Abstammung von der Mutter leugnete und sich ausschließlich zu ihrem Vater bekannte.

Gemeint ist hier die Einführung einer patrilinearen Erbfolge, mit deren Hilfe nachfolgende Töchtergenerationen der mütterlichen

Seite entfremdet und der väterlichen Familie zugerechnet wurden. Die Mütter wurden buchstäblich verschluckt, indem sie schon bald aus der Reihe der Ahnen verschwanden, die nun nur noch über die Väter verlief. Als Repräsentant des siegreichen Patriarchats brachte Zeus die Töchter in Gestalt der Athene dazu, an die alleinige Bedeutung des Vaters zu glauben und die Bedeutung der Mutter zu leugnen.

So läßt sich anhand von Mythos und Märchen eine Verarbeitung des patriarchalen Umbruchs nachzeichnen. Bei aller Verschiedenheit gibt es hier auffallende Parallelen: Alle drei Erzählungen sind sich darin einig, daß die verschlingende Macht männlichen Geschlechts ist. Sie tritt auf in Gestalt des Hades, des Zeus und des Wolfes. Und immer trifft das Männliche auf das arglose, offene und gutwillige Weibliche in Gestalt der Kore, der Metis und des Rotkäppchens, die allesamt ausgetrickst werden. Eine weibliche Widerstandsmacht begegnet uns lediglich im Demeter-Mythos, der sich demzufolge als die älteste der drei Erzählungen erweist. Er läßt erkennen, daß matriarchale Frauen ihre Gebärmacht im Kampf gegen die zunehmende Patriarchalisierung eingesetzt, sich des Gebärstreiks bedient haben und so dem aufstrebenden Patriarchat neues Leben vorenthielten.

Diese Wirklichkeit weiblichen Widerstandes gegen die stärker werdende Männermacht wird später von dem griechischen Schriftsteller Aristophanes zu seiner Komödie *Lysistratha* verarbeitet. In ihr versuchen Frauen, ihre Männer vom Krieg abzuhalten, indem sie sich ihnen sexuell entziehen. Was einst von männlicher Seite als furchteinflößend erlebt wurde und der eigenen Macht im Wege stand, soll nunmehr zum Lachen reizen. - Der Männerwitz als Verarbeitung der Angst des Mannes vor der Frau.

Was der älteste Mythos noch in recht dramatischer Form beschreibt - den männlichen Kampf gegen die matriarchale Kultur und den weiblichen Widerstand gegen die zunehmende Patriarchalisierung -, wird bereits im Zeus-Mythos als »Verschlucken einer Fliege« verharmlosend dargestellt, auch wenn diese dann doch einige Kopfschmerzen bereitet. Der patriarchale Mythos wird nicht müde, seinen Sieg über die alte Rechts- und Sozialordnung der Göttinkultur in einer Fülle von Erzählungen und Schöpfungsmythen zu feiern.

Das Märchen dagegen nimmt diesen Sieg - den Tod des Matriarchats - zum Ausgangspunkt, um ihm die Allgegenwart der Göttin gegenüberzustellen. Noch und noch läßt es sie in vielfältiger Gestalt erscheinen und zeigt auf, wie sie als Namenlose sich doch auf subtile, aber beständige Art durchzusetzen vermag.

Die Göttin als zentrale Botschaft im Märchen

Die Thematisierung der hervorragenden Bedeutung des Weiblichen im umfassendsten Sinn ist ein grundlegendes Merkmal echter Märchen. Darauf verweisen auch männliche Märcheninterpreten. Einer von ihnen ist der Märchenforscher Franz Vonessen. Er sieht in der Priorität des Weiblichen vor dem Männlichen einen ganz wesentlichen Inhalt jener wiederkehrenden Botschaft, die uns im Märchen ans Herz gelegt wird. Vonessen schreibt: »Für das Märchen steht der Vorrang des weiblichen Prinzips vor dem männlichen fest. Daß in ihm die Mütterlichkeit die Übermacht hat, auch die männliche Kraft regierend und ins richtige Ziel lenkend, ist nicht zu verkennen.«[55]

Auf vielfältige Weise erzählen uns die Märchen von weiblichen Dimensionen des Lebens, die ihr Recht fordern; mit anderen Worten: von der Großen Göttin. So erinnern die Märchen an jene Bewußtseinsinhalte, die im Patriarchat zunehmend abgelehnt wurden und die bis heute in der Verdrängung gehalten werden müssen, wenn das patriarchale Weltbild nicht zusammenbrechen soll wie ein Kartenhaus. In echten Märchen finden wir demnach jene Inhalte, die wir zur Ganzheit unserer Bewußtseinsstruktur unbedingt brauchen. Es handelt sich dabei um Inhalte, die einerseits kirchlichen Lehren massiv entgegenstehen und die folglich bis heute tabuisiert werden, die jedoch andererseits der menschlichen Seele unverzichtbar angehören, so daß sie nicht ohne Schaden negiert werden können. Gern wird heute vergessen, daß die Kirchen erst durch die Ausgrenzung solcher Inhalte jenen unheilvollen Zustand der Heillosigkeit schaffen konnten, den sie mit ihrer angeblich heilbringenden Lehre zu beheben verheißen.

Die von den Kirchen verdrängten Inhalte beschreibt Vonessen mit folgenden Worten: »Spricht die christliche Religion nur von Gott, so gleicht das Märchen dies aus, indem es noch und noch an die Größe der Göttin erinnert, jener einen und einzigen, die ausreicht für alle Felder des Lebens, die alles voraussieht, alles schenkt und alles regiert: jener allumfangenden und allmächtigen Mutter, die wir Natur nennen. Diese Göttin ist gerade nicht die Krönung einer Hierarchie, sondern der Urschoß des hierarchisch geordneten Lebens, der Grundstein also, der dem Schlußstein polar ist. Von ihm gibt das Märchen Zeugnis: und so unerschütterlich seine Königstreue auch ist, - in Wahrheit läßt es nicht den König, sondern die Urmutter herrschen, die alles, auch die Throne und Herrschaften, austeilt.« Und Vonessen fügt hinzu: »Wer den Glauben des Märchens an die Allgewalt der Natur, wer sein Zeugnis von ihrer Größe nicht wahrnimmt, der ist, und sei er im übrigen noch so gelehrt, um die wesentlichen Züge seines Gegenstandes betrogen.«[56]

Und genau diese Botschaft von der Priorität der Natur vor dem männlichen Geist, des Vorrangs der Ruah und Sophia vor dem Logos, macht echte Märchen im christlichen Abendland bis heute zu subversiven Dichtungen. In ihnen verdichtet sich jene verborgene Wahrheit, die das Patriarchat seit Jahrtausenden mit allen erdenklichen Mitteln bekämpft. Es versucht uns einzubleuen, daß allein der männliche Gott und mit ihm der männliche Verstand das Alpha und Omega aller Realität sei.

Anfang und Ende allen Lebens aber ist allein die Natur, die immer wieder ihr weibliches Wesen offenbart, indem sie die Menschen trägt und nährt, führt und erhält, von ihnen fordert und sie beschenkt, sie ermahnt und ihnen verzeiht. Von dieser Wahrheit aber hat uns das Patriarchat entfremdet, nicht zuletzt, indem es sich in unserem Sprachraum an dieser Stelle eines Fremdwortes bedient, dessen Bedeutung nur noch wenigen klar ist. Das lateinische Wort

(»natura«) bedeutet in erster Linie Geburt, wörtlich »Gebärung«, und hat auf diese Weise ganz wesentliche Vorstellungen des matriarchalen Weltbildes durch das Patriarchat hindurch getragen und erhalten.

Die Bedeutungsvielfalt dieses Begriffs, auf die ich bereits eingegangen bin, läßt erkennen, daß es bei dieser Vorstellung von Gebärung um Kosmos und Erde ging, die gleichermaßen als gebärende Urmutter verstanden wurden. Das wiederum macht deutlich, wie umfassend weibliche Gebärmacht einst wahrgenommen und verstanden wurde. Schließlich galt sie als *die* göttliche Kraft, die jeden Rhythmus bestimmt und durch die die Welt allein Bestand hat. Ein göttlicher Herr, der irgendwo hinter den Wolken auf seinem Thron sitzt, die Fäden in der Hand hält und »alles so herrlich regieret«, wäre in diesem Weltbild absurd gewesen, was auch heute immer stärker der Fall ist. So galt der weibliche Körper als das getreueste Abbild des Kosmos und der Welt.

In den echten Märchen geht es insbesondere auf geistiger Ebene um die »natura«, die Hervorbringung oder Gebärung eines neuen Zustands. Sie wissen von geisterfüllter »materia« zu erzählen, von Menschen, Tieren, Pflanzen und Gestirnen, aus denen die »Magna Mater« spricht, ohne sich anders als durch diese Wesen und Dinge zu zeigen. Da raten die Vögel und die Bienen dem Dummling. Da sprechen die Äpfel und die Bäume, die Fische und die Schlangen. In allem, was lebt, ist die Ruah (hebr.: Heiliger Geist) vernehmbar für jene, die offen sind für ihre vielfältigen Stimmen, die doch immer nur eine ist.

Die Große Göttin – und mit ihr die Frau – war Naturkraft und Sozialmacht in einem. Sie galt als das Sinnbild matriarchaler Wirklichkeit im umfassendsten Sinn. In gewisser Weise hat Vonessen daher recht, wenn er in den patriarchalen Institutionen der Wissenschaft als »alma mater« und in der Religion als »Mutter Kirche« direkte Nachfolgerinnen der Großen Göttin sieht. Wie bereits erwähnt, wurde sie in ihre vielen Teilaspekte aufgespalten. Die ursprüngliche Magna Mater, die einst alles umfaßte und alles verband, wurde zur Göttin der Liebe und der Ehe, der Geburt und des Todes, der Fruchtbarkeit und der Weisheit (sophia). Nach der Aufspaltung ihrer umfassenden Macht in Teilbereiche des Lebens erfolgte ihre Vereinnahmung durch das männliche Geschlecht, denn nur als aufgeteilte Macht konnte sie Stück für Stück absorbiert - verschlungen werden.

Die Göttin als Große Mutter wurde in vielen Märchen zur Großmutter, zur häßlichen Alten - wenn nicht gar zur Hexe. Wir begegnen ihr aber auch in Gestalt einer weißen Jungfrau oder guten Fee. Solche Gestalten sind beliebte Verstecke der Urgöttin, die - anders als im Mythos - im Märchen keinen Namen hat. Oberflächlich betrachtet, scheint es sie dort gar nicht zu geben. Das hat Gründe. Die Märchenerzählerinnen standen nämlich vor einem Dilemma: Die vielen Namen der Göttin waren im Laufe der Zeit überwiegend ausgelöscht und tabuisiert worden. Auf diese Weise hatte man auch die Erinnerungen an sie getilgt.

Zum Teil freiwillig, zum Teil gezwungenermaßen, hatten sich die Menschen - wie Vonessen feststellt - »von der Vaterreligion hinreißen lassen, der Großen Mutter die Göttlichkeit abzusprechen«. Die Natur wurde entspiritualisiert, entgeistigt und damit von ihrem Wesen getrennt. Der Geist wurde vermännlicht und der Mann vergeistigt. Sein Wille wurde zum Nabel der Welt. Auf die vielfältigen Stimmen der Natur innerhalb und außerhalb des Menschen wurde nicht mehr gehört. Der Quell allen Lebens wurde, wie Vonessen feststellt, »zu einer kalten und toten Instanz abstrahiert. Wenn der moderne Mensch von der Natur spricht, so tut er das kaum mit Respekt. Im Gegenteil, er trampelt so unmündig und kurzsichtig auf den Voraussetzungen seines Lebens herum, wie kein Kind mit seiner Mutter umgehen würde.«[57] Daß dabei sogar die Zerstörung des Planeten und damit der Untergang der Menschheit - wenn nicht gar allen Lebens - riskiert wird, haben wir tagtäglich vor Augen. Folglich beginnen viele Menschen inzwischen zu verstehen, daß wir wohl ohne männlichen Gott leben können, nicht aber ohne die Göttin als »natura« und Magna Mater.

Genau darin liegt die versteckte Botschaft, von der die echten Märchen durchdrungen sind. Bei aller Verborgenheit der Göttin ist sie in Wahrheit die Großmacht des Lebens, von der uns die Märchen erzählen... Sie läßt in **Dornröschen** die Dornenhecke sich öffnen und in **Schneewittchen** die Diener stolpern; denn sie ist »kairos«, nicht »chronos«, erfüllte Zeit, nicht chronologische. Sie schenkt **Aschenputtel** Kleider und Schuhe zu ihrer Zeit und offenbart sich in den Tauben, die ihr als rechte Braut Anerkennung verschaffen. Gleichzeitg bestraft sie die gehässigen Schwestern, indem sie ihnen die Augen auspickt und so ihre Blindheit sichtbar werden läßt. Sie begegnet der Goldmarie in den Broten, im Apfelbaum und schließlich in Gestalt der Frau **Holle**.

Sie ist »Pandora - die alles Schenkende, denn alles, was es gibt, was uns gegeben wird zur Fristung des Lebens, stammt letztlich von ihr, sie hat es gegeben.«[58] Sie ist die Göttin des Schicksals, an deren Faden das menschliche Leben hängt. Keine verzärtelnde, verwöhnend-neurotisierende Mutter, wie wir sie aus entfremdeten patriarchalen Zusammenhängen kennen. Aber auch keine grausame Mutter, die uns zurückstößt und es versäumt, uns mit der Wirklichkeit des Lebens vertrautzumachen. In einer Vielzahl ihrer Aspekte ist sie recht herb, streng und unerbittlich. Manchmal ist sie sogar hart, aber niemals ist sie böse. Immer geht es ihr um die Entfaltung von Leben zum Nutzen des Lebens. Daher fordert sie alle Kräfte der Menschen heraus, wenn sie sich ihrer annimmt. Nach ihren Vorstellungen soll ja alles herauskommen aus dem Zustand der unentfalteten Anlage. Sie erteilt jeder und jedem die Lektion, die sie oder er braucht.

Bei der Vervollkommnung der Menschen geht es ihr nicht um Perfektion. Es dürfen ruhig Fehler gemacht werden; denn die sind korrigierbar. Solange die Willenskräfte da sind und die Bereitschaft, sich von ihr führen zu lassen, hilft sie auch in den schwierigsten Lebenslagen weiter. Ihr geht es darum, die Menschen er-wachsen und erstarken zu lassen, damit sie *ihren* Weg finden, sich selbst und anderen Mutter sein können, und auf diese Weise die Göttin in Gestalt ihres eigenen Naturells zu verwirklichen.

Anders als in der Psychologie ist es nach den Vorstellungen echter Märchen nicht allein die leibliche Mutter, die das Schicksal eines

Menschen bestimmt. Ihr Versagen ist keineswegs ein nicht wieder gutzumachender Schaden oder gar lebenbestimmendes Unglück. Fällt die leibliche Mutter aus oder ist die Stiefmutter garstig, so tritt an ihre Stelle die Göttin, das Leben selbst. Die Natur wird zur Erzieherin; denn nach den Vorstellungen des Märchens ist die leibliche Mutter bestenfalls die Vertreterin des Lebens. Sie ist Medium der Großen Göttin, der wahren Mutter aller Menschen.

Der Heilsweg im Märchen als Hören auf die Göttin

Volles Gelingen des Lebens, Befreiung aus Gefangenschaft und Erlösung aus widrigen Lebensumständen wird den Heldinnen und Helden im Märchen erst dann zuteil, wenn sie auf die ratende und fordernde, bittende und warnende - aber niemals befehlende - Stimme der Göttin Natur hören, wenn sie ihren weisen Rat nicht in den Wind schlagen und das von ihr gesetzte Ziel nicht aus den Augen verlieren. Wer sie ignoriert, wird nicht etwa bestraft, sondern begibt sich selbst in eine gefährliche Lebenslage; denn gegen ihre Ordnungen gibt es kein erfülltes Leben. »Alle, die mich hassen, lieben den Tod«, sagt daher die Weisheitsgöttin in der Bibel. Und: »Wer an mir vorübergeht, verletzt seine Seele.« Genau dieser Botschaft begegnen wir auch im Märchen.

Hier wie in der Bibel gilt die irdische Mutter - nicht jedoch der Vater - als Repräsentantin der Weisheitsgöttin. So heißt es auch in der Weisheitsliteratur: Von der Mutter kommen die Weisungen, vom Vater dagegen die Gebote. Damit wird ein wichtiger Unterschied angesprochen, der bis heute mit einem typisch mütterlichen und väterlichen Erziehungsstil korrespondiert. (Wobei es selbstverständlich auch entgegengesetzte Ausnahmen gibt.) Weisungen appellieren an die menschliche Vernunft. Sie wollen gehört, überdacht und nach eigenem Abwägen in Handlungen umgesetzt werden. Gebote hingegen äußern sich in Gesetzen und Befehlen. Sie müssen weder verstanden noch überdacht, sondern lediglich befolgt werden; denn sie richten sich an den blinden Gehorsam des Menschen und negieren dessen Mündigkeit, während Weisungen diese voraussetzen und zur Folge haben.

Auf die *mütter*liche Stimme zu hören, die uns aus der Innenwelt des Ge*müts*, aber auch aus der Welt der äußeren Erscheinungen entgegentreten kann, wird im Märchen als *mutige* Tat angesehen, die den Menschen an sein Ziel bringt. Hier verweist uns selbst die Sprache noch auf innere Zusammenhänge, die ich etwas näher ausführen möchte, da sie all das zusammenfügen, um was es mir hier geht. Die Worte »Mutter«, »Mut« und »Gemüt« weisen nicht nur eine sprachliche, sondern auch eine inhaltliche Verbindung auf.[59] Wenn uns der Begriff des Gemüts auch immer mehr abhanden gekommen ist, so spielte er in der Vergangenheit doch eine ganz wesentliche Rolle. Vergegenwärtigen wir uns einiges aus Kapitel 5: Das Gemüt galt als Mutterboden der menschlichen Seele, wurde aber auch als Synonym für sie verwendet. Diese inneren Beziehungen zwischen Gemüt und Mutter kommen noch in den folgenden Worten aus der Spruchsammlung Goethes zum Ausdruck:

Aus tiefem Gemüt, aus der Mutter Schoß
Will manches dem Tage entgegen;
Doch soll das Kleine je werden groß,
So muß es sich rühren und regen.

Der Vierzeiler wurde unter der Überschrift »Gott, Gemüt und Welt« verfaßt, den drei großen Themen der klassischen Metaphysik, denen wir insbesondere in der Mystik und in der Gnosis begegnen. Dort gehörte die Einsicht, daß Gemüt und Natur dem Menschen mütterlich sind, zum festen Bestand eines Wissens, das heute immer mehr in Vergessenheit gerät, nachdem es allzu lange absichtlich unterdrückt worden war.

Einer der großen Lehrer dieser Weisheit war der große mittelalterliche Mystiker Meister Eckhart. Er ist bis heute dafür bekannt, daß er das Göttliche im Menschen selbst ansiedelte und damit die kirchlichen Dogmen ignorierte. Daraufhin wurde gegen ihn im Jahre 1226 in der lateinischen Anklageschrift seiner Kirche der

Vorwurf erhoben, er habe gelehrt: »Die Natur selbst ist eine und ist das Eine. Und jegliche Person ist eine und ist dasselbe Eine, das die Natur ist.«[60] Nach seiner Lehre trägt jeder Mensch einen göttlichen Seelenfunken in sich und hat damit die Aufgabe, ihn zu hüten und zu pflegen, um aus ihm ein loderndes Feuer zu machen und so das Göttliche in sich immer umfassender werden zu lassen. Genau das gilt auch für das mütterliche Gemüt. Wo immer es gestärkt wird, vermag das wahre Naturell unserer inneren Natur zu wachsen - und mit ihm unser Mut. Der wiederum bildet die Grundlage vieler Tugenden: der Demut und der Langmut, des Großmuts und der Sanftmut, des Übermuts wie auch des guten Mutes.

Sprachlich wie inhaltlich gehören im Griechischen ebenfalls die beiden Begriffe Gemüt (»thymos«) und »Mythos« zusammen. Der Mythos entstammt einem matriarchalen Weltbild, wurde aber in patriarchaler Zeit verfälscht und mißbraucht. Er ist jene Ursprungserzählung, die Anspruch erhebt auf die Wahrheit, die ihr dann später vom patriarchalen Logos streitig gemacht wurde. Aber noch das gnostische Philippus-Evangelium lehrt: »Die Mutter (des Gnostikers) ist die Wahrheit«[61] »Wenn wir die Wahrheit erkennen... wenn wir uns mit ihr verbinden, wird sie unsere Vollendung empfangen«[62]

Die hier skizzierten Gedankengänge lassen erkennen, wie sehr einst das Mütterliche als Grundlage der menschlichen Geistseele, aber auch der übrigen natürlichen Wirklichkeit empfunden und anerkannt wurde. So wundert es nicht, daß dem Hören auf die mütterlichen Stimmen im Märchen eine besondere Bedeutung zukommt: Es beginnt mit dem kindlichen Gehorsam gegen die eigene Mutter. Dabei spielt es keine Rolle, ob es sich um die leibliche Mutter oder aber um die Stiefmutter handelt. Im Gehorsam ihr gegenüber lernen Kinder unverzichtbare Dinge für ihr Leben. Wo nicht, lernen sie an ihrem falschen Wollen den eigenen Willen kennen und stärken. Mit höherem Alter lernen sich Kinder gegen den mütterlichen Willen abzugrenzen und in zunehmendem Maße den eigenen Willen durchzusetzen. Der Gehorsam gegenüber der Mutter hat demzufolge eine wichtige Funktion in der kindlichen Entwicklung. Das trifft nicht in gleicher Weise für den Gehorsam gegenüber dem Vater zu. Seine Anordnungen sind meist Befehle, die wesentlich stärker an autoritären Strukturen und weitaus weniger an existentiellen Notwenigkeiten ausgerichtet sind.

Mutter und Vater repräsentieren demnach unterschiedliche Gehorsamsstrukturen. Wie wenig sie vergleichbar sind und welche qualitativen Unterschiede in ihnen zum Ausdruck kommen, zeigen folgende Untersuchungsergebnisse: »Wenn ... Väter das familiale Leben dominieren, dann sind sie fast immer autoritär und benutzen die Familie egoistisch als Instrument der Selbstüberhöhung. Ihre Kinder werden relativ häufig zu ›Strategen‹. Wenn die Mütter ›herrschen‹, dann herrschen sie so gut wie nie autoritär-egoistisch, sondern sind Inbegriff von ›Selbstaufopferung‹. Ihre Kinder werden ganz überproportional häufig ›verläßlich‹. Die beiden patterns überlappen sich anscheinend nicht«.[63]

Echte Märchen gehen davon aus, daß der Gehorsam gegenüber der Mutter eine unverzichtbare Voraussetzung ist für die Fähigkeit, sich selbst zu gehorchen. Wer nicht gelernt hat, der Mutter zu gehorchen, wird auch nicht in der Lage sein, der eigenen inneren Stimme, der Stimme des Gemüts, Folge zu leisten. Daher hat das Hören auf die Mutter nicht unbedingt etwas mit Fremdbestimmung zu tun. Es ist die erste Stufe des Hörens auf die Weisheit, die auch in der Bibel ihre Stimme erhebt und die Menschen auffordert, auf sie zu hören. Der Erkenntnis verbietende Männergott dagegen bestraft Adam im Paradies für seinen Ungehorsam mit der Begründung: »dieweil du auf die Stimme deines Weibes hörtest.«

Der Weisheit geht es nicht um autoritären Gehorsam, sondern um das einsichtige Befolgen ihres Rates, um das Hören auf ein höheres Wissen, das den Menschen hilft, ein sinnvolles und erfülltes Leben zu führen. Erst wenn wir gelernt haben, diesem höheren Wissen Folge zu leisten, wenn wir nicht mehr Alltagsnormen zum absoluten Kriterium unseres Handelns erheben und nicht mehr unseren kurzlebigen Egowünschen ausgeliefert sind, haben wir gleichzeitig gelernt, wo der äußere Gehorsam seine Grenzen hat, hinter denen nur noch der höchste Gehorsam gilt - der Gehorsam gegenüber sich selbst.

Das Gesetz der Naturreligion des Hörens auf die Dea Natura, die Göttin Natur, dem wir in den echten Märchen begegnen, lautet: »Lerne im Gehorsam gegenüber der leiblichen Mutter auf die Stimme der größeren Mutter, der Mutter in dir selber, zu hören; aber wenn du das gelernt hast, dann folge deiner inneren Stimme unbedingt - mehr als den Menschen, und auch mehr als den leiblichen Eltern.«[64] Doch dieses Hinhören ebenso wie der Gehorsam gegenüber der Mutter bedarf der Einübung, auch wenn unsere Kultur immer mehr zu der Meinung tendiert, darauf verzichten zu können.

Vor dem Hintergrund dieser Erfahrung könnten wir sagen, daß sich die Entwicklung eines Menschen an der Veränderung seines Gehorsams zeigt. Auf wen sind wir wie lange bereit zu hören? Wem folgen wir wann wohin? Wo verweigern wir uns? Auf welche Anforderungen lassen wir uns ein, gegen welche grenzen wir uns ab? Da sich das matriarchale Weltverständnis in Märchen und Bibel gleichermaßen widerspiegelt, erscheint es mir interessant, anhand dieser Fragestellung das Leben Jesu zu betrachten. Auf wen hört er? Wem folgt er? Auf wessen Forderungen oder Bedürfnisse läßt er sich ein? Wo verweigert er sich?

Schauen wir uns vor dem Hintergrund dieser Fragen die wesentlichen Stationen seines Gehorsams an:

1. Mit zwölf Jahren erkennt er, daß er auf die Schriftgelehrten mehr hören muß als auf die Eltern. Er glaubt, hier die Stimme seines göttlichen Vaters zu vernehmen. Danach kehrt er allerdings zum Gehorsam gegenüber seiner Mutter zurück.[65]
2. Auf der Hochzeit zu Kana grenzt er sich (angeblich) gegen seine Mutter ab, als diese ihn bittet, für mehr Wein zu sorgen: »Weib, was habe ich mit dir zu schaffen?«[66] Gleichzeitig fordert seine Mutter die Bediensteten auf, ihm Folge zu leisten. Sie tritt als Vermittlerin von Autorität und Gehorsam auf. Und am Ende tut er genau das, was sie erbeten hatte.
3. Gegenüber der kanaanäischen Frau lehnt Jesus es zunächst ab, ihre Tochter zu heilen. Er schiebt solange den Gehorsam gegenüber seinem Gott vor, bis er gelernt hat, auf sie zu hören und darin gleichsam seinen göttlichen Auftrag zu erkennen.[67]

4. Jesus lehnt es ab, auf Petrus zu hören, als dieser ihn von seinem Weg abzubringen versucht. Ihm entgegnet er: »Weiche von mir, Satan«[68] - die wohl schärfste Form der Ablehnung.
5. Er lehnt es auch ab, auf Martha zu hören und Maria zum Gehorsam gegenüber der Schwester aufzufordern. Statt dessen bestätigt er das Recht Marias, der eigenen Stimme Folge zu leisten und ihr Glück außerhalb der Küche zu suchen.[69]
6. Am Ende seines Lebens folgt er gegen den Widerstand seiner Jünger jenen Frauen, die den Wunsch haben, ihn zu salben und wird so ihr Gesalbter.[70]

Wir erkennen hier einen Gehorsams- oder Heilsweg, der mit ersten Lösungsversuchen im Alter von zwölf Jahren beginnt. Ihm folgen weitere Abgrenzungsversuche gegen die Mutter zugunsten des Gehorsams gegenüber dem göttlichen Vater. Doch muß auch dieser wieder aufgegeben werden - und zwar zugunsten weiblicher Bedürfnisse. Während seine Weigerung, auf die Jünger zu hören, bis zum letzten Atemzug anhält, fällt auf, wie stark er im Hören auf die Frauen schließlich sich selbst gehorcht. Mit ihrem Wollen vermag er sich noch kurz vor seinem Tode zu identifizieren. Das trifft nicht in gleicher Weise für seine Jünger zu, von denen er sich bis zu seiner Kreuzigung abgrenzt.

Doch zurück zum Märchen. Ein klassisches Beispiel für einen Heilsweg des Hinhörens und Hörens auf die göttlich-weibliche Stimme finden wir in dem Märchen **Frau Holle**. Dort steht am Anfang der Gehorsam gegen die Mutter bzw. die Stiefmutter, auch wenn er im ersten Augenblick unsinnig erscheint. Sie befiehlt ihrer Tochter, die in den Brunnen gefallene Spule heraufzuholen. Das Mädchen gehorcht, wenn auch schweren Herzens, so aber doch aus einer existentiellen Not heraus. Sie springt in die Tiefe des Brunnens, um ihrer Spule - die im Märchen oft mit der Menstruation zusammenhängt - bis auf den Grund zu folgen. Dabei gelangt sie in eine andere Welt und begegnet den Jahreszeiten, die sie alle auf ihre Weise ansprechen.

Ihr Gehorsamsweg beginnt auf einer Blumenwiese, auf der sie wieder zu sich kommt. Sie steht für den Frühling, für ihre eigene Lebensphase, in der der Gehorsam gegen die eigene Mutter langsam abgelöst wird von anderen Stimmen, die zunehmend an Bedeutung gewinnen. Das soll sie schon bald am Backofen erfahren, der für den Sommer steht oder den zweiten Aspekt der Göttin. Aus ihm erklingen die Stimmen der ausgebackenen Brote, die herausgenommen werden wollen, damit sie nicht verbrennen. Da das Mädchen gelernt hat, der Mutter zu gehorchen, ist sie auch ansprechbar geworden für die Notwendigkeiten ihrer unmittelbaren Umwelt und damit auch für die Erfordernisse des Lebens. (Die Probleme, die sich aus dieser Ansprechbarkeit für die meisten Frauen in patriarchalen Zusammenhängen ergeben, kennen wir leider alle. Auf sie kann ich an dieser Stelle nicht eingehen.)

Nachdem das Mädchen die Brote aus dem Ofen geholt hat, geht sie weiter auf ihrem Weg und begegnet dem Herbst in Gestalt eines Apfelbaumes. Seine Äpfel sind reif und wollen geerntet werden. Entsprechend lautet seine Bitte an das Mädchen, die Äpfel vom Baume zu schütteln. Auch diesmal hört sie und schichtet die Äpfel zudem noch fein säuberlich auf. Wohlgemerkt, sie erntet nicht etwa, weil sie hungrig ist und Äpfel essen will, sondern weil sie von den Äpfeln darum gebeten wird. Mit anderen Worten: Sie begegnet den Dingen des Lebens mit offenen Ohren und offenem Herzen. Der Zustand ihrer Umwelt, die Situationen, die sie in ihrem Leben antrifft, haben für sie Aufforderungscharakter und veranlassen sie zu entsprechendem Handeln.

Zu guter Letzt kommt sie an ein Haus, aus dem eine alte Frau mit fürchterlich großen Zähnen herausschaut, so daß sie sich fürchtet und davonläuft. Doch die Alte ruft sie zurück und lädt sie freundlich ein, in ihrem Hause zu bleiben. Dabei macht sie ihr folgendes Angebot: Wenn sie die in ihrem Haus anfallenden Arbeiten ordentlich verrichtet, soll es ihr gut gehen. Das Mädchen überlegt und läßt sich von der Freundlichkeit der Alten überzeugen. Ihre Furcht verfliegt, und sie entschließt sich, dem Angebot der Frau Holle zu folgen.

Aus anfänglichem Gehorsam gegen die Mutter wurde ein Hören auf die Natur, dem nunmehr das Hören auf Frau Holle folgt. Das Mädchen begibt sich ohne äußere Notwendigkeit freiwillig in ihren Dienst und verrichtet die ihr aufgetragenen Arbeiten zu deren Zufriedenheit. Jeden Tag schüttelt sie eifrig die Betten, so daß es auf Erden schneit.

Diese Vorstellung läßt einen wichtigen Bestandteil des matriarchalen Weltbildes erkennen: Naturereignisse wurden als Handeln von Göttinnen gedeutet, die die Frauen in ihren Tätigkeiten und Seinsweisen nachahmten: als junges Mädchen, als fruchtbare Frau und als alte Weise. Einen Rest dieses Weltbildes finden wir noch im Englischen, wo heute die Wehen einer Schwangeren als »Arbeit« (labour) bezeichnet werden.

Wenn Mutter Natur einerseits die reich Beschenkende ist, so ist sie andererseits auch die Fordernde, auf deren An-Spruch gehört werden muß, wenn es den Menschen und der Natur gleichermaßen gutgehen soll. Immer wieder fordert sie die Menschen auf, an ihrer Schöpfung teilzunehmen und sich an ihr zu beteiligen. Die Arbeit, die sie von ihren Töchtern verlangt, ist sinnvolle Arbeit, die dem Leben dient. Dagegen fällt bei den Stiefmüttern im Märchen auf, daß ihre Arbeitsforderungen maßlos und oftmals unsinnig sind: Aschenputtel muß die Linsen aus der Asche lesen, die die Stiefmutter mutwillig hineingestreut hat, und Goldmarie muß zu Beginn des Märchens »Frau Holle« auf der Straße sitzen und sich die Hände blutig spinnen, bevor sie auf ihren Einweihungsweg geschickt wird.

Mit dem Winter bei Frau Holle schließt sich der Jahreskreis. An jeder Station ist das Mädchen dem jeweiligen Aspekt des Lebens / der Göttin gerecht geworden. So hat sie gelernt, auf die Notwendigkeiten des Lebens zu hören. Immer zeigte sie sich bereit, ihr Handeln an den Anforderungen der jeweiligen Jahres- und Lebenszeit auszurichten. Dabei hat sie auch gelernt, richtiges von falschem, sinnvolles von sinnlosem Handeln zu unterscheiden. Auf diese Weise ist sie zu einer autonomen Frau geworden, die ihre eigene Seins- und Entscheidungsmacht entfaltet hat und nunmehr weiß, was zu tun und was zu lassen ist. Auf diesem Entwicklungsstand würde sie nicht mehr hilflos weinend zur Mutter laufen, nur weil ihr die Spule in den Brunnen gefallen ist. Sie ist eine andere geworden.

Die Phase des Übergangs vom Mädchen zur jungen Frau ist nun beendet. Wie selbstverständlich hat sie gelernt, sich selbst zu gehorchen. So ist sie es, die das Ende ihres Aufenthaltes bei Frau Holle festsetzt. Wie es im Märchen heißt, überkommt sie auf einmal eine Trauer. Obwohl es ihr bei Frau Holle soviel besser geht als zu Hause, spürt sie doch Heimweh nach den Ihren. Daher beschließt sie, Frau Holle zu verlassen und nach Hause zurückzukehren.

Wie sich dabei zeigt, ist sie sich nun selbst zum Maßstab ihres Handelns geworden. Im Sorgen für andere hat sie auch gelernt, für sich selbst zu sorgen. Zwischen ihr, der Natur und ihrer sozialen Umwelt gibt es keine Trennwand. Sie alle sind Teile des menschlichen Lebens, Teile eines umfassenden Ganzen. Das ist das alte, matriarchale Weltbild, in dem nun auch die junge Frau lebt und darin ebenso von Frau Holle bestätigt wird.

Anders als tiefenpsychologisches Denken es will, erweist sich diese nun nicht etwa als verschlingende Große Mutter, die klammert und festhält, sondern bekundet ganz im Gegenteil ihr Gefallen an dieser Entscheidung. Sie begleitet die junge Frau solange auf ihrem Heimweg, bis sie an das Tor zur Welt gelangen. Dort wird die Stunde des Abschieds zur Stunde der Wahrheit. Wie versprochen, belohnt Frau Holle sie für die in ihrer Welt geleisteten Dienste und überschüttet sie mit reinem Gold. Dabei geht es nicht etwa um materiellen Reichtum. Gold symbolisiert vielmehr ihre eigene Vervollkommnung, die Vollendung ihrer Entwicklung und damit den nunmehr voll verfügbaren Reichtum ihrer Seele. Sie hat den Gipfel ihrer Vermenschlichung, das Ziel aller Humanisierungsprozesse erreicht und trägt ihre Entwicklungswerte nunmehr zurück in jene Familie, mit der sie lebt.

Zu Hause angelangt, verschafft ihr die Vergoldung ihres Wesens einen freundlichen Empfang. Mutter und Schwester nehmen sie gern wieder auf und lauschen ihrem Erzählen, wie es zu diesem Reichtum gekommen ist. Dabei regt sich in der Mutter so etwas wie Neid. In ihr meldet sich der Wunsch, ihrer Lieblingstochter dasselbe Glück zu bescheren. Statt sich erst einmal selbst in die Tiefe des Brunnens zu begeben und sich zu wandeln, veranlaßt sie ihre Tochter, es der Schwester gleichzutun. Damit aber zeigt sich ihre Blindheit, ihr offenkundiger Mangel an Realitätssinn. Sie ignoriert, daß ihre rechte Tochter - anders als Goldmarie - keine Distanz zu ihr entwickeln konnte und daher nur durch ihr eigenes gutes Vorbild hätte lernen können. In ihrer Ignoranz überspringt sie sich selbst und glaubt, ihrer Tochter auf diese Weise etwas vermitteln zu können, was sie selbst nicht ist.

Und so wird alles noch einmal inszeniert. Die Schwester setzt sich an den Brunnen, um zu spinnen. Doch damit beginnt das Plagiatieren, das weder eigenem Wollen folgt noch aus existentieller Notwendigkeit erwächst. Das Nachäffen des Lebensweges einer anderen macht das eigene Leben zur Farce, denn hier fehlen wichtige Voraussetzungen: Die zweite Tochter hat weder gelernt, auf eigene Bequemlichkeiten zu verzichten, noch etwa mit Fleiß auf eine Sache hinzuarbeiten. So erfüllt sie keine der grundlegenden Bedingungen für die erhoffte Belohnung. Dieser gravierende Unterschied zwischen den Stiefschwestern zeigt sich im Verlauf der Handlung immer klarer. Ging dem Weg der Schwester harte Arbeit voraus, bevor sie die blutige Spule an den Brunnen verlor, so ersetzt die Faule das Spinnen durch einen Griff in die Dornenhecke, um auch ihre Spule blutig zu machen. Ihre Stärke liegt weder in Arbeit noch in Geduld. Und da sie es nicht erwarten kann, in jene andere Welt zu gelangen, die so reiche Belohnung verheißt, wirft sie die blutige Spule absichtlich in den Brunnen. Auch ohne den Auftrag der Mutter springt sie in die Tiefe und gelangt ebenfalls auf die Blumenwiese und schließlich zum Backofen.

Als sie dort die Bitte der Brote vernimmt, sie aus dem Ofen zu holen, kann sie bereits ihr wahres Wesen nicht verleugnen. Als Faule hat sie nie gelernt, sich von anderen in Anspruch nehmen zu lassen. So ist sie auch jetzt nicht bereit, neues Verhalten zu erlernen und damit sich und ihr Leben zu wandeln. Nicht ihr Sein steht im Zentrum ihres Handelns, sondern das Haben-Wollen. Sie weiß nicht, daß ihr Ziel bestimmte Voraussetzungen hat, denen ihr gesamtes Verhalten in keiner Weise zu entsprechen vermag. So verharrt sie in ihrer Egohaltung, die sich nur für die eigenen Wünsche und Bedürfnisse interessiert. Den ausgebackenen Broten erteilt sie eine Abfuhr und ist nicht bereit, sich auf deren Bitte einzulassen.

Recht aufschlußreich ist das Motiv ihrer Absage, die sie folgendermaßen begründet: »Da hätt' ich Lust, mich schmutzig zu machen.« Warum aber hat sie keine Angst, sich zu verbrennen? Eine Gefahr, die sehr viel gravierender und damit auch plausibler erscheint. Vielleicht ist die Erklärung in der Tatsache zu finden, daß der Backofen auch als Symbol für den Leib einer Schwangeren zu verstehen ist und somit den zweiten Aspekt des Weiblichen versinnbildlicht: die Fruchtbarbeit. Wenn daher die Faule es ablehnt, die Brote aus dem Ofen zu holen und sie lieber verbrennen läßt, nur um selbst nicht schmutzig zu werden, dann würde sie mit dieser Begründung auch Hebammendienste verweigern. Indem sie aber einer Schwangeren ihre Hilfe vorenthält, lehnt sie es ab, dem Leben zu dienen. Die Maxime ihres Handelns sind nicht die Anforderungen des Lebens, sondern das Lustprinzip - ohne Rücksicht auf Verluste.

Das gibt sie jedoch nur an der ersten Station ihrer Bewährungsprobe offen zu. An der zweiten bedient sie sich des Mittels der Rationalisierung, um guten Gewissens ihre Hilfe verweigern zu können. Als auch die Äpfel sie bitten, sie zu schütteln, erwidert sie dem Baum: »Du kommst mir recht, es könnte mir einer auf den Kopf fallen.« Auch hier läßt sich ein Grund finden, denn schon immer war der Verstand, der als Ratio für solche Rationalisierungen zuständig ist, der treueste Diener des Egos. Für alles, was das Ego nicht will oder begehrt, wird er »rationale« Gründe finden, die es stützen. Hier erweist sich der Verstand als unerschöpflicher Lieferant.

Ohne etwas verstanden, ohne sich gewandelt und im Dienst am Leben zu sich selbst gefunden zu haben, gelangt die Faule in den Winter zur weisen Alten. Im Gegensatz zur Schwester, die sich anfänglich noch vor den großen Zähnen der Alten gefürchtet, aber so gleichzeitig auch gelernt hatte, diese Furcht zu überwinden, erlebt sich die Faule als »aufgeklärt«. Sie weiß Bescheid, kommt sofort zur Sache und verdingt sich sogleich bei der Alten. »Am ersten Tag tat sie sich Gewalt an, war fleißig und folgte der Frau Holle, wenn sie ihr etwas sagte, denn sie dachte an das viele Gold, das sie ihr schenken würde; am zweiten Tag aber fing sie schon an zu faulenzen, am dritten noch mehr, da wollte sie morgens gar nicht aufstehen. Sie machte auch der Frau Holle das Bett nicht, wie sich's gehörte, und schüttelte es nicht, daß die Federn aufflogen.«

Was der Schwester wie selbstverständlich von der Hand ging, dazu mußte sie sich »Gewalt antun«. Selbstbeherrschung war nicht ihre Sache, und so fiel sie rasch wieder in ihre Faulheit zurück. Frau Holle aber wurde nun nicht etwa wütend über ihre schlechte Arbeitsmoral, nein, sie wurde ihrer einfach überdrüssig und kündigte ihr den Dienst. Aber das sollte der Faulen nur recht sein; denn - so meinte sie jedenfalls - nun komme sie um so rascher an den Goldregen. Wie der weitere Verlauf zeigt, eine ausgesprochen dumme Erwartung. Doch zur egoistischen Faulheit gehört anscheinend auch die Dummheit.

Der Abschied von Frau Holle und die Rückkehr nach Hause sind somit nicht Ausdruck ihres eigenen Willens; denn eigentlich war sie gar nie von zu Hause fortgegangen. Ihre Seele war daheim geblieben, wo es ihr »gut« ging - so gut es einer Faulen eben gehen kann, für die nur die eigene Bequemlichkeit zählt. Von der anderen Welt hat sie im Grunde genommen gar nichts mitbekommen. Wäre es allein nach ihr gegangen, sie hätte ihrem faulen Leben nie den Rücken gekehrt, wenn nicht die Schwester ihr etwas Besseres gezeigt und die Mutter sie angehalten hätte, es zu erlangen. Hier nun erweist sich die »rechte« Mutter als die eigentliche Stiefmutter, hat sie es doch versäumt, ihre Tochter auf die Große Mutter, das Leben, vorzubereiten.

Statt der Belohnung für ihre Taten bekommt sie von Frau Holle die Quittung für ihre Faulheit. Die Stunde des Abschieds wird auch hier zur Stunde der Wahrheit - und der Abrechnung. Anders als ihre Schwester kommt sie nun nicht etwa gold-, sondern pechüberströmt nach Hause. So kündigt sie der Hahn - die einzige männliche Gestalt im Märchen - mit den Worten an: »Kikeriki, unsere schmutzige Jungfrau ist wieder hie.«

Am Ende ist sie also genau das geworden, was sie um keinen Preis hatte werden wollen: schmutzig. Erinnern wir uns an ihre erste

Begründung für die Verweigerung ihrer Hilfe am Backofen. Sie hatte gelautet, daß sie keine Lust habe, sich schmutzig zu machen. Wer jedoch kein Interesse an eigenem Wachstum und dem anderer entwickelt und sich ausschließlich von der Bequemlichkeit und dem Lustprinzip leiten läßt, muß überall das Unangenehme fürchten - die beste Voraussetzung, daß es sich verwirklicht.

Die Weigerung, sich auf die Bedürfnisse anderer einzulassen, steht hier im engsten Zusammenhang mit der Weigerung, sich selbst zu entfalten. Wer nicht das Hören auf die Bedürfnisse anderer gelernt hat, wird letztlich auch nicht in der Lage sein, auf sich selbst zu hören. Und so vollzieht sich an ihr, was sie zuvor gefürchtet hat. Doch vom Schmutz des Backofens hätte sie sich reinigen können, während das Pech zeitlebens an ihr haften sollte. Jenes Pech, das aus Trägheit und Lebensverweigerung resultiert.

Natürlich weiß ich, wie patriarchal solche Gedanken in den Ohren jener klingen müssen, die sich einer vermeintlich antipatriarchalen Haltung verschrieben haben. Geht es um Gehorsam und Werte, so befinden wir uns immer auf einer Gratwanderung. Schließlich werden beide vom Patriarchat schamlos ausgebeutet und mißbraucht. Dieser Umstand ändert jedoch nichts an der Tatsache, daß sie für unser Leben außerordentlich wichtig sind. Wir dürfen uns daher nicht in Anti-Haltungen drängen lassen, wo es um Differenzierung gehen muß. Wir sind an einem Punkt angelangt, wo wir bewußt entscheiden können und müssen, welche Werte für uns wichtig sind. Die Märchen warnen uns, Haltungen und mit ihnen Verhaltensweisen abzulegen, die für unsere eigene Entwicklung nach wie vor notwendig sind.

Denn vergessen wir nicht: Die Fleißige ist nicht etwa einem Manne dienstbar - das verlangt kein echtes Märchen -, sondern ihrer Mutter (oder Stiefmutter). Es ist dieser Gehorsam gegenüber dem Weiblichen, der dann zum Gehorsam gegenüber der Natur als Lebensmacht und Göttin führt und damit in letzter Konsequenz zum Gehorsam gegen sich selbst. Ohne diese Art des Gehorsams ist Seinsmacht nicht zu erlangen. So lehrt uns das Märchen zu unterscheiden, ob der von uns geforderte Gehorsam in die Selbstentfremdung führt oder in die Selbstfindung.

12. Kapitel

Fazit – Konkretionen – Ausblick

In diesem abschließenden Kapitel möchte ich zusammenfassend die Bedingungen und Folgen der Wieder-Aneignung weiblicher Macht veranschaulichen. Dabei soll noch einmal deutlich werden, weshalb ich mich in diesem Buch nicht auf politische Macht von Frauen gestützt, sondern mich auf jene Quellen der Macht beschränkt habe, die häufig recht kurzsichtig in den Bereich der »Innerlichkeit« und folglich als »unpolitisch« abgetan werden.

Grundlage politischer Macht sind Gewaltpotentiale und Ideologien einschließlich der Religionen und des Rechts. Da der weibliche Weg zur Macht weder über die Aneignung männlicher Gewaltpotentiale noch über die Etablierung eines eigenen Rechts verlaufen kann, steht Frauen bei der Aneignung von Macht nur der Weg über die geistige Ebene der Weltanschauung offen. Es ist jene Ebene, durch die auch sie selbst in erster Linie gesteuert und kontrolliert werden - bis hin zur Selbstkontrolle. Da auch diese geistige Ebene seit Jahrtausenden männlich besetzt ist und als solche das Denken, Fühlen und Handeln von Frauen bestimmt, gilt es, sich zuerst von diesen Besetzungen zu befreien und das patriarchale Weltbild nicht nur abzulehnen, sondern auch durch ein anderes zu ersetzen. Ohne diesen zweiten Schritt entstünden Leerstellen in unserer Seele, die schlecht zu ertragen wären und die Tendenz hätten, sich rasch wieder mit Altbekanntem in neuem Gewand zu füllen. Daher sollten wir uns genau anschauen, welche neuen Inhalte an die Stelle der alten treten. Geschah die grundlegendste Entmachtung von Frauen mit Hilfe eines frauenfeindlichen Weltbildes, so muß neben die soziale Emanzipation und Wiederaneignung weiblicher Macht die bewußte Gestaltung eines frauenfreundlichen Weltbildes treten, das allein in der Lage ist, auch tiefere Seelenschichten zu emanzipieren.

Wenn ich von einer *Wieder*aneignung weiblicher Macht spreche, so geschieht dies auf der Grundlage des von mir beschriebenen Weltbildes und Geschichtsverständnisses. Dies beginnt nicht erst mit der Patriarchalisierung der Welt, sondern bezieht eine weltweite matriarchale Epoche mit ein, statt diese in jene zweifelhafte »Vor«-Geschichte zu verlagern, die sich bei genauerem Hinsehen auch als eine *Frauen*geschichte entpuppt; eine Zeit, in der in erster Linie Frauen das Geschehen in ihren Sippen lenkten und die Weltanschauung und mit ihnen die religiösen Symbole und Mythen, Sitten und Riten prägten.

Für unser heutiges Selbstverständnis als Frauen macht es einen kolossalen Unterschied, ob wir uns als »ewige« Opfer und Unterdrückte des Mannes und seiner Gewaltmacht verstehen oder ob wir die männliche Gewaltherrschaft zeitlich einschränken und begrenzen. Im ersten Fall - ohne die Berücksichtigung einer matriarchalen Epoche der Menschheit - verewigen wir männliche Herrschafts- und Gewaltmacht, auch wenn wir sie bekämpfen. Im zweiten Fall machen wir bewußt, daß sie menschheitsgeschichtlich eine recht kurze Episode darstellt - und wahrlich nicht die glücklichste. Das Entlarven ihrer zeitlichen Beschränktheit lenkt unsere Aufmerksamkeit auf die Epoche weiblicher Stärke und fördert diese immer deutlicher ans Tageslicht.

Nur wenn wir unsere Vergangenheit kennen, haben wir auch eine Zukunft. Diese Weisheit lernten wir bereits im Geschichtsunterricht. Sie bedeutet für uns Frauen: Nur wenn wir *unsere* Vergangenheit kennen, haben wir auch *unsere* Zukunft. Die patriarchale Welt des Mannes ist von Beginn an auf Zerstörung und nicht auf Zukunft ausgerichtet. Es wäre daher absurd, unsere Vergangenheit dort verankern und auf unsere Zukunft dort hoffen zu wollen.

Mit der Eingrenzung der Epoche weiblicher Unterdrückung und männlicher Vorherrschaft gerät jener umfassendere Teil unserer Vergangenheit in den Blick, der uns mit einer Macht in Verbindung bringt, die uns im Patriarchat genommen wurde. Wir stoßen in dieser »unserer« Epoche, deren Reste wie Wurzeln auch noch die Jahrtausende patriarchaler Geschichte durchziehen, auf verdrängtes

Erfahrungswissen von Frauen, das zu allen Zeiten eine besondere Macht darstellte. - Nicht umsonst haben die Kirchen es jahrhundertelang verfolgt und ausgerottet.

Die primäre Quelle weiblicher Macht kann also nur in unserem eigenen Selbstverständnis als *Frau* liegen - und nicht etwa als *Mensch*, wie viele meinen. Den Begriff »Mensch« lehne ich zum gegenwärtigen Zeitpunkt und im Rahmen dieses Themas ab, da er eine unzulässige Abstraktion darstellt. Die grundlegenden Positionsunterschiede von Frau und Mann, die alle Bereiche unseres Lebens durchziehen, werden mit Hilfe der Rede von »dem Menschen« immer wieder vernebelt und geleugnet. Genau das aber können wir uns als Frauen nicht länger leisten. Überall gilt es, unsere Situation *als Frau* zu begreifen, die sich immer von jener des Mannes unterscheidet.

Daher steht und fällt das, was ich in diesem Buch unter weiblicher Macht verstehe, mit der Beantwortung der Frage: *Wo und in welchem Bezugssystem verorte ich mich als Frau in dieser Kultur*? Die Wieder-Aneignung matriarchaler Vorstellungen vom Leben ebenso wie vom Umgang mit natürlicher und sozialer Umwelt, mit anderen Frauen, Kindern[71] und Männern, gestattet uns eine erhebliche Erweiterung unseres weiblichen Bezugsrahmens. Und das hat Konsequenzen. Biblische Mythen von männlicher Weltschöpfung und weiblicher Urschuld bilden nicht länger die absoluten Grenzen zum Beginn allen Lebens, das nach biblisch-männlichen Vorstellungen auffallend wenig mit unserem Geschlecht zu tun hat. Frauen hingegen erfahren immer wieder, daß das Leben in ihrem Leib beginnt. Märchen und Mythen, Skulpturen und Symbole vorpatriarchaler Zeiten, sie alle verweisen uns auf diese Wahrheit - und mit ihr auf eine urschöpferische weibliche Kraft, die die Erfahrung von Frauen bestätigt und transzendiert.

Damit ist bereits jene Basis weiblicher Macht abgesteckt, die sich nicht im politischen Kampf um Gesetzesänderungen verortet, sondern in der Rückgewinnung jener Bewußtseinsinhalte, die uns in jahrtausendelanger Gewalt- und subtiler Kleinarbeit genommen wurden. Inhalte, die unsere Seinsmacht stärken, ohne uns von männlichen Machtzuweisungen abhängig zu machen. Erst im Verlauf der Wieder-Aneignung der uns stärkenden Wurzeln unseres geschichtlichen Selbstverständnisses wird uns einerseits unser Gefühl der Heimatlosigkeit in patriarchalen Zusammenhängen verständlich. Andererseits werden wir aber auch mit Bildern machtvollen Frauseins vertraut gemacht, die uns an unsere spezifisch weibliche Stärke und Macht erinnern.

Ein Beispiel dafür ist die Göttin der Weisheit. Sie ist, philosophisch gesprochen, eine weibliche Art, die Welt anzuschauen und zu deuten. Religiös gesprochen, ist sie eine weibliche Art, spirituelle Dimensionen zu thematisieren. Sie begegnet uns in personifizierten Formen als Metis und Ma'at, als Sophia und Tara in den heiligen Schriften der Religionen einschließlich der Bibel. Folgen wir ihren Spuren, so stoßen wir auch hier auf das Phänomen ihres hohen Alters. In Jesus Sirach, einem Text, den Luther als apokryph (= geheim, verborgen) bewertete und nicht ohne Grund aus der evangelischen Bibel aussortierte, stoßen wir auf ihre Worte: »Mein Andenken reicht bis zu den fernsten Generationen.«[72] Genau das aber kann der männliche Gott, das Symbol männlicher Macht, von sich nicht behaupten, betrat er doch erst relativ spät die Bühne der Menschheitsgeschichte. Doch das wurde von männlichen Priestern patriarchalen Glaubens schon immer als peinliches Manko angesehen, das es folglich zu verdrängen galt. Diesem Verdrängen aber wirkt der weisheitliche Text entgegen. Er weist uns auf die Tatsache hin, daß auf dem Urgrund der tiefsten Schichten der Vergangenheit die größten Schätze für uns verborgen liegen.

Das bestätigen uns auch Mythen und Märchen im Verbund mit der heutigen Matriarchatsforschung. Alle drei vermögen uns jene Inhalte zu vermitteln, deren Fehlen im kollektiven Bewußtsein für Frauen so schmerzhaft und entfremdend ist. Sie enthalten Wertvorstellungen und Erfordernisse, die sich am Leben orientieren und nicht etwa am Mann und seinen Plänen und Zielen. Gleichzeitig strafen sie patriarchale Rollenklischees Lügen. Denn während diese das Heldenhafte ausschließlich männlich besetzen, begegnen wir in jenen Märchen und Mythen häufig Mädchen und Frauen als Heldinnen.

Wenn ich hier - in den verschütteten Traditionen der Vergangenheit - die Wurzeln weiblicher Macht sehe und nicht etwa im politischen Kampf um mehr Rechte für Frauen, so heißt dies nicht, daß ich damit die Bedeutung schmälere, die diesem Kampf in den vergangenen Jahrhunderten und Jahrzehnten zukam und auch heute noch zukommt. Ich wende mich nur gegen ein auf politisches Handeln und Agitieren reduziertes Machtverständnis, das andere Dimensionen unseres Lebens ausklammert - wenn nicht gar diffamiert und ausschließt - und damit etwas auseinanderreißt, das auf jeden Fall zusammengehört.

Viele Frauen haben im Kampf um weibliche Macht nicht berücksichtigt, daß dieser Kampf seine eigenen Voraussetzungen hat, wenn die Kämpfenden nicht auf der Strecke bleiben oder sich lediglich in das bestehende Machtsystem integrieren wollen.

Nicht umsonst fühlen sich viele Frauen nach jahrelangem Kampf völlig ausgepowert und leiden unter dem »burn-out«-Syndrom. Da die frauenpolitischen Erfolge sich nur selten mit ihren Erwartungen decken, sind Resignation und enttäuschter Rückzug einige der häufig zu beobachtenden Folgen unter den sogenannten »Polit-Frauen«.

Mit ihrem Rückzug aber holen sie lediglich das nach, was sie zuvor vernachlässigt haben. Dennoch werden sie dafür von ihren Kampfgenossinnen nicht selten heftig gerügt.[73] Sie selbst gelangen jedoch häufig in ihrer Zurückgezogenheit aus der politischen Arbeit zu der Einsicht, daß sie in all den Jahren für sich, für ihre »innere Frau«, zu wenig getan haben. Das vorrangige Engagement, das in anderen Kreisen und Epochen recht einseitig dem Ehemann gilt und galt, richtete sich in ihrem Fall einseitig auf die Männergesellschaft. Das Schlimme daran ist, daß diese Form der Vereinnahmung der Frauen, der ihnen aufgezwungene Kampf um selbstverständliche Menschenrechte, von vielen als Teil ihrer Emanzipation gedeutet wird und nicht etwa als das, was er in Wirklichkeit ist: eine moderne Form der Versklavung der Frau an das männliche System, das von Anfang an gegen weibliche Einflußnahme und Rechte gerichtet war.[74]

Echte weibliche Macht aber bedarf der Besinnung auf das Eigene, auch wenn dessen Existenz oder Erlangbarkeit gerade von Sozialwissenschaftlerinnen und Polit-Frauen vehement geleugnet wird. Frauen, die aus den ursprünglichen Wurzeln weiblicher Macht leben und diese mit anderen Frauen teilen, werden von ihnen als »reaktionär« und »unpolitisch« gebrandmarkt.

Getreu dem männlichen Vorbild wird das getrennt, was eigentlich zusammengehört. Das aber bedeutet, daß Frauen auf jene Bedürfnisse der Befreiung in der äußeren Welt reduziert werden, die erst durch männliche Übergriffe entstanden sind. Sie werden so letztendlich an männliches Verhalten gebunden und auf Distanz zu sich selbst gehalten. Das Eigene kommt nicht vor. Frauensolidarität im Kampf um Frauenrechte basiert so lediglich auf dem Negativverhalten des Mannes und hat ohne dies keine eigene Grundlage und Bedeutung.

Hier wird der Kampf um Emanzipation nur zu einem weiteren Schritt auf dem Weg weiblicher Selbstentfremdung; denn gekämpft wird immer nur um das, was der Mann uns genommen oder zu geben hat. Hier drückt sich im weitesten Sinne - und biblisch gesprochen - »das Verlangen nach dem Mann« aus, nach seinen Werten und Normen, Rechten und Lebensformen. Nach Ansicht der biblischen Schreiber(-innen?) aber folgt diesem Verlangen nicht etwa die Befreiung der Frau auf dem Fuße, sondern ihre Beherrschung durch den Mann[75]; denn »er wird ihr Herr sein«. Doch vergessen wir darüber nicht, daß dem weiblichen »Verlangen nach dem Mann« ein ursprünglicheres »Verlangen nach Erkenntnis«, nach Weisheit und ethischer Eigenständigkeit voraufgegangen war. Dieses jedoch zu einer Ur-Schuld, zum »Ungehorsam gegen Gott« zu erklären und damit für seine Verdrängung zu sorgen, war der »geniale« Einfall patriarchaler Priester.

Das an seine Stelle getretene umfassende »Verlangen nach dem Mann« wäre demnach als Ersatzhandlung entlarvt, die an die Stelle jenes verbotenen und folglich verdrängten Verlangens nach eigener Erkenntnis, nach weiblicher Weisheit tritt. Ein wahrhaft tiefsinniger Zusammenhang, auf den uns die MythenschreiberInnen hier verweisen. In der Tat können wir bis heute beobachten, wie sehr das »Verlangen nach dem Mann« durch das Fehlen eigener Erkenntnis und Weisheit bedingt und genährt wird. Und wie sehr es sich andererseits mit dem Durchbruch zu eigenem Wissen relativiert oder gar auflöst.

Schauen wir dieser Tatsache wieder ins Antlitz, so wird deutlich, daß wir uns unsere wirkliche Macht nicht vom Mann zuteilen lassen können. Aber selbst mit dieser zugeteilten äußeren Macht hapert es. Egal ob in der Familie, im Beruf oder in der Politik, überall ist das Ausmaß äußerer Machtaneignung von der Bereitschaft des Mannes abhängig, diese Macht zu teilen oder gar ganz abzutreten. Wie mir mehrere Männer inzwischen glaubhaft versicherten, tun sie das nur im Hinblick auf jene Machtbereiche, an denen sie längst das Interesse verloren haben, da sie sich inzwischen neue, für sie wichtigere Bereiche erschlossen haben, in denen sie wiederum erst einmal unter sich sind. Hinzu kommt, daß im sozialen und politischen Leben Einflußbereiche immer dann an Bedeutung verlieren und an Machtverlust kranken, wenn sie zuvor von Frauen erobert oder ihnen einfach überlassen worden sind.

Solche Fakten lassen erkennen, daß in der Abhängigkeit von männlichem Wohlwollen nicht das Zentrum weiblicher Macht liegen kann. Es muß folglich vor allem darum gehen, jene eigene Macht zu entwickeln, die nicht vom Mann ausgeht, da sie nicht seiner Welt angehört: jene Macht weiblichen Wissens und Bewußtseins, jene Macht der Weisheit und der weiblichen Weltsicht, die in diesem Buch angesprochen wurde.

Mit dieser Erkenntnis könnte politische Macht von Frauen eine subversive Dimension erhalten, die ihr heute noch vielfach fehlt. Doch dazu müßten sich im oben skizzierten Sinne politisch aktive Frauen mit jenen Frauen verbinden, die sich um Bereiche unseres Frauseins kümmern, die sie selbst vernachlässigen, die aber auch ihnen helfen könnten, sich selbst zu stärken und daran zu erinnern, daß weibliche Macht auch noch andere Aspekte und Dimensionen umfaßt.

In der Begegnung mit den Wurzeln matriarchaler Vergangenheit und Weltsicht können eigene Kräfte geweckt werden. Das zeigt auch der therapeutische Umgang mit Märchen und Mythen, der in der psychotherapeutischen Praxis gerade bei Frauen äußerst beliebt und erfolgreich zu sein scheint. Dabei treten Frauen-Bilder zutage, die jenseits männlicher Projektions- und Bedürfniswelten angesiedelt sind. Sie entstammen jenem verdrängten weiblichen Erfahrungsschatz und können uns daher bessere Möglichkeiten des Frauseins vor Augen führen als jene, die Frauen lediglich als Ergänzungsmodell zum Mann verstehen und sie lebenslang an männliche Bedürfnisse ketten. Gleichzeitig ermöglichen uns matriarchale Frauen-Bilder, auch andere Frauen mit neuen Augen zu sehen, ihre Qualitäten und Fähigkeiten neu zu bewerten und unsere Stärke gemeinsam zu leben.

Auf dieser Grundlage können sich die Prioritäten unseres Lebens verändern. Die Mannzentriertheit unseres Denkens, Fühlens und Handelns wird allmählich abgelöst durch eine eigene weibliche Perspektive, aus der nunmehr wahrgenommen, empfunden und beurteilt wird. Häufig verändert sich damit auch die Art unseres Denkens. Das männlich-abstrakte Denken tritt zurück zugunsten jenes Denkens, das nicht mehr losgelöst vom Leib geschieht. Es ist ein ursprünglicheres, ein matriarchales Denken, das von eigenen Erfahrungen und Empfindungen ausgeht und von Annegret Stopczyk zu einer »Leibphilosophie« entwickelt wurde. Sie macht darauf aufmerksam, daß diese Art leiblichen Denkens erst von der nachsokratischen Philosophie abgelöst wurde, das Frauen sich aber viel häufiger bewahrt haben und deshalb belächelt werden, gilt es doch als unakademisch und unwissenschaftlich. Tatsächlich aber kommt es der Wahrheit viel näher als jenes Denken, das von der Wirklichkeit abstrahiert und daher auch oft an ihr vorbeidenkt. So führt die Einbeziehung unserer weiblichen Vergangenheit auch dazu, daß ältere Formen des Denkens in ihrer Bedeutung wiederentdeckt werden, die es Frauen erleichtern, sich als Denkende in der Welt zu bewegen.

Mit der Bestätigung ihrer Art zu denken in einer eigenen Philosophie, die Frauen nicht nur einseitig auf ihre Fähigkeit zu fühlen reduziert, bietet sich Frauen die Möglichkeit, Denken und Fühlen als eine Einheit zu erleben und sich damit in ihrer Mitte zu stärken. Sie sind so in der Lage, nicht nur die männliche Weltsicht zu relativieren und ihr eine eigene entgegenzusetzen, sondern auch die männliche Denkweise. Immerhin hat sie sich viel zu einseitig ausgebreitet und zu vielen unserer heutigen Weltprobleme geführt. Haben Frauen den Wert ihrer Art zu denken erkannt, so werden sie dadurch auch bestärkt, ihre eigene Meinung zu vertreten und umzusetzen.

Sie lassen sich nicht mehr so leicht verunsichern und können ihre Energien leichter in Vorstellungen und Ziele ihres eigenen Geschlechts investieren.

Wie rasch sich eine frauenzentrierte Perspektive im ganz persönlichen Umfeld umsetzen läßt, erfuhr ich vor einigen Jahren.

In einem Telefongespräch wurde ich von der Leiterin einer Bildungsstätte gefragt, was sie denn unter einer frauenzentrierten Sichtweise zu verstehen habe. Nachdem ich ihr erläutert hatte, daß es hier um eine Korrektur unserer zur Norm gewordenen und folglich als »normal« betrachteten mannzentrierten Perspektive geht, daß wir andere Frauen nicht länger nach männlichen Kriterien beurteilen und taxieren wollen, sondern nach solchen, die den Frauen gerecht werden, versprach sie, das einmal auszuprobieren. Zwei Wochen später rief sie mich ganz begeistert an und war zutiefst davon beeindruckt, was diese neue Sicht in ihr bewirkt hatte. Sie berichtete von einer der wöchentlichen Konferenzen, auf der sie ihren Blick hatte in die Runde schweifen lassen. Dabei fiel ihr zum erstenmal auf, wie schön ihre Kollegin war und wie freundlich sie ihr begegnete. Nie zuvor war ihr das aufgefallen, da sie vorher kaum über äußere Merkmale wie Make-up, Figur und Kleidung hinausgekommen war.

Ähnliches ereignet sich in der Erziehung, wenn Mütter und Lehrerinnen beginnen, Töchter und Schülerinnen anders wahrzunehmen. Wenn sie aufhören, sich der »normalen« mannzentrierten Sicht zu verschreiben und Mädchen nicht länger in ihren positiven

Fähigkeiten übersehen, weil sie ihr Augenmerk überwiegend auf die Jungen richtet. Aus mannzentrierter Sicht erscheinen Mädchen vielen Frauen als »zickig«, nicht so originell und spritzig und überhaupt langweiliger als Jungen. Daher halte man/frau es lieber mit den Jungen. Die Qualitäten der Mädchen finden keine Erwähnung. Sie werden vom mannzentrierten Blick ignoriert. Gelingt es jedoch, ihn zu überwinden, so ändert sich die Wahrnehmung. Mädchen geraten als Wesen mit eigenen Stärken und Fähigkeiten in den Blick. Sie müssen sich nicht länger an den Qualitäten der Knaben messen lassen, auch wenn sie dazu oftmals durchaus in der Lage sind.

Wo Mädchen an Bedeutung gewinnen, erhalten Lehrerinnen und Mütter einen neuen Zugang zu ihren Schülerinnen und Töchtern. Matriarchale Symbole und Inhalte fließen allmählich in die Erziehung. Sie machen den Mädchen die umfassende Bedeutung ihres Geschlechts bewußt und geben ihnen die Möglichkeit, ihren Körper nicht länger nach männlichen Maßstäben zu beurteilen. Dabei relativiert sich gleichzeitig die traditionelle Macht des Männlichen.

Eine solche Neueinschätzung von Frausein und Weiblichkeit führt bei vielen Frauen ganz allmählich zu einem völlig neuen Umgang mit sich selbst, mit anderen Frauen und folglich auch mit Männern. Ob als Väter oder Söhne, Brüder oder Partner, sie bilden nicht länger das Zentrum unseres Denkens und Sorgens. In ihrem Inneren gestärkt, wächst in Frauen auch die Macht des Neinsagens, die Macht der Abgrenzung. Während Frauen früher nur allzuleicht ihre potentielle Macht von vornherein abtraten, weil sie sie als solche nicht erkannten, sind sie - einmal sensibilisiert für die Macht, die sie effektiv haben - nicht mehr bereit, diese automatisch aufzugeben, sei es nun ihre Erziehungs- und Beziehungsmacht, die sie nunmehr für die Umsetzung eigener Werte nutzen; sei es ihre Erkenntnis- und Rechtsmacht, auf die sie nicht länger zu »seinen Gunsten« verzichten, oder sei es ihre Finanz- und Versorgungsmacht, aus der Männer seit jeher ihre Rechte abgeleitet haben.

Sind wir uns selbst zu unserem Lebenszentrum geworden, müssen Männer es räumen. Sie haben nicht länger jene überhöhte Bedeutung, die ihnen - realistisch betrachtet - für unser Leben gar nicht zukommt. In vielen Frauenleben zeigt sich, daß wirklich wichtig für ihr Leben in erster Linie Frauen waren: Mütter und Großmütter, Schwestern und Tanten, Freundinnen und Nachbarinnen, Kolleginnen und Lehrerinnen. Von ihnen wurden sie meist wesentlich stärker unterstützt als von deren männlichen Pendants. So erhalten Männer für uns jene Bedeutung, die ihnen effektiv zukommt und die unserer Seele und unserem Geschlecht guttut.

Statt dessen rücken jene Frauen stärker in den Mittelpunkt unseres Lebens, die früher selbst dann eine Randposition innehatten, wenn sie für unser Leben äußerst wichtig waren. Der Unsitte, Freundinnen selbstverständlich zurückzustellen, wenn der Partner Zeit und Lust signalisiert, weicht ein anderer Umgang mit ihnen. Jetzt wird auch dem Partner zugemutet, sich in die Termine der Frauen einzuordnen.

Im Umgang mit anderen Frauen und Männern macht es einen gewaltigen Unterschied, ob wir einander ausschließlich als patriarchalisierte weibliche Wesen begegnen, die sich im Kampf um männliche Anerkennung und Macht aufreiben und sich dabei schlimmstenfalls als feindliche Rivalinnen verstehen, oder ob wir uns zusätzlich in einer frauenzentrierten Tradition verorten können, die unsere gemeinsame Stärke zur Voraussetzung hat. Hier lassen wir uns nicht länger gegeneinander ausspielen, sondern verbinden uns miteinander. Im ersten Fall liegt alle Macht im patriarchalen System, an das wir unsere Energien im Kampf gegeneinander investieren. Im zweiten Fall wird uns jene Macht bewußt, die dem weiblichen Zusammenhalt innewohnt, mit dessen Hilfe einst das entstand, was wir heute »Kultur« nennen.[76] Nur gemeinsam gewinnen und leben wir Kraft und Stärke durch den Zugang zu jener Weltsicht, die uns mit uns selbst, unserem Geschlecht und unserer Vergangenheit verbindet.

Anmerkungen

Teil I: Die Wurzeln weiblicher Machtlosigkeit (S. 17-76)

1 Gerda Lerner, 1991
2 Marie-C. Deffarge/Gordian Troeller, 1984, S. 252
3 Hildegunde Wöller, 1991, S.11
4 Vgl. hierzu: »Mütter und Töchter«, in: Mulack, 1990
5 Vgl. Luce Irigaray, 1989, S. 297
6 A.a.O., S. 299
7 Vgl. Karen Horney, 1989, S.25, 33f., 38ff., 52ff.
8 Vgl. a.a.O., S. 115
9 Elizabeth Debold u.a., 1994, S. 67
10 Vgl. Horney, a.a.O., S. 18
11 Vgl. Kap. 2 in: Mulack, 1993
12 Michel Foucault I, S.63ff.
13 Yolanda Cadalbert-Schmid, 1993
14 Luise Eichenbaum/Susie Orbach, 1989, S. 43
15 Vgl. Mulack, 1985
16 Anna Gätjen-Rund, in: Anke Kuckuck/Heide Wohlers, 1988, S.52
17 Heidi Gidion/G.v.Krogh
18 A.a.O.
19 Christiane Olivier, 1987, S. 128
20 Sigrid Steinbrecher, 1991, S.68
21 A.a.O., S. 92
22 A.a.O., S. 55
23 Vgl. a.a.O., S. 56
24 Gidion/ Krogh, a.a.O.
25 Gätjen-Rund, a.a.O., S.52ff.
26 Karin Fuchs
27 Inge Stephan, 1989, S. 16
28 Steinbrecher, a.a.O., S. 42f.
29 A.a.O., S. 58
30 Vgl. a.a.O., S. 54
31 A.a.O., S. 61
32 Vgl. a.a.O., S. 66
33 A.a.O., S. 65

34 Vgl. a.a.O., S. 80 und 84
35 Claudia Pinl, 1995
36 Stephan, a.a.O., S. 16
37 Siehe auch meine Bücher, 1990 Teil 3; 1993 insbesondere Kap. 5 u. 6
38 Irigaray, 1987, S. 85
39 A.a.O.
40 A.a.O., S. 87
41 Christina Thürmer-Rohr, 1987, S. 87
42 Irigaray, 1989, S. 295
43 A.a.O., S. 297

Teil II: Annäherungen an weibliche Macht und ihre Probleme (S. 77-169)

1 Vgl. Gerda Weiler, 1994
2 Dieter Schnack /Rainer Neutzling, 1991, S.35
3 Vgl. Marianne Wex, 1979
4 Thürmer-Rohr, 1994
5 Beverley Harrison, 1991, S.129
6 Wöller, a.a.O., S. 69
7 Irigaray, 1989, S. 305
8 Wöller, a.a.O., S. 106
9 A.a.O., S. 139
10 Sprüche 4,5-8
11 Sprüche 7,4
12 Wöller, a.a.O., S. 143
13 Nähere Ausführungen hierzu in: Mulack, 1990
14 Max Weber, 1980, S.28
15 Vgl. hierzu: Stef.an Hradil, 1980
16 Vgl. Axel Honneth, 1989, S. 395f.
17 Hannah Arendt, 1987, S.194
18 A.a.O., S. 194
19 A.a.O., S. 234
20 Judy Grahn in: Charlene Spretnak, 1982, S. 265
21 Deffarge/Troeller, a.a.O., S. 244
22 A.a.O., S. 244 und S. 249
23 A.a.O., 243f.
24 Ilse Lenz/Ute Luig, 1990, S. 86
25 A.a.O.
26 Troeller/Deffarge, a.a.O., S. 252
27 Zit. nach Lenz/Luig, 1990, S. 180
28 Sprüche 3,16-18

29 Jesus Sirach 24,19-22
30 Vgl. auch Carter Heyward, 1986
31 Jesus Sirach 14,5f.
32 Sprüche 8,22ff. in korrigierter Form
33 Otfried Eberz, 1987, S.83
34 A.a.O., S. 83f.
35 Diesen Begriff prägte Elisabeth Schüssler Fiorenza, 1988
36 Vgl. a.a.O., 1988, S.148f.
37 (Eig. Übersetzung); zit. n. Margrit Eichler/ Jeanne Lapointe, 1985, S. 11
38 Reader zum Symposium »Feminismus und Archäologie?!«, Anhang S. 3
39 Lenz/Luig, a.a.O.
40 A.a.O., S. 1
41 A.a.O., S. 18
42 A.a.O.
43 Vgl. Heide Göttner-Abendroth, 1988a, S.14
44 Weiler, 1994, S. 198
45 Uwe Wesel, 1980, S. 33
46 A.a.O., S. 35
47 Göttner-Abendroth, 1988b, S. 9
48 Vgl. hierzu Lenz/Luig, a.a.O., S. 125
49 Ich verweise noch einmal auf Lenz/Luig, a.a.O., S. 86
50 William N. Fenton, zit. n. Judith K. Brown, in: Lenz/Luig, a.a.O., S. 155
51 Marielouise Janssen-Jurreit, 1976
52 A.a.O., S. 99
53 A.a.O., S. 97
54 Naziorganisation: Bund deutscher Mädchen
55 Johann Jakob Bachofen, 1975, S. 6
56 Janssen-Jurreit, a.a.O., S. 99
57 VertreterInnen eines historischen Mythenverständnisses, zu denen auch ich mich zähle, sind u.a. Joseph Campbell, Otfried Eberz, Heide Göttner-Abendroth, Robert von Ranke-Graves und Gerda Weiler.
58 Lenz/ Luig, a.a.O., S. 108
59 Heide Göttner-Abendroth, Cillie Rentmeister und Gerda Weiler scheinen mir in der bundesdeutschen Matriarchatsszene die einzigen Autorinnen zu sein, die diesen Fehler nicht begehen.
60 Lenz/Luig, a.a.O., S. 191
61 Vgl. a.a.O., S. 192
62 Zit. n. a.a.O., S. 155
63 Vgl. a.a.O., S. 153ff.
64 A.a.O.
65 Susan Griffin, 1987, S. 163

Teil III: Die Wurzeln weiblicher Macht (S. 171-279)

1 Sophokles, Antigone, 456f.
2 Aischylos, Orestie III, 149ff.
3 A.a.O.,490f.
4 A.a.O., S. 163ff.
5 Vgl. hierzu Kap.3 in: Mulack, 1993
6 Samuel Noah Kramer, 1959, S. 163
7 Zit. n. Doris Wolf, 1994, S. 35
8 Kramer, a.a.O., 1959, S.166, zit. n. Wolf, a.a.O., S. 36
9 Vgl. Göttner-Abendroth, 1979, S. 17 und 21
10 In diesem Zusammenhang sei noch einmal hingewiesen auf die Werke Fritjof Capras, James Lovelocks, Arthur Koestlers sowie auf mein Buch, 1990, S. 99ff.
11 Vgl. hierzu: Mulack, 1983
12 Vgl. Marija Gimbutas, 1984, S 196
13 Zit. n. Der Spiegel Nr. 7, 14.2.1994, S. 176
14 Heinz Friedrich, 1979, S. 234
15 Mehr zu diesem Thema in: Mulack, 1990
16 Wolf, 1994, S. 47
17 A.a.O.
18 Friedrich, a.a.O., S. 244
19 Irmtraud Morgner, 1983, S. 259
20 A.a.O., S. 271
21 Stephan, a.a.O., S.12f.
22 A.a.O., S. 16
23 Vgl. Weiler, 1985, S. 214
24 Wöller, a.a.O., S. 86
25 Hermann Kahn, zit. in: Friedrich, a.a.O., S. 244f.
26 Roland Knauer, in: Stuttgarter Zeitung vom 23.5.1992
27 Morgner, a.a.O., S. 270f.
28 Wolf, a.a.O., A. 190
29 In: a.a.O., S. 29
30 Vgl. Weiler, 1993, S. 161
31 Libreria... 1988, S. 36f.
32 Annegret Stopzcyk, 1992, S. 1
33 Vgl. Wolf, S. 163
34 Zit.n. Weiler, 1993, S. 75
35 A.a.O.; zit. in: Wolf, S. 30
36 Wolf, a.a.O.
37 Zit.n. Mulack, 1990, S. 15
38 Ilse Colombo, 1992
39 Lang, 1975, S. 170

40 Vgl. Renate Laut, 1983, S. 61
41 Weisheit 6,12f.
42 Weisheit 7,27
43 Vgl. Weisheit 7,12.22; 8,4
44 Vgl. Sprüche 8,33-36
45 Frauen Zukünfte 1984, S. 125f.
46 A.a.O., S. 126
47 Paul Radin, S. 19, in: Bookchin, 134f.
48 A.a.O., S. 138
49 Vgl. Irigaray, 1989, S. 297
50 A.a.O., S. 299
51 Debold u.a., a.a.O., S.67
52 Irigaray, a.a.O., S. 297
53 A.a.O., S. 298
54 Vgl. Mulack, 1985
55 Franz Vonessen, in: Sigrid Früh/ Rainer Wehse, 1985, S.133
56 A.a.O., S. 133
57 A.a.O., S. 135
58 A.a.O., S. 137
59 Vgl. a.a.O., S. 143
60 Zit. n. a.a.O., S. 145
61 Philippus-Evangelium, Spruch 110
62 A.a.O., Spruch 123
63 Rainer Döbert, in: Gertrud Nunner-Winkler
64 Vonessen, a.a.O., S. 147
65 Vgl. Lukas 2,41-52
66 Johannes 2,4
67 Vgl. Markus 7,24-30 und Matthäus 15,21-28
68 Matthäus 16,23
69 Vgl. Lukas 10,38-42
70 Vgl. Lukas 7,36-50 sowie Markus 14,3-9, Matthäus 26,6-13 und Johannes 12,1-8; vgl. auch Mulack, 1987
71 Für den matriarchalen Umgang mit Kindern verweise ich auf das vielgelesene Buch von Jean Liedloff, 1984
72 Jesus Sirach 24,20
73 Zum Streit der Polit-Frauen mit den »Sprit«-Frauen - gemeint sind spirituell interessierte Frauen - siehe Cornelia Giese, 1990
74 Vgl. Gerda Lerner, 1991
75 Vgl. Kapitel 7
76 Vgl. Weiler 1993 und 1994

Literaturverzeichnis

Aischylos, Orestie III, Stuttgart 1959

Arendt, Hannah, Vita activa oder Vom tätigen Leben, München 1987

Bachofen, Johann Jakob, Das Mutterrecht, Frankfurt 1975

Bookchin, Murray, Das Weltbild organischer Gesellschaften oder Natur als Leben, in: Frauen Zukünfte, Weinheim 1984

Brown, Judith K., Irokesinnen. Eine ethnohistorische Betrachtung, in: Lenz/Luig

Cadalbert-Schmid, Yolanda, Sind Mütter denn an allem schuld?, München [4]1993

Camenzind, Elisabeth/Knüsel, Kathrin (Hg.), Starke Frauen - Zänkische Weiber? Frauen und Aggression, Stuttgart 1992

Capra, Fritjof, Wendezeit - Bausteine für ein neues Weltbild, München 1983

Colombo, Ilse, in: Auf den Spuren der Göttin, H.2, hg. die insel, Volkshochschule Marl, Marl 1992

Debold, Elizabeth u.a., Die Mutter-Tochter-Revolution, Reinbek 1994 (Tb 1996)

Deffarge, Marie-Claude/Troeller, Gordian, Frauen der Welt, Frankfurt 1984

Döbert, Rainer, Männliche Moral – Weibliche Moral, in: Gertrud Nunner-Winkler (Hg.), Frankfurt 1991, 121-146

Enders-Dragässer, Uta/Fuchs, Claudia, Jungensozialisation in der Schule, Darmstadt 1988

Dülmen, Andrea van, Frauen. Ein historisches Lesebuch, München 1990

Eberz, Otfried, Sophia und Logos – oder die Philosophie der Wiederherstellung, München 1967

Eichler, Margrit/Lapointe, Jeanne, On the Treatment of the Sexes in Research, Ottawa 1985

Eichenbaum, Luise/Orbach, Susie, Frauen unter sich. Feministische Psychotherapie, München 1989 (1982)

Fenton, William N., zit. Judith K. Brown, Irokesinnen. Eine ethnohistorische Betrachtung, in: Lenz/Luig, 1990

Foucault, Michel, Sexualität und Wahrheit 1-3, Frankfurt 1977-89

Frauen Zukünfte. Das Weltbild organischer Gesellschaften oder Natur als Leben, Weinheim 1984

Friedrich, Heinz, Kulturkatastrophe. Nachrufe auf das Abendland, Hamburg 1979

Früh, Sigrid/Wehse, Rainer (Hg.), Die Frau im Märchen, Kassel 1985
Gätjen-Rund, Anna, Die Reise zum Vater, in: Kuckuck, Anke/Wohlers,Heide, 1988
Gidion, Heidi/Krogh, G.v., Vatertöchter - Was sie stark macht, was sie kränkt. Sendung des SDR 2 vom 20.6.1991
Giese, Cornelia, Gleichheit und Differenz. Vom dualistischen Denken zum polaren Weltbild, München 1990
Gimbutas, Marija, The Goddesses and Gods of Old Europe, London 1984
Göttner-Abendroth, Heide, Die Göttin und ihr Heros, München 1980
– Für die Musen. Neun Essays, Frankfurt 1988a
– Das Matriarchat I, Geschichte seiner Erforschung, Stuttgart 1988b
Grahn, Judy, in: Charlene Spretnak, 1982
Griffin, Susan, Frau und Natur, Frankfurt 1987
Harrison, Beverley, Die neue Ethik der Frauen. Kraftvolle Beziehungen statt bloßen Gehorsams, Stuttgart 1991
Heyward, Carter, Und sie rührte sein Kleid an. Eine feministische Theologie der Beziehung, Stuttgart 1986
Hörmann, Werner (Hg.), Gnosis. Das Buch der verborgenen Evangelien, Düsseldorf 1989
Hollstein, Walter, Nicht Herrscher, aber kräftig. Die Zukunft der Männer, Hamburg 1988
Honneth, Axel, Kritik der Macht. Reflexionsstufen einer kritischen Gesellschaftstheorie, Frankfurt 1989
Horney, Karen, Die Psychologie der Frau, Frankfurt 1989
Hradil, Stefan, Die Erforschung der Macht, Stuttgart 1980
Irigaray, Luce, Zur Geschlechterdifferenz, Wien 1987
– Genealogie der Geschlechter, Freiburg 1989
Janssen-Jurreit, Marielouise, Sexismus. Über die Abtreibung der Frauenfrage, Frankfurt 1976
Koestler, Arthur, Der Mensch - Irrläufer der Evolution, Frankfurt ^{3}1993
Kuckuck, Anke/Wohlers, Heide (Hg.), Vaters Tochter. Von der Notwendigkeit, den Frosch an die Wand zu werfen, Reinbek 1988
Lang, Bernhard, Frau Weisheit. Deutung einer biblischen Gestalt, Düsseldorf 1975
Laut, Renate, Weibliche Züge im Gottesbild israelitisch-jüdischer Religiosität, Köln 1983
Lenz, Ilse/Luig, Ute (Hg.), Frauenmacht ohne Herrschaft. Geschlechterverhältnisse in nichtpatriarchalen Gesellschaften, Berlin 1990
Lerner, Gerda, Die Entstehung des Patriarchats, Frankfurt 1991
Libreria delle donne di Milano, Wie weibliche Freiheit entsteht. Eine neue politische Praxis, Berlin 1988
Liedloff, Jean, Auf der Suche nach dem verlorenen Glück, München 1984

Lovelock, Jim, Unsere Erde wird überleben. Gaia - eine optimistische Ökologie, München 1979
Morgner, Irmtraud, Amanda. Ein Hexenroman, Berlin 1983 ([4]1992)
Mulack, Christa, Maria – die geheime Göttin im Christentum, Stuttgart 1985 (wird nicht mehr aufgelegt)
– Jesus – der Gesalbte der Frauen. Weiblichkeit als Grundlage christlicher Ethik, Stuttgart 1987 (wird nicht mehr aufgelegt)
– Natürlich weiblich. Die Heimatlosigkeit der Frau im Patriarchat, Stuttgart 1990
– ...und wieder fühle ich mich schuldig. Hintergründe und Lösung eines weiblichen Problems, Stuttgart 1993
Nunner-Winkler, Gertrud (Hg.), Weibliche Moral. Die Kontroverse um eine geschlechtsspezifische Ethik, Frankfurt 1991
Olivier, Christiane, Jokastes Kinder. Die Psyche der Frau im Schatten der Mutter, Düsseldorf 1987
Philippus-Evangelium, in: Werner Hörmann, 1989
Pilgrim, Volker Elis, Der Untergang des Mannes, Reinbek 1989
Pinl, Claudia, Vom kleinen zum großen Unterschied. Geschlechterdifferenz und konservative Wende im Feminismus, Frankfurt 1995
Radin, Paul, Gott und Mensch in der primitiven Welt, Zürich 1953, zit. in: Bookchin, 1984
Reader zum Symposium »Feminismus und Archäologie?!« vom 5.-6.1.1991 in Tübingen
Rentmeister, Cillie, Frauenwelten - Männerwelten. Für eine neue kulturpolitische Bildung, Opladen 1985
Sarrautes, Nathalie, Kindheit, Köln 1984
Schnack, Dieter/Neutzling, Rainer, Kleine Helden in Not. Jungen auf der Suche nach Männlichkeit, Reinbek 1991
SchüsslerFiorenza, Elisabeth, Zu ihrem Gedächtnis. Eine feministisch-theologische Rekonstruktion der christlichen Ursprünge, München 1988
Sophokles, Antigone, Stuttgart 1958
Spender, Dale, Frauen kommen nicht vor. Sexismus im Bildungswesen, Frankfurt 1985
Spretnak, Charlene (Hg.), The Politics of Women's Spirituality. Essays on the rise of spiritual power within the feminist movement, New York 1982
Stalmann, Franziska, Die Schule macht die Mädchen dumm, München 1991
Steinbrecher, Sigrid, Die Vaterfalle. Die Macht der Väter über die Gefühle der Töchter, Reinbek 1991
Stephan, Inge, Das Schicksal der begabten Frau im Schatten berühmter Männer, Stuttgart 1989
Stopczyk, Annegret, Leibphilosophie - Als Sokrates das männliche Denken erfand. Radioskript einer Schulfunksendung des Saarländischen Rundfunks vom 22./29.5.1992
– Nein danke, ich denke selber, Berlin 1996

Thürmer-Rohr, Christina, Vagabundinnen. Feministische Essays, Berlin 1987
– Verlorene Narrenfreiheit. Essays, Berlin 1994
Vonessen, Franz, Die große Mutter im Märchen, in: Sigrid Früh u.a. 1985
Voss, Jutta, Das Schwarzmondtabu. Die kulturelle Bedeutung des weiblichen Zyklus, Stuttgart 1988
Wawryzniak, Kurt, Grundfragen der Koedukation, München/Basel 1968
Weber, Max, Wirtschaft und Gesellschaft, Tübingen 1980
Weiler, Gerda, Der enteignete Mythos. Eine feministische Revision der Archetypenlehre C.G. Jungs und Erich Neumanns, München 1985 (neu aufgelegt, Frankfurt 1991)
– Das Matriarchat im Alten Testament, Stuttgart 1989
– Eros ist stärker als Gewalt. Eine feministische Anthropologie I, Frankfurt 1993
– Der aufrechte Gang der Menschenfrau. Eine feministische Anthropologie II, Frankfurt 1994
Wesel, Uwe, Der Mythos vom Matriarchat. Über Bachofens Mutterrecht und die Stellung von Frauen in frühen Gesellschaften, Frankfurt 1980
Wex, Marianne, »Weibliche« und »männliche« Körpersprache als Folge patriarchalischer Machtverhältnisse, Hamburg 1979
Wieck, Winfried, Männer lassen lieben, Stuttgart 1987
Wöller, Hildegunde, Vom Vater verwundet. Töchter der Bibel, Stuttgart 1991
Wolf, Doris, Was war vor den Pharaonen? Die Entdeckung der Urmütter Ägyptens, Stuttgart 1994